KB275628

한국사를 보다

한국사를 보다 3

1판 1쇄 발행 2011년 8월 24일
1판 16쇄 발행 2023년 5월 5일

지은이 박찬영, 정호일　**펴낸이** 박찬영　**편집** 안주영, 황민지, 이호영, 박민규
그림 문수민　**마케팅** 조병훈, 박민규, 최진주, 김도언　**디자인** 이재호, 박시내, 박민정, 김선주, 한은경
발행처 (주)리베르스쿨　**주소** 서울특별시 성동구 왕십리로 58 서울숲포휴 11층
등록번호 제2013-16호　**전화** 02-790-0587, 0588　**팩스** 02-790-0589　**홈페이지** www.liber.site
커뮤니티 blog.naver.com/liber_book(블로그), cafe.naver.com/talkinbook(카페)
e-mail skyblue7410@hanmail.net **ISBN** 978-89-6582-010-9(세트), 978-89-6582-015-4(04900)
Copyright ⓒ PCY

리베르(Liber 전원의 신)는 자유와 지성을 상징합니다.

한국사를 보다

3

조선 上

㈜리베르스쿨

머리말

스토리텔링으로 풀어 쓴 초중고 한국사의 모든 것!
−역사가 깨어나 말을 하다

『한국사를 보다』에는 초등학교와 중학교 교과서는 물론 고등학교 교과서의
내용까지 충실히 반영돼 있습니다. 풍부한 이미지와 다양한 스토리텔링으로
우리 역사를 소개하고 있어 교과서만으로 이해할 수 없는 내용도 쉽고 재미
있게 공부할 수 있을 것입니다.

　초 · 중등 교과서에는 주요한 역사적인 사실들이 교과 과정에 따라 분산되
어 실려 있는 경우가 많습니다. 많은 내용을 소개하려다 보니 교과서의 내용
이 간략해져 전체적인 흐름을 파악하기도 쉽지 않습니다. 또한 교과서에는
서술의 특성상 배경이 되는 내용이 빠져 있는 경우가 많아 그 자체만으로는
이해하기 어렵습니다.

　특히 고등학교 역사 교과서가 재미없게 느껴지는 이유는 어려운 용어가 많
이 나오기 때문입니다. 하지만 고등학교 역사 교과 과정도 결국 초등학교와
중학교 교과 과정에서 배우지 않은 새로운 내용이 일부 추가된 것에 불과합
니다. 어려운 용어는 다양한 배경지식과 역사적 의미를 제시해 누구나 쉽게
이해할 수 있도록 구성했습니다.

　시대별로 주제를 정해 통사적으로 접근한 이 책에는 역사적 사실과 관련된
일화와 인물들이 빠짐없이 소개되어 있고 분야별로 정리돼 있어 교과서 속

배경지식에 쉽게 접근할 수 있습니다. 게다가 초·중등 교과서의 내용을 면밀하게 분석해 선택적으로 선행 학습을 하며 읽을 수 있도록 했습니다. 특히 '이것만 알면 시험 걱정 끝'에서는 꼭 알아야 할 본문 내용을 체계적으로 정리해 내신과 수능 대비에도 도움이 되도록 했습니다. '생각해 보세요'에서는 논술 시험과 수행 평가에 도움이 될 수 있도록 역사적 문제의식을 일깨우는 데 초점을 맞추었습니다.

이 책에는 초·중등 한국사 교과서의 모든 것이 스토리텔링 방식으로 녹아 있습니다. 하지만 교과서의 내용뿐 아니라 앞으로 교과서에 꼭 수록해야 할 우리의 잃어버린 역사를 소개하는 작업도 게을리하지 않았습니다. 단군 조선, 랴오허 문명 등이 그러합니다. 고인돌, 한사군의 위치, 광개토호태왕릉비와 칠지도, 신라의 한반도 남부 통일, 화랑 제도, 위화도 회군, 이순신의 죽음 등 논란이 많은 내용도 고증 자료와 유물에 근거해 새롭게 서술했습니다.

이 책은 잃어버린 우리의 역사를 유물과 유적을 통해 복원하고, 역사의 고비마다 담겨 있는 의미를 재해석하는 데 주안점을 두었습니다. 역사는 암기하는 과목이 아니라 생각하는 과목이기 때문입니다. 유물과 유적은 오늘날까지 살아 있는 역사적 증거가 아닐 수 없습니다. 그래서인지 최근에는 체험 학습이 강조되고 있고 각종 시험에서도 유물과 유적 사진을 제시하는 문제가 자주 출제되고 있습니다.

지상(紙上) 최대의 한국사 박물관!
－이것이 바로 살아 있는 역사 여행이다

유물과 유적을 바로 눈앞에서 보듯이 되살리기 위해 수년 동안 전국을 누비며 확인한 역사의 현장을 사진과 글로 생생하게 담았습니다. 관련 사진은 현장에서 직접 찍은 수만 컷의 사진 중에서 선별하거나 여러 기관의 도움을 받아 수록한 것입니다. 그동안 학교에서 한국사 공부를 하면서 머리로만 생각했던 것을 이 책에서는 눈으로 확인하는 기쁨을 누릴 수 있을 것입니다. 최근의 시험 경향이 자료 분석에 있다는 점을 감안할 때 이런 방식의 학습 습관은 초등학교 때부터 길러야 합니다.

사진과 그림은 내용의 이해를 도울 뿐 아니라 역사의 현장을 재현하는 복원도 역할을 합니다. 또한 시각적으로 한국사의 주요 사항을 정리할 수 있습니다. 역사의 현장을 여행할 때는 이 책의 이미지들을 떠올리며 '온 세상이 공부의 마당'이라는 깨달음을 얻을 수도 있을 것입니다.

이 책에서는 역사적 사건이 일어난 장소의 위치를 확인하기 위해 매 과마다 지도를 실었습니다. 한국사를 세계사와 연계해 파악할 수 있도록 세계사 개요와 당시의 세계사 지도도 함께 실었습니다. 주요 사건이 일어난 장소와 연도를 지도에서 확인하면 관련 내용을 정확하게 떠올릴 수 있을 것입니다.

　지도는 단지 독서의 효율성 때문에 활용하는 것이 아닙니다. 지도를 통해 우리가 살고 있는 이 땅에서 무슨 일이 일어났는지 반추해 볼 수도 있습니다. 역사적 장소에 대해 미리 알고 찾아간다면 유적 하나하나가 좀 더 현실감 있게 다가올 것입니다. 바로 이것이 살아 있는 한국사 여행이 아닐까요?

　이 책에 한국사의 모든 것을 담기 위해 노력했지만 접근하기 힘든 유물도 간혹 있었습니다. 하지만 많은 기관이 자료 협조에 흔쾌히 도움을 주셨습니다. 이 지면을 빌려 관계자들에게 깊은 감사를 드립니다. 독자들이 다양한 자료를 보며 우리의 유물·유적에 대한 이해와 관심을 높이고 현장을 직접 방문하는 계기로 삼기를 바랍니다. 또한『한국사를 보다』시리즈를 우수 저작 당선작으로 뽑아 주신 문화부 산하 한국간행물윤리위원회의 심사 위원들에게도 감사의 마음을 전합니다.

　이 책은 초등학생부터 일반인까지 누구나 즐길 수 있는 '한국사의 모든 것'일 뿐 아니라 다양하고 알찬 현장 학습 자료라고 자부합니다. 한국사를 공부하는 학생은 물론, 한국사를 새로운 시각으로 바라보고자 하는 일반 독자들에게도 많은 도움이 되기를 기대합니다.

지은이 씀

차례

 조선시대 上

　　남송은 몽골 족이 세운 원에 의해 멸망했습니다. 주원장은 원이 왕위 쟁탈전으로 어수선한 틈을 타 명을 건국했어요. 명은 15세기 초 대외적으로 세력을 넓혀 인도양과 아프리카 동해안까지 교류를 확대하기도 했지요. 그러나 당쟁과 외적에 시달리던 명은 결국 17세기 중엽 만주에서 일어난 청에 중국의 지배권을 넘겨주게 됩니다.

　서아시아와 남아시아에서는 이슬람 국가들이 여전히 번성했어요. 오스만 제국은 서아시아, 아프리카, 유럽의 3대륙에 걸친 제국으로 발전했고, 중앙아시아에서는 티무르 제국이 번성했지요. 인도에서는 무굴 제국이 세워져 인도 문화와 이슬람 문화가 융합하며 발전했습니다. 일본에서는 15세기 중엽에 전국 시대로 접어들었어요. 이어 16세기 말에는 전국 시대의 혼란을 수습했으나 조선 침략에 실패하고 에도 막부가 들어섰지요. 이때 일본은 네덜란드와 교류하면서 서양 문물을 수용했어요.

　14~16세기에는 르네상스, 신항로 개척, 종교 개혁 등이 근대의 시작을 알렸습니다. 르네상스는 14, 15세기에 이탈리아를 중심으로 전개되어 16세기에는 유럽 각지로 퍼졌어요. 포르투갈과 에스파냐를 중심으로 시작된 새로운 항로 개척은 유럽 세계를 확대시켰지요. 뒤이어 네덜란드, 영국, 프랑스도 해외로 진출하면서 유럽의 경제가 비약적으로 발전했어요. 16세기에 독일에서 시작된 종교 개혁은 루터파, 칼뱅파, 영국 국교회 등의 프로테스탄트 교회를 성립시켰습니다.

−1,000   0   1,000
타타르
오이라트
조선
명
일본
영국
백 년 전쟁
서쪽으로
신성 로마
제국
프랑스
에스파냐
포르투갈
오스만 제국
앙고라 전투
(1402년)
티무르
제국
비잔티움 제국
멸망(1453년)
남쪽으로
맘루크 왕조
비자야
나가르 왕조
침입·정복
대립·관계
우호·동맹

15세기경의 세계

1 정도전과 이방원의 동상이몽 |
조선의 건국과 제도 정비

조선의 개국은 신진 사대부와 신흥 무인 세력의 결합으로 추진되었습니다. 신진 사대부 가운데 이색, 정몽주, 길재 등 온건 개혁파는 점진적인 개혁을 추진하려 했지만, 정도전과 조준, 남은 등 급진 개혁파는 고려를 부정하는 역성혁명을 주장했어요. 이 중 정도전은 조선 건국의 일등 공신이자 명실상부한 조선의 2인자로서 체제를 정비하는 데 큰 공을 세웠습니다. 정도전은 왕은 단지 상징적인 존재로만 머물고 나라의 모든 일은 신하들이 회의를 거쳐 결정하는 재상 중심의 정치, 즉 신권 정치를 꿈꾸었어요. 하지만 정도전은 신덕 왕후 강씨 소생인 이방석을 세자로 세운 일로 이방원과 대립하게 됩니다. 앙심을 품은 이방원은 정도전에게 한씨 소생의 모든 왕자들을 궁으로 불러들여 이성계의 정비였던 신의 왕후를 죽이려 했다는 누명을 씌워 살해했어요. 이 일로 신권 정치를 이상으로 삼았던 정도전의 꿈도 막을 내리게 되었지요.

- **1394년** 이성계가 민심을 안정시키기 위해 개경에서 한양으로 수도를 옮기다.
- **1398년** 이성계의 다섯째 아들인 방원이 방석, 방번 형제를 살해하다.
- **1400년** 방원의 형 방과가 정종으로 즉위했다가 방원(태종)에게 양위하다.
- **1402년** 태종이 16세 이상의 남성 인구를 파악하기 위해 호패법을 시행하다
- **1485년** 세조의 명에 의해 편찬을 시작한 『경국대전』이 성종 16년에 반포되다.

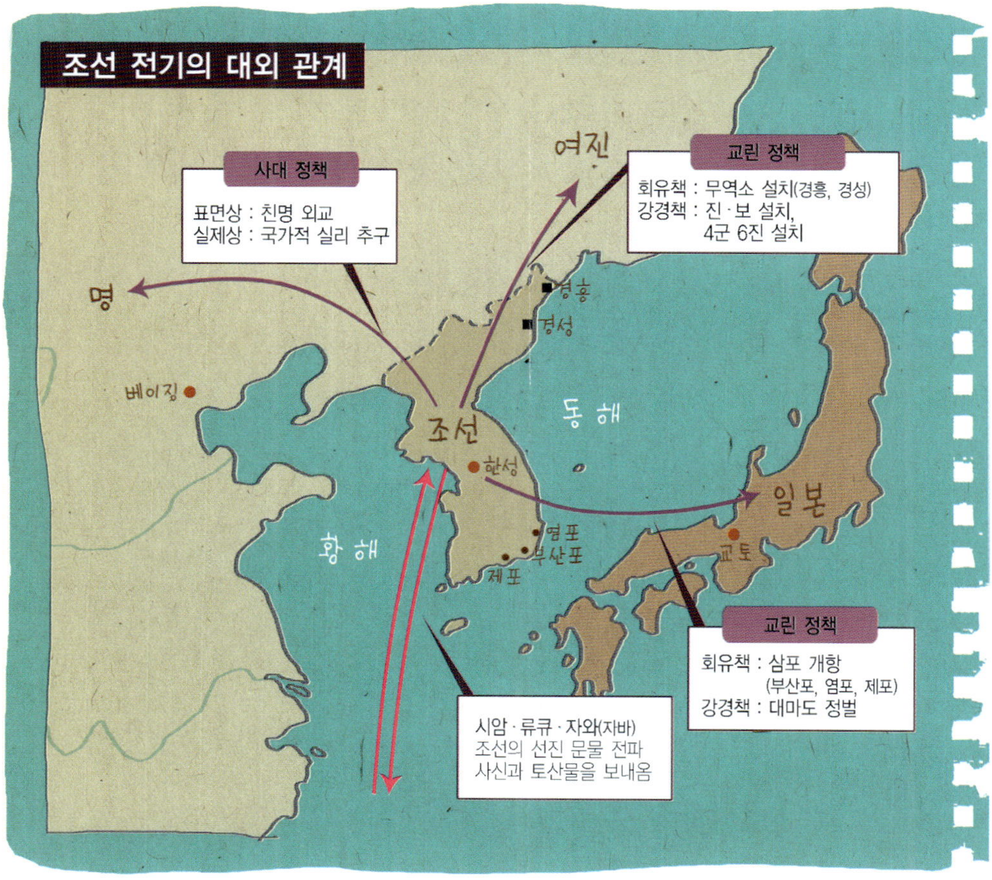

신진 사대부와 신흥 무인 세력의 만남

고려 말의 신진 사대부로는 이색, 정몽주, 정도전, 조준 등을 들 수 있고, 신흥 무인 세력으로는 이성계가 가장 대표적인 인물이에요. 신진 사대부는 온건 개혁파와 급진 개혁파로 나뉘었지요. 온건 개혁파와 급진 개혁파는 권력의 중심에 다가서면서 피할 수 없는 혈투를 벌였습니다. 이 같은 대립은 이해관계와 권력욕 때문이었지만 다른 한편으로는 개혁의 방향과 방법이 달랐기 때문이었어요. 이 싸움의 중심에 정도전이 있었습니다.

정도전은 신권 정치를 꿈꾸었고, 그것을 실질적으로 실현하기 위해 노력했어요. 정도전이 추구한 신권 정치는 유학에 뿌리를 두고 있었지요. 유학에서는 덕치(德治)와 인정(仁政)에 기반을 둔 정치를 이상 사회의 실현을 위한 왕도 정치로 여겼어요.

왕도 정치를 실현하려면 왕이 제 역할을 다해야 하는데, 그중에서도 백성들이 먹고살 수 있도록 하는 일이 가장 중요해요. 왜냐하면 유학은 신분 차별을 전제로 하는데, 백성들의 생계 문제가 해결되지 않는다면 더 이상 신분 질서가 유지될 수 없기 때문이지요. 유학에서는 백성이 곧 하늘이라고 표현합니다. 따라서 왕이 백성들의 생계 문제를 해결하지 못하면 하늘인 백성이 왕을 바꿀 수도 있는데, 이것이 바로 역성혁명이에요. 이렇게 해서 세워진 왕은 백성을 위한 정치를 펴기 위해 유능한 재상을 찾아서 그에게 정치를 맡겨야 한다는 것, 이것이 바로 신권 정치입니다.

그렇다면 정도전의 신권 정치는 어디에서 비롯되었을까요? 정도전이 활동했던 고려 말은 북원의 힘이 약화되고 명이 나라를 세워 자리를 잡아 가는 시기였습니다. 공민왕은 북원의 힘이 약화된 상황을 이

삼봉 정도전(1342~1398년)
조선 건국의 일등 공신인
정도전은 조선의 이념적 바탕을
마련하고 기본 제도를 정비했다.
신덕 왕후 강씨의 소생인 방석을
세자로 추대했다가 1398년
제1차 왕자의 난 때 이방원에게
살해되었다.

용해 개혁을 추진했지만 신돈이 실각하면서 실패로 끝났어요. 하지만 이로 인해 권문세족에 맞설 수 있는 신진 사대부가 등장하게 되었지요.

신진 사대부는 대부분 향리 가문 출신이었고 과거에 급제한 관원이었어요. 또한 삼남 지방에 중소 지주적 경제 기반을 가진 전형적인 신진 세력이었고, 실천과 윤리를 강조하는 성리학으로 이론적 무장을 하고 있었지요. 따라서 신진 사대부는 권문세족과 이해관계를 달리할 수밖에 없었어요.

이들은 고려 말의 혼란스러운 상황을 수습하기 위해 원의 간섭에서 벗어나려 했고, 권문세족을 제거하는 한편 불교의 폐단을 시정하려 했습니다. 아울러 백성들의 생계를 위해 권문세족과 사원에 의해 노비가 되거나 토지를 빼앗긴 문제 등을 수습하려 했지요. 한편으로는 국가 재정을 튼튼히 하고 국방력을 강화해 왜구의 침입에 맞서야 했고, 나아가 빼앗긴 국토를 되찾아야 했습니다.

고려 말에 추진된 공민왕의 개혁 정책도 이 같은 내용에서 크게 벗어나지 않았지만 결국 실패하고 말았어요. 우왕 시기에는 이인임, 염흥방 등의 권문세족이 다시 등장해 개혁 이전의 상태로 돌아가고 말았지요. 이에 신진 사대부와 권문세족은 서로 대립할 수밖에 없었습니다. 먼저 두 세력은 대외 정책과 불교에 대해 분명한 입장 차이를 보였어요. 신진 사대부는 권문세족의 입장인 친원배명(親元排明)과 반대로 친명배원(親明排元)을 주장했고, 불교에 대해서도 매우 비판적이었지요.

　　신진 사대부의 선봉에 서 있던 정도전은 친원배명 정책에 반대하다가 결국 권문세족에 의해 쫓겨나 비참한 생활을 하게 됩니다. 정도전은 개혁을 이루려면 무력이 필요하다고 판단해 당시 신흥 무인 세력으로 떠오르던 이성계와 손을 잡았어요. 권문세족 출신인 최영보다는 출신이 미천한 이성계가 철저한 개혁을 이루기에는 더 적합하다고 생각한 거예요.

　　정도전이 재기할 수 있는 상황을 만들어 준 사람은 우왕이었어요. 우왕은 이인임, 염흥방 등 권문세족의 횡포가 심해지자 이들을 제거하기 위해 최영을 등용하고, 최영은 다시 이성계는 물론이고 신진 사대부와도 손을 잡았어요. 결국 이인임, 염흥방 등이 제거되고 최영과 이성계를 비롯해 신진 사대부가 권력을 잡게 되자 정도전도 복귀하

단양 도담삼봉
충청북도 단양군에 있는 단양팔경 가운데 하나다. 남한강 상류 한가운데에 솟아 있는 세 개의 기암 봉우리로 이루어져 있다. 정도전이 가운데 봉우리에 정자를 짓고 풍류를 즐겼다고 한다. 정도전의 호인 삼봉은 도담삼봉에서 비롯되었다.

게 되었지요. 하지만 이들은 개혁의 내용과 방향을 놓고 서로 대립했습니다. 주로 중소 지주 출신이었던 신진 사대부는 대농장을 가진 농장주에게 불만이 있었기 때문에 철저한 개혁을 원했어요. 하지만 최영을 비롯한 권문세족은 점진적인 개혁을 바랐지요.

이런 상황에서 명은 고려에 철령 이북의 땅을 자신들이 차지하겠다고 통고해 요동 정벌이라는 새로운 문제가 나타납니다. 당시 신진 사대부는 주로 원을 배척하고 명과 화친하자는 입장이었어요. 하지만 화친 정책이라고 해도 고려 땅을 내놓으라는 통고에는 찬성할 수 없었지요. 결국 최영의 강경한 입장에 따라 요동 정벌이 강행되었는데, 이성계는 1388년 5월 위화도 회군을 감행해 최영을 제거해 버립니다.

과전법 시행, 역성혁명의 기반이 되다

위화도 회군 당시 좌군 도통사였던 조민수는 이성계를 경계하기 위해 이색 등과 손을 잡고 우왕의 아들을 창왕으로 옹립했어요. 이색은 위화도 회군을 탐탁지 않게 여겼지요. 그런데 더욱 문제가 된 것은 조민수가 구세력과도 손을 잡으려고 했다는 점이었어요.

이성계 일파는 난감한 상황에 처했습니다. 구세력이 시간을 끌어 세력을 넓히는 가운데 창왕이 성장한다면 우왕을 몰아낸 세력을 가만두지 않을 테니까요. 이런 상황에서 정도전은 전제 개혁의 추진을 주장하며 실질적인 막후 역할을 맡게 됩니다.

전제 개혁은 당시 권문세족의 토지 겸병과 불교의 폐단을 극복할 수 있는 핵심적인 과제였기 때문에 그만큼 명분이 섰던 것이지요. 게다가 이를 성공적으로 추진한다면 상대편의 경제적 기반을 약화시킬 수 있었어요. 더욱이 유학의 이념에 기초한 왕도 정치를 실현하려면 먼저 백성들의 생계 문제부터 해결해야 했습니다. 그래서 그들은 1388년경 불교 사원의 폐단을 문제 삼아 사원이 소유한 토지를 국가에 반환하도록 했어요. 또한 국가 재정을 강화하기 위해 대장에 등록된 모든 공전(公田)과 사전(私田)을 대상으로 전세를 거두어 들이고, 토지 등록을 위해 양전 사업(토지 조사 사업)을 시행했습니다.

이 과정에서 전제 개혁에 반대한 조민수는 권력을 이용해 재산을 축적했고, 이성계 일파는 이를 빌미로 조민수를 실각시키고 근심거리였던 창왕도 물러나게 만들었어요. 창왕의 아버지인 우왕이 공민왕의 아들이 아니라 신돈의 아들이라고 주장하면서 폐위시키고, 1389년 11월 신종의 7대손을 공양왕으로 옹립한 것이지요.

권력을 장악한 이성계 일파는 본격적으로 전제 개혁을 실시해 나갔

이색(1328~1396년)
우왕의 스승이었던 목은 이색은 조민수와 함께 우왕의 아들 창왕을 옹립하여 이성계를 견제했다. 포은 정몽주, 야은 길재와 함께 삼은(三隱)으로 불린다.

습니다. 먼저 1390년 6월 양전 사업이 끝난 것을 계기로 그 전의 모든 토지 대장을 불살라 버리고 새로 등록된 토지를 다시 분배했어요. 권문세족의 사전을 없애면서 자신들의 물적 기반을 마련한 것이지요. 이에 반대 세력의 반발이 거세지자 1391년 1월 삼군도총제부를 설치해 군권마저 완전히 장악했어요. 1391년 5월에는 과전법을 공포했습니다.

　과전법은 토지 소유 관계의 변화가 아니라 토지에서 세금을 거둘 수 있는 수조권을 재분배한 것이어서 주로 중소 지주층의 이익을 대변한 것입니다. 하지만 농민에게도 일정한 혜택이 돌아갔어요. 경작권이 부분적으로나마 보호되면서 병작반수가 금지되고 전조나 전세 등의 부담이 줄어들었기 때문이지요. 게다가 사전과 공전 구분 없이 전세를 다 받았고, 누락되었던 토지가 등록되면서 공전이 늘어나 국가 재정도 강화할 수 있게 되었어요.

　하지만 과전법 시행을 전후해 사대부 세력 간에 갈등이 일어났고,

시간이 흐를수록 갈등은 더욱 심해졌어요. 이성계 일파가 왕위를 찬탈하려는 음모를 노골적으로 드러냈기 때문이지요. 하지만 유학을 대하는 서로의 입장이 달랐던 점도 크게 작용했어요. 정몽주로 대표되는 온건파는 유학자로서 신하의 도리를 강조해 고려 왕조를 유지하면서 순차적으로 개혁해 나가기를 바랐지만, 정도전, 조준 등의 급진파는 유교적 왕도 정치의 이상을 실현하기 위해 고려 왕조를 뒤엎어야 한다며 역성혁명을 주장했지요.

서로 양보할 수 없는 상황에서 먼저 칼을 뽑아 든 사람은 정몽주였어요. 이성계가 실질적인 무력을 쥐고 있어서 반격을 하지 않으면 권력을 빼앗길 수밖에 없었기 때문이지요. 때를 기다리던 정몽주는 1392년 3월 이성계가 사냥을 하다가 말에서 떨어져 등청할 수 없게 되자, 이성계 일파인 정도전, 조준 등을 탄핵해 유배지로 보내고 실권을 장악했어요. 이를 알게 된 이성계는 급히 개경으로 돌아왔지만 자신의 수족이 없는 상황에서 어찌할 도리가 없었지요. 이방원이 이를

1573년 정몽주의 충절과 서경덕의 학덕을 기리기 위해 정몽주의 집터에 세운 서원이다. 1868년 흥선 대원군의 서원 철폐령에서 제외된 47개 서원 가운데 하나였던 숭양 서원은 지방 교육을 담당하기도 했다.

타개하기 위해 수하를 시켜 선죽교에서 정몽주를 살해해 버립니다.

더 이상 걸림돌이 없게 되자 이성계 일파는 1392년 7월 공양왕까지 폐위시켜 버리지요. 그리고 정도전, 조준, 남은 등의 추대로 이성계가 왕위에 올라 조선의 제1대 왕 태조가 되었습니다. 결국 무력으로 역성혁명을 성공시키기는 했지만 과전법을 통해 권문세족의 힘을 약화시키고 신진 사대부에게 새로운 시대에 대한 사명감을 불러일으킨 것이 큰 힘을 발휘했다고 볼 수 있지요.

새 왕조의 토대를 튼튼히 마련하기 위해 먼저 해결해야 할 과제가 있었어요. 바로 다음 왕위 계승자를 결정하는 일이었지요. 신권 정치를 펼치려면 왕권을 강화하려는 사람이 다음 왕이 되어서는 안 되겠지요? 이에 태조는 1392년 8월 여러 왕자들 가운데 열한 살에 불과한 둘째 부인 강씨 소생의 방석을 세자로 세우게 되었습니다.

태조는 신권 정치를 펼치기 위해 먼저 성리학에 기반을 둔 통치 사회를 수립하려고 했어요. 이것은 1393년 2월 국호를 조선으로 정하는 것에서부터 시작되었지요. 조선이라는 국호는 단군 조선과 기자 조선에서 따온 것입니다. 이 국호는 이후 단군 조선의 후예라는 민족의식을 고취시키는 역할을 했으나 당시에는 기자 조선이 유학에 기반을 둔 통치 사회를 펼쳤기에 그것을 이어받는다는 뜻이 담겨 있었어요.

이러한 통치 이념은 1394년 10월 태조가 한양으로 천도하고 궁궐의 전각과 도성의 성문 등의 이름을 유교적 윤리 도덕에 기초해 지었던 것을 통해서도 엿볼 수 있습니다. 사대문의 이름을 인, 의, 예, 지, 신에 따라 동은 흥인지문(동대문), 서는 돈의문(서대문), 남은 숭례문(남대문), 북은 숙정문(북대문)이라고 지었어요. 숙정문은 '지(智)' 자를 대신해 '정(靖)' 자를 썼다고 합니다.

선죽교(북한 국보 문화 유물 제159호, 개성시 선죽동)
1392년 정몽주가 이방원 일파에게 피살된 곳이다. 919년 고려 태조 왕건이 송도 시가지를 정비할 때 축조했다. 고려 시대에는 돌난간이 없었는데, 1780년 정몽주의 후손들이 난간을 설치했다. 선죽교 서쪽에는 숭양 서원과 표충비가 있다.

꿈을 못다 이룬 정몽주

정몽주는 고려 왕조를 유지하면서 순차적으로 개혁하기를 바랐다. 그래서 역성혁명을 꿈꾸는 이성계는 그의 정적이 될 수밖에 없었다. 결국 정몽주는 이방원이 보낸 조영규 등에 의해 선죽교에서 죽음을 맞이한다.

정몽주 초상(보물 제1110호, 국립경주박물관)
인조 7년(1629년)에 김육이 비단 위에 그대로 옮겨 그린 것이다. 비단이 많이 헐었으나 옛 화풍이 잘 나타나 있다. 정몽주는 반대 세력인 이성계를 제거하려다가 그의 아들 방원에게 죽임을 당했다.

선죽교 혈흔

선죽교는 원래 선지교라 불렸는데, 정몽주가 피살되던 날 밤 다리 옆에서 참대가 솟아 나왔다고 하여 선죽교로 고쳐 불렀다고 한다. 돌바닥의 붉은 흔적이 정몽주의 핏자국이라고 전한다.

나라를 세운 이성계

이성계는 왕도 정치의 실현을 위해 역성혁명과 급진적인 개혁을 시도했다. 결국 이성계는 고려에 대한 충성을 강조하던 정몽주를 제거하고 1392년 조선 제1대 왕 태조가 되었다.

조선 태조 어진(보물 제931호, 국립전주박물관)
태조 이성계의 초상화는 국초부터 여러 곳에 특별하게 보관되었다. 총 26점이 있었으나 현재 전주 경기전에 1점만 남아 있다. 이 어진은 고종 9년(1872년)에 조중묵이 낡은 원본을 그대로 옮겨 그린 것이다.

『태조실록』(국보 제151호, 서울대학교 규장각)
『조선왕조실록』 가운데 조선 태조 1년(1392년)부터 태조 7년(1398년)까지의 역사를 기록한 책이다. 태종 9년(1409년)에 하윤, 유관 등이 편찬하기 시작해 태종 13년(1413년)에 완성되었다. 『조선왕조실록』은 조선 태조 때부터 철종 때까지 25대 472년간의 역사적 사실을 날짜 순으로 기록한 역사서다. 유네스코 세계 기록 유산으로 지정되어 있다.

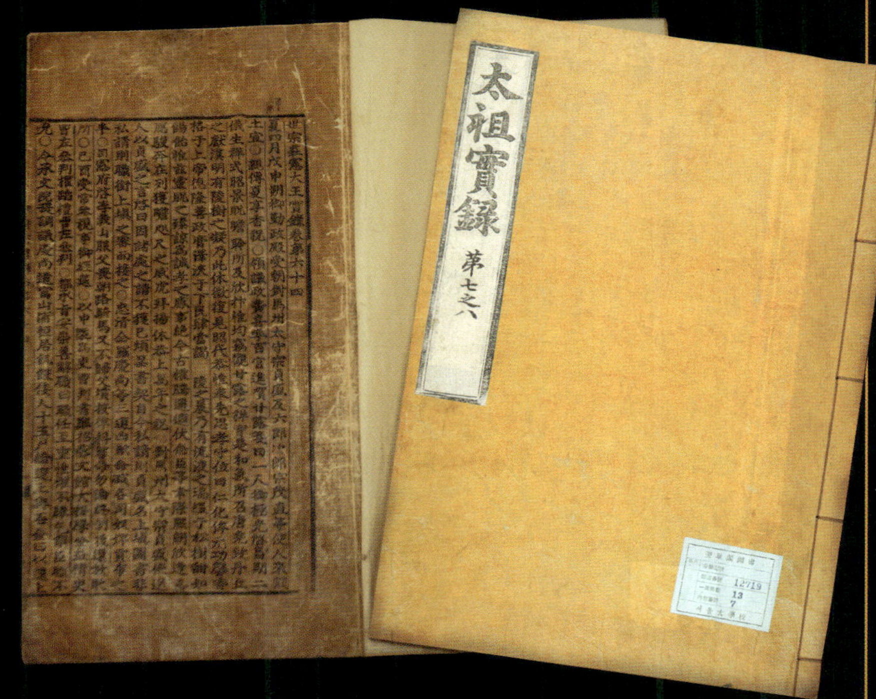

요동 정벌의 꿈을 또다시 접다

정도전은 합리적인 관료 지배 체제를 이끄는 것을 이상적인 정치 제도라 여기고 실질적으로 시행하기 위해 노력했습니다. 1394년 5월에는 조선 건국의 기본 정책을 규정한 저술로 법전의 효시라 할 수 있는 『조선경국전』을 편찬했고, 다음 해 6월에는 정치 조직에 대한 초안을 제시하기 위해 재상 중심의 중앙 집권 체제가 이루어져야 한다는 내용의 『경제문감』을 편찬했어요. 또 유학의 입장에서 불교의 여러 이론을 비판한 『불씨잡변』도 펴냈지요. 정도전은 부국강병을 위해 병서도 저술했고 실질적으로 군사 훈련을 독려하기도 했어요.

하지만 신권 정치를 추구하는 정도전은 왕권 정치를 바라는 이방원과 부딪쳤어요. 정도전은 왕도 정치를 실현할 수 있는 사회를 꿈꾸었고, 이방원은 이씨 왕조에 의한 정치를 원한 것이지요. 이렇게 서로 다른 꿈을 꾸는 것을 동상이몽(同床異夢)이라고 해요. 이방원은 자신이 세자가 되지 못한 것에 대해서도 불만이 컸습니다.

이런 상황에서 1396년 7월 명과의 외교 분쟁이 일어났어요. 명이 조선에서 보낸 국서가 불손하다는 이유로 국서의 작성자로 정도전을 지목하고 그의 소환을 요구한 것입니다. 정도전은 그 글을 쓰지 않았다고 해명하고 소환에 불응하면서 요동 정벌을 추진했어요. 이 과정에서 정도전은 일원적인 군사 통치 체계를 수립하게 되었습니다. 1393년 9월에 사병을 없애고 중앙 집권 체제를 강화하기 위해 군사 조직을 의흥삼군부로 통합 개편한 이후에도 왕자들은 여전히 사병을 거느리고 있었어요. 그런데 요동 정벌 준비로 자신들의 사병을 잃게 될 상황이 온 거지요. 위기의식을 느낀 이방원은 사병 혁파에 반대하는 세력을 끌어들여 1398년 7월 제1차 왕자의 난을 일으킵니다. 이방원

함흥 본궁(북한 국보 문화 유물 제107호)

태조 이성계가 왕이 되기 전에 살던 집이다. 태조가 왕의 자리에서 물러난 이후 본궁으로 불렸는데, 이곳에서 '함흥차사'라는 말이 유래됐다.

은 정도전과 남은을 제거하고 곧바로 궁궐에 난입해 세자인 방석을 처형한 뒤 사실상 권력을 장악했지요.

왕자의 난으로 권력에 회의를 느낀 태조는 방과(정종)에게 보위를 물려주고 고향인 함흥으로 떠났어요. 정종의 뒤를 이어 태종으로 등극한 이방원은 태조의 환궁을 권유하려고 함흥으로 차사를 보내지만 태종에게 실망한 태조가 차사들을 모두 죽여 버리지요. 이 사건으로 차사들이 돌아오지 않는다는 말이 세간에 퍼지면서 '함흥차사(咸興差使)'는 한 번 떠난 사람이 돌아오지 않거나 소식이 없는 상황을 일컫게 되었어요. 그러나 이는 야사에 전해 오는 이야기일 뿐 태조가 차사를 죽였다는 기록은 어디에도 없습니다. 태종 이방원이 왕자의 난을 저지른 일과 그 일을 오랫동안 용서하지 않았던 태조 이성계의 관계를 빗대어 사람들이 만들어 낸 이야기일 뿐이에요.

이방과는 제1차 왕자의 난으로 권력을 장악한 동생 이방원의 강요로 어쩔 수 없이 왕세자에 올랐다가 1398년 음력 9월에 태조의 양위로 조선의 제2대 왕인 정종이 되었어요. 정종은 2년의 재위 기간 동안 이방원의 영향력 아래에 있었지요.

함흥 본궁(국립중앙박물관)
1392~1398년경 이성계가 왕이 된 뒤 조상들이 살던 집터에 세운 사당이다. 함흥 본궁에 목조 · 익조 · 도조 · 환조
4대조의 신주를 모시고 제사를 지냈다.

하지만 이방원 형제들 간에 다시 한 번 분란이 일어났습니다. 이방원의 형인 방간이 제2차 왕자의 난을 일으킨 것이지요. 그러나 상대적으로 우수한 장수들과 병사들을 거느리고 있던 이방원은 쉽게 난을 진압하고 왕위에 한 걸음 더 다가가게 되었어요. 이방원은 1400년 음력 2월에 정종으로부터 왕세자로 책봉되고, 책봉된 지 9개월 만에 정종의 양위를 받아 조선의 제3대 왕으로 즉위했습니다. 정종으로서는 권력의 중심인 왕위에서 물러나는 것만이 목숨을 부지할 수 있는 유일한 길이었지요. 결국 요동 정벌은 중지되었고, 정도전도 제1차 왕자의 난을 통해 제거되었어요. 이렇게 당대의 뛰어난 학자이자 정치가였던 정도전이 역사의 무대 뒤로 사라지면서 우리의 고토를 회복할 수 있는 기회도 역사의 저편으로 사라져 버렸습니다.

통치 체제의 정비

두 차례에 걸친 왕자의 난을 통해 개국 공신 세력을 몰아내고 왕위에 오른 태종은 국왕 중심의 통치 체제를 정비하고자 했어요. 태종은 신권의 상징이었던 의정부 서사제에서 6조 직계제를 채택했습니다. 6조에서 의정부를 거치지 않고 곧바로 사안을 왕에게 올려 재가를 받도록 함으로써 의정부의 영의정, 좌의정, 우의정의 힘을 약화시킨 것이지요. 나아가 태종은 집현전을 없애고 경연도 열지 않았어요.

또한 언론 기관인 사간원을 독립시

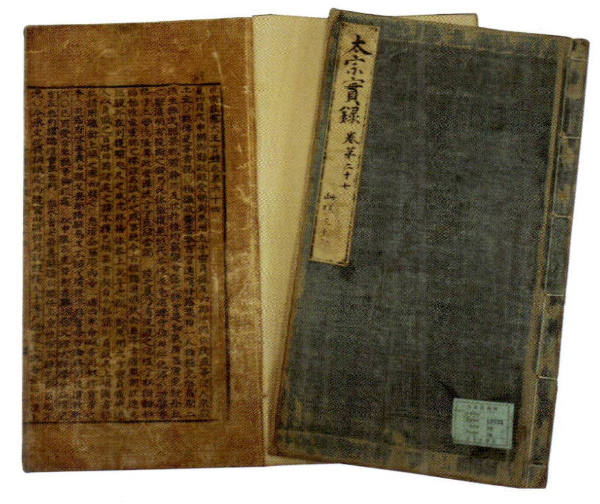

황희(1363~1452년)
고려가 망하자 두문동에
은거했으나 태조 이성계의
요청으로 1394년(태조 3년)
성균관 학관으로 일하게
되었다. 세종의 신임을 받아
치세 기간 중 18년이나
영의정에 재임했다. 농사의
개량, 예법의 개정, 4군 6진
개척, 문물 제도의 정비 등
수많은 업적을 남겼다.

켜 대신들을 견제했고, 사병을 없애 친위 군사를 늘렸습니다. 양전 사업과 호구 파악에 노력했고, 호패법을 실시했지요. 그리고 사원의 토지를 몰수하고 억울한 노비를 조사해 해방시켰어요. 이 중 호구 조사와 호패법의 실시는 군사력과 왕권을 강화하는 성과를 거두었지요.

1436년(세종 18년)에는 다시 의정부 서사제가 채택되었어요. 세종은 왕의 권한을 의정부에 넘기고 황희와 같은 청백리를 등용해 정치를 맡겼습니다. 하지만 인사와 군사에 관한 일은 세종이 직접 맡아 왕권과 신권의 조화를 꾀했지요.

황희 정승은 청백리로 널리 알려져 있으나 『조선왕조실록』에는 뇌물 수수, 간통, 부패 등으로 물의를 빚은 것으로 기록되어 있어요. 황희의 청렴성은 기득권을 지키려는 조선의 양반 계층에 의해 의도적으로 미화된 것으로 보입니다.

세종 이후 문종이 일찍 죽고 어린 단종이 즉위하면서 왕권이 크게 약화되었어요. 이에 김종서, 황보인 등의 재상에게 실권이 넘어가자 수양 대군이 정변을 일으켰지요. 대세가 수양 대군에게 기운 것을 알

호패(국립중앙박물관)
조선 시대에는 호패법에 따라
16세 이상의 남자들은 누구나
호패를 차고 다녀야 했다.
호패는 인구수를 파악하고
신분을 증명하기 위한 것이었다.
앞면에는 이름, 직함, 관직에
진출한 연도, 출생 연도 등이
적혀 있고, 뒷면에는 호패의
발행 연도와 발행처의 낙인이
찍혀 있다.

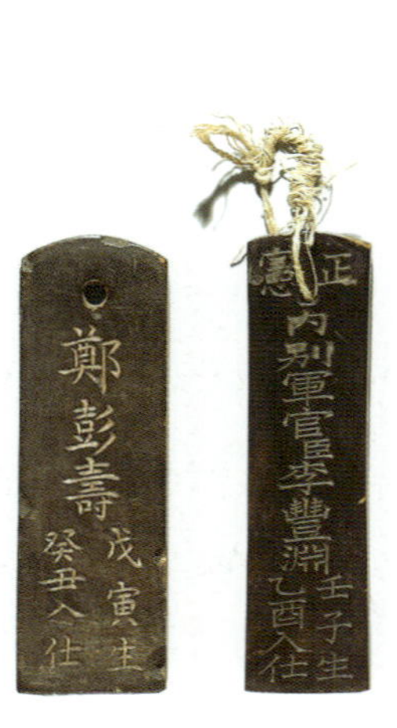

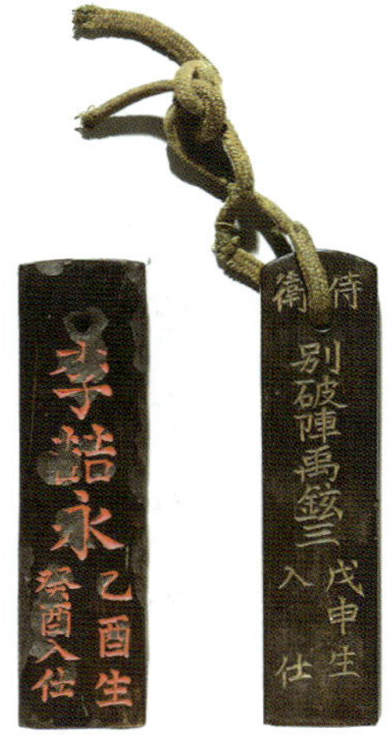

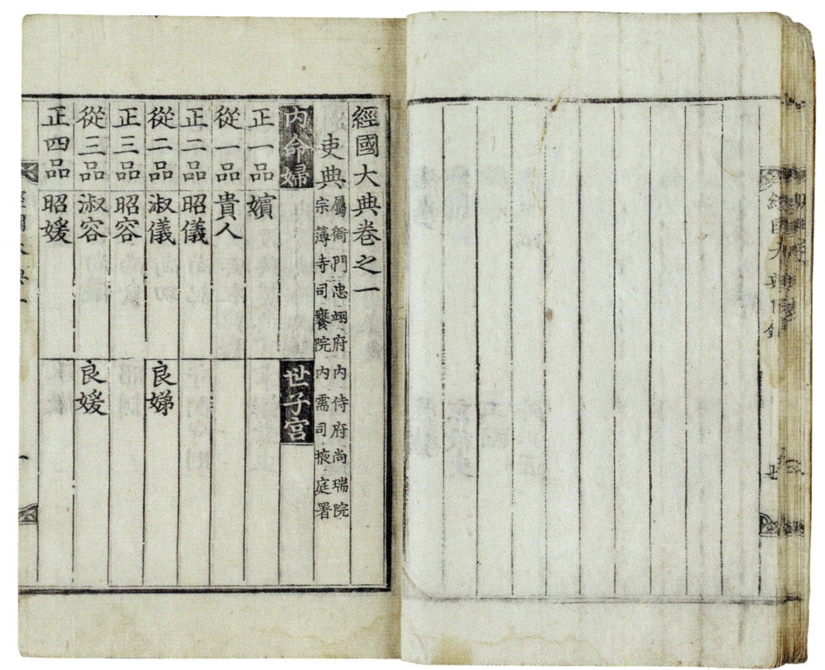

게 된 단종은 스스로 왕위를 물려주었어요.

이렇게 해서 조선의 제7대 왕이 된 세조는 강력한 왕권을 행사하기 위해 통치 체제를 다시 6조 직계제로 고치고, 공신이나 언관의 활동을 견제하기 위해 집현전을 없앱니다. 또한 경연을 열지 않았고 태종 이후 정치 참여를 제한했던 종친들을 등용하기도 했어요.

성종은 『경국대전』의 편찬을 마무리해 조선 사회의 통치 방향을 제시했습니다. 또 홍문관을 두어 관원 모두가 경연관을 겸하게 하여 집현전을 계승했어요. 정승을 비롯한 주요 관리도 경연에 참여하게 했지요.

조선의 중앙 정치 체제는 『경국대전』으로 법제화되었어요. 관리에는 문반과 무반의 양반이 있었는데, 30등급으로 나뉘었지요. 관직은 중앙 관직인 경관직과 지방 관직인 외관직으로 이루어졌어요. 경관직

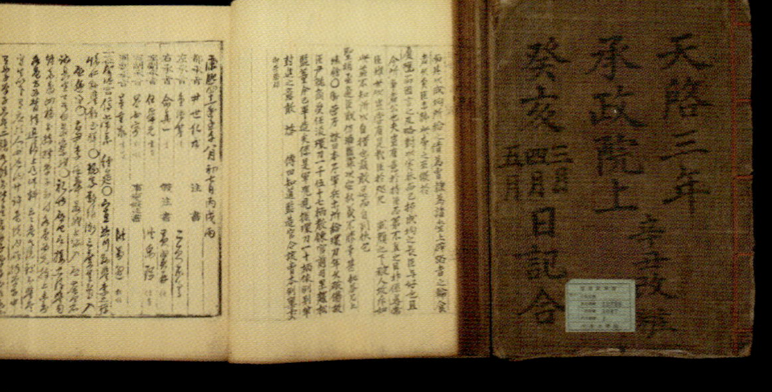

『승정원일기』(국보 제303호, 서울대학교 규장각)

조선 시대에 왕명의 출납을 관장하던 승정원에서 취급한 문서와 사건을 기록한 일기다. 1623년 3월부터 1910년 8월까지 승정원에서 처리하던 행정 사무, 의례적 사항 등을 매일 기록한 것이다. 유네스코 세계 기록 유산으로 등재되어 있다.

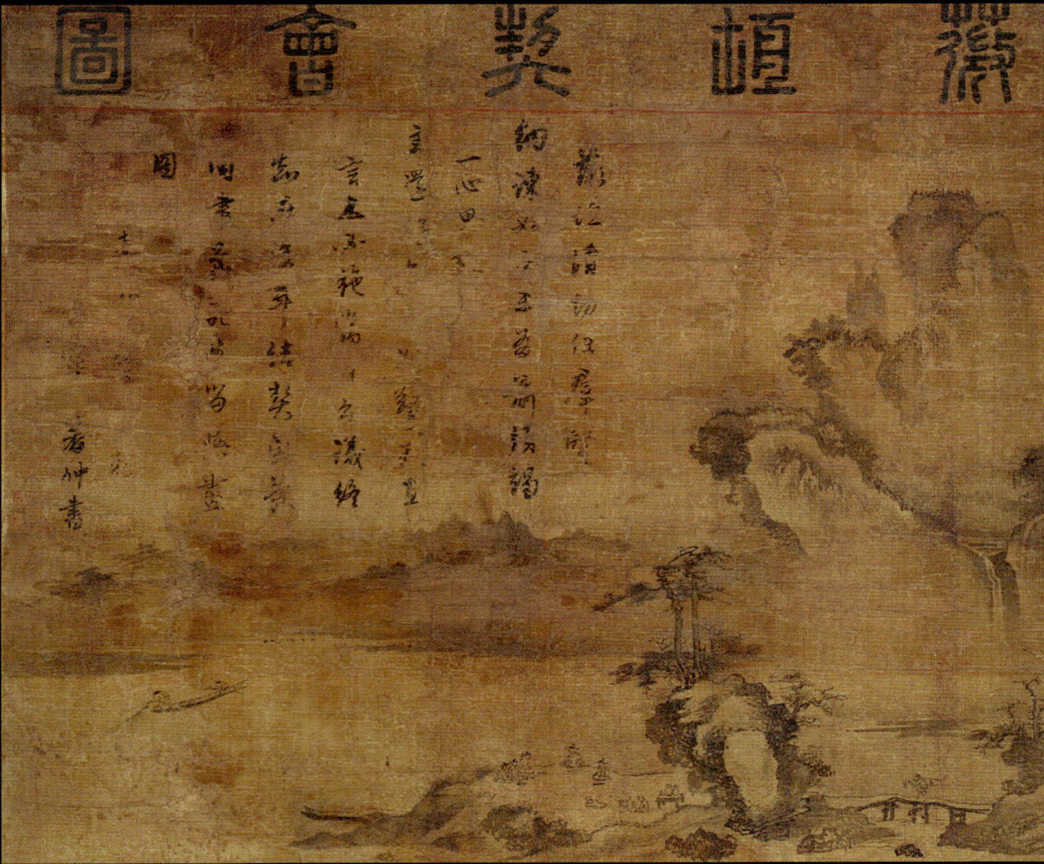

『미원계회도』(보물 제868호, 1540년, 국립중앙박물관)

사간원 관리들의 친목 모임을 그린 계회도다. 사간원은 정치의 핵심 기관이자 언론 3사 중의 하나다. 그림의 배경을 이루는 산수는 비중 있게 표현된 반면에 계회의 장면은 상징적으로 표현되었다.

은 국정을 총괄하는 의정부와 행정 기관인 6조로 편성되었습니다.

사헌부, 사간원, 홍문관의 3사는 언론 기능을 담당했어요. 사헌부는 관리의 비리를 감찰했고, 사간원은 왕이 잘못을 저질렀을 때 이를 비판하는 일을 했어요. 홍문관은 왕의 자문 기관으로서 왕이 전문적인 의견을 물으면 대답해 주는 일을 했지요. 3사의 말과 글은 고관은 물론 왕도 함부로 막을 수 없었답니다.

왕의 권한을 강화시킨 승정원과 의금부라는 기구도 있었습니다. 왕의 비서 기관인 승정원은 왕명의 출납을 맡았고, 사법 기관인 의금부는 중대한 죄인을 재판했어요. 이 밖에 수도의 행정과 치안을 담당하는 한성부, 역사서 편찬과 보관을 담당하는 춘추관, 최고 교육 기관인 성균관 등이 있었지요.

조선은 전국을 8도로 나누고, 작은 군현을 통합해 전국에 330여 개의 군현을 두었습니다. 고려 시대까지는 특수 행정 구역이었던 향, 부곡, 소도 일반 군현으로 승격시켰지요. 전국의 군현에 직접 파견한 수령은 왕의 대리인으로 지방의 행정권, 사법권, 군사권을 가지고 있었어요. 향리는 수령의 행정 실무를 보좌하는 세습적인 아전으로 격하되었지요. 수령을 지휘하고 감독하기 위해 8도에 관찰사를 파견했고, 백성의 생활을 살피고 수령의 비리를 감찰하기 위해 수시로 암행어사를 지방에 보내기도 했어요.

중앙군은 궁궐과 수도를 수비하는 5위로 구성되었고, 지휘 책임은 문반 관료가 맡았어요. 지방군은 각 도마다 둔 육군 부대인 병영과 수군 부대인 수영

마패(국립중앙박물관)
관원이 지방에 출장을 가는 경우 역마를 이용할 수 있도록 상서원이 발급해 준 패다. 관원의 등급에 따라 말의 마릿수를 다르게 새겼다.

남산 봉수대
전국의 봉수가 최종적으로 집결되던 중앙 봉수대다. 조선 초기에 남산을 기점으로 주요 지점에 봉수대를 설치했다. 위급한 상황이 발생했을 때 불과 연기로 신호를 보냈다.

으로 구성되어 있었지요. 병영은 병마절도사가 지휘했고 수영은 수군절도사가 지휘했어요.

도 단위의 영 아래에도 요충지를 택해 진을 설치했습니다. 세조 이후에는 진관 체제를 실시해 요충지의 고을에 성을 쌓아 방어 체제를 강화했어요. 진관 체제는 지역 단위의 방위 체제로서 거진이 설치된 고을의 수령은 해당되는 몇 개 고을을 독자적으로 수비했지요. 각 도의 연해에 설치한 수군은 육군과 마찬가지로 진관 체제로 편성했습니다.

수군은 육군보다 힘들고 위험했기 때문에 사람들은 수군에 가는 것을 매우 꺼렸어요. 그래서 조선의 수군은 양인이기는 했지만 신분 계층상 신량역천으로 분류되기도 했습니다.

신량역천(身良役賤)
신분은 양인이지만 뱃사공, 어업, 목축업, 공업 등 천인의 일을 하던 사람을 가리킨다.

조선 초에는 서리, 잡학인, 신량역천 등으로 구성된 잡색군이 있었어요. 오늘날의 예비군에 해당하지요. 양인개병(良人皆兵)의 원칙에 따라 군역 의무가 없었던 노비도 잡색군에 포함되었어요. 하지만 정규군 자원인 농민은 잡색군에 포함되지 않았지요.

이 시기에는 군사적으로 위급한 상황을 알리기 위한 봉수제가 정비되었습니다. 한양의 남산을 기점으로 봉화대를 각지에 설치하고 불과 연기로 신호를 보냈지요.

물자 수송과 공문 전달을 위한 역참도 설치되었어요. 역이란 당시의 교통수단인 말을 탈 수 있는 곳인데, 역에 소속된 역마가 관청의 공문 전달과 공납물 수송에 이용되었지요. 역참은 교통의 요지에 30리마다 설치되었고, 마패 소지자에 한해 말을 이용할 수 있었어요. 암행어사만 마패를 가진 것이 아니랍니다. 전국의 주요 도로에 설치된 500여 개의 역 중에서 숙박 시설이 되어 있는 곳을 원이라고 했고, 숙박용 건물을 참이라고 했습니다. 지명에 '원(院)' 자가 붙은 사리원, 조치원 등은 조선 시대의 원에서 발달한 도시예요. 마패를 소지한 하급 관리는 원에서 숙박했고, 고급 관리는 관아의 객사에서 숙박했으며, 일반인은 주막을 이용했지요.

과거 제도와 교육

조선의 관리는 과거, 취재, 음서, 천거를 통해 선발되었어요. 과거에는 문관을 뽑는 문과와 무관을 뽑는 무과, 기술관을 뽑는 잡과가 있었지요.

문과에는 3년마다 정기적으로 실시하는 식년시와 부정기 시험인 증광시, 알성시 등이 있었습니다. 식년시는 초시에서 각 도의 인구 비

증광시
조선 시대에 나라에 큰 경사가 있거나 작은 경사가 여러 개 겹쳤을 때 임시로 실시한 과거 시험이다.

알성시
조선 시대에 왕이 문묘에 참배한 뒤 성균관 유생에게 시험을 보여 성적이 우수한 몇 사람을 선발하는 시험이다.

로 뽑고, 2차 시험인 복시에서 33명을 선발한 다음, 왕 앞에서 실시하는 전시에서 최종 순위를 결정했어요.

문과에 응시하기 위해서는 소과에 합격해 생원이나 진사가 되어야 했으나 후에는 별다른 제한을 두지 않았습니다. 소과 합격자는 성균관에 입학하거나 문과에 응시할 수 있었고 하급 관리가 될 수도 있었어요. 무과도 문과와 같은 절차를 거쳐 치러졌고, 최종 선발 인원은 28명이었지요.

재주가 부족하거나 나이가 많아 과거 응시가 어려운 사람들은 특별 채용 시험을 거쳐 하급 실무직에 임명되기도 했어요. 이 시험을 취재라고 하지요.

음서와 천거는 과거나 취재 같은 시험을 치르지 않고도 관리에 등용되는 제도를 말합니다. 음서는 고관의 자식 중 한 명에게 특혜를 주어 관리로 채용한 것이고, 천거는 높은 관리의 추천을 받아 간단한 시험을 치른 후 관직에 나오게 한 거예요. 하지만 벼슬을 하지 않는 사람이 천거되는 경우는 드물었고, 음서 출신은 문과에 합격하지 않으면 승진하기 어려웠어요.

상피제는 권력의 집중과 부정을 막기 위해 가까운 친·인척끼리는 같은 관서에 근무하지 않도록 하고, 출신 지역의 지방관으로 임명하지 않은 제도예요. 고려처럼 서경제도 유지되었는데, 5품 이하의 관리를 등용할 때는 사헌부와 사간원의 대간이 심사해 동의하는 절차를 거쳐야 임용될 수 있었지요.

상피제와 임기제의 예외로 토관 제도가 시행되었습니다. 새로 개척한 지역에 토착인 관리인 토관을 임명해 민심 수습과 여진족의 방어를 수행하게 한 것이지요. 어렵게 개척한 압록강과 두만강 이남 지역

서당

구한말의 서당 모습이다. 훈장
은 언제나 의관을 갖춰 입고
예의범절을 가르쳤고, 학동들은
번갈아 가며 천자문을 외웠다.

을 완전한 우리 영토로 만들기 위해 사민 정책과 함께 시행했어요. 이
정책에는 토착인 관리와 주민이 하나가 되어 개척한 땅을 수비하라
는 배려의 뜻이 담겨 있지요.

조선은 고려의 교육 제도를 이어받아 한성에 성균관을 두었습니다.
성균관은 국립 교육 기관으로서 최고학부에 해당되었어요. 입학 자
격은 생원, 진사를 원칙으로 했지요.

중등 교육 기관으로는 중앙의 4학과 지방의 향교가 있었고, 사립
교육 기관으로는 서원과 서당이 있었습니다. 향교는 성현에 대한 제
사와 유생 교육, 지방민의 교화를 위해 부, 목, 군, 현에 각각 하나씩
설립되었어요. 중앙에서는 향교의 규모와 지역에 따라 교수 또는 훈
도를 파견했지요. 초등 교육을 담당한 서당에서는 4학이나 향교에 입
학하지 못한 선비와 평민의 자제가 교육을 받았답니다.

서원의 시초는 풍기 군수 주세붕이 안향을 추모하기 위해 세운

조선 시대에는 고관의 관리를 채용하는 음서 제도가 있었지만 정상적인 방법으로 출세하려면 과거에 합격해야만 했다. 과거의 응시 자격을 구비하고 있던 양반의 자제들은 서당에서 유학의 초보적인 지식을 배웠다. 그리고 15세 전후에 서울의 사학(四學)이나 지방의 향교에 들어가서 공부한 후 몇 년 뒤에 과거의 소과에 응시했다. 소과 합격자는 성균관에 입학하거나 문과에 응시할 수 있었다.

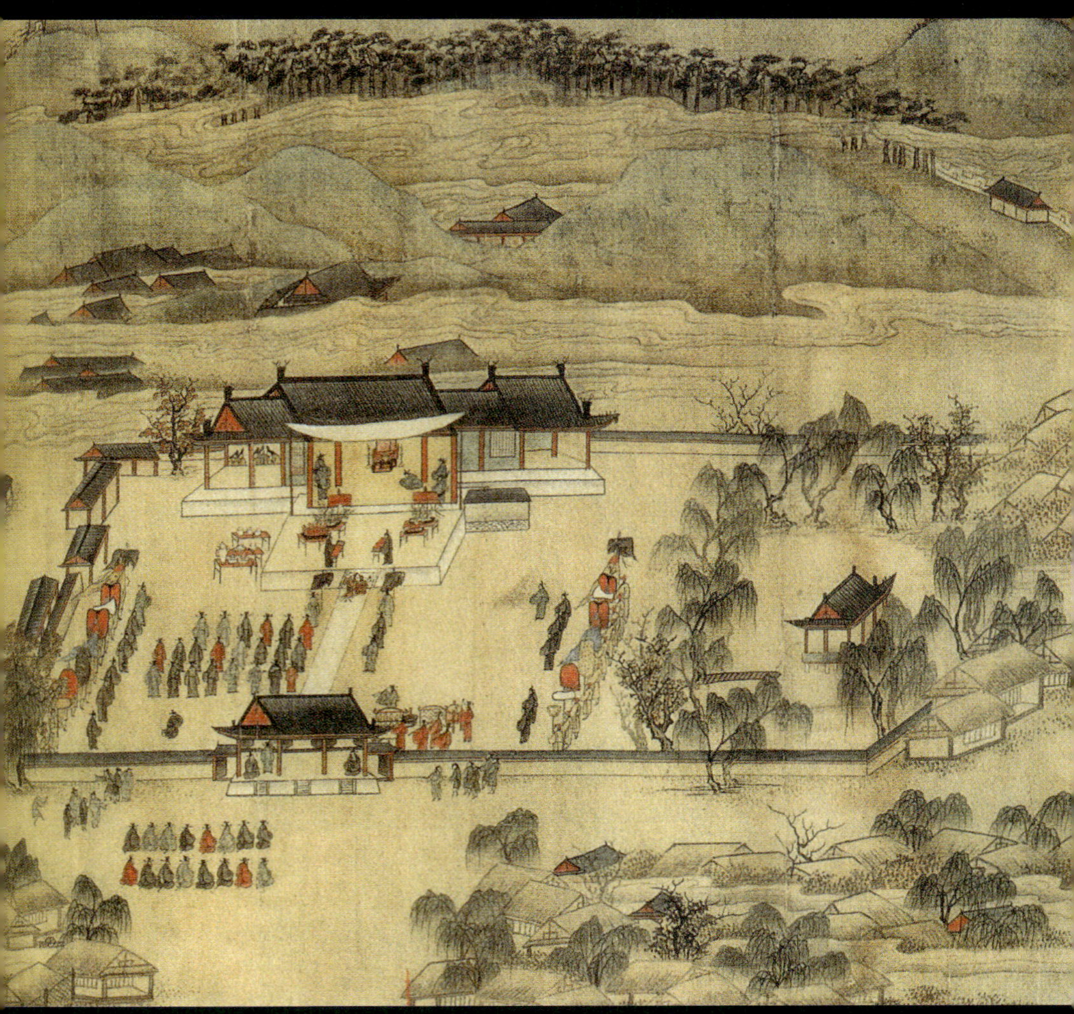

「북새선은도」(국립중앙박물관)

1664년(현종 5년) 길주목과 함흥부에서 실시한 문무과 시험 장면을 왕에게 보고하기 위해 그린 것이다. 과거 응시자는 지방에서 초시를 치르고, 문과에서 세 차례 시험을 치러야 최종 순위에 오를 수 있었다.

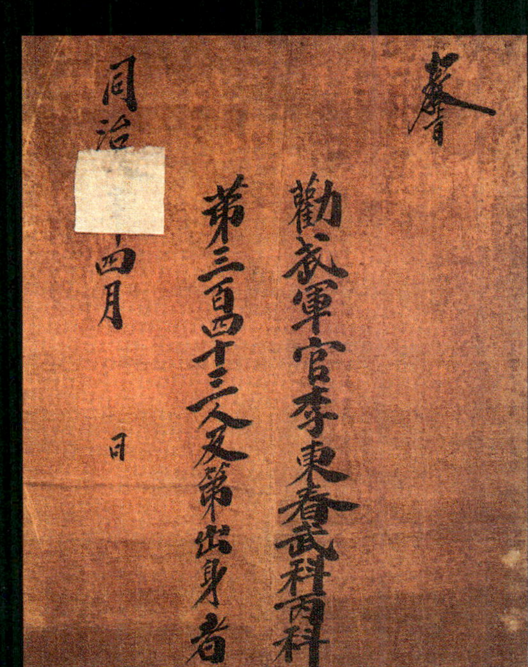

과거 시험 합격 증서

문과와 무과의 마지막 시험인 전시 합격자에게 합격 증서인 홍패가 주어졌다.

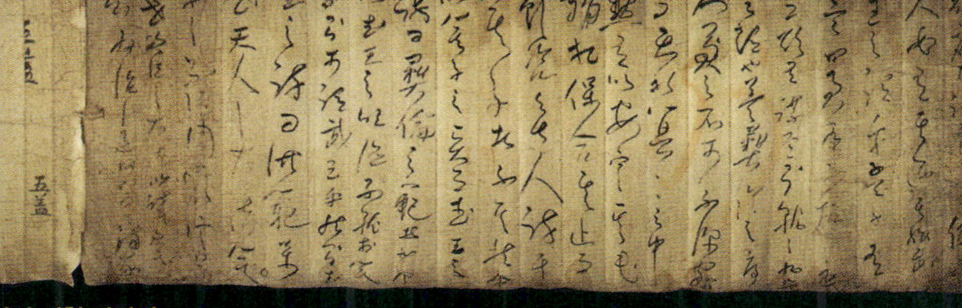

과거 시험 답안지

과거 응시자는 답안지 오른쪽에 자신의 이름, 나이, 본관, 주소, 조상의 신분 등을 기재했다.

백운동 서원이에요. 뒷날 이 서원은 이황의 건의에 따라 '소수 서원'이라는 현판을 하사받았지요. 이후 국가에서는 서원에 토지, 노비, 서적 등을 지급하고 면세의 특권까지 주었어요.

서원에서는 봄가을로 향음주례를 지냈고, 인재를 모아 학문도 가르쳤습니다. 이렇듯 서원이 이름난 선비나 공신을 숭배하고 학문을 닦으며 향촌 사회의 교화에 이바지하자 국가에서는 서원의 설립을 장려했어요. 서원은 학문과 교육의 발전에 이바지했지만 당파의 결속을 강화해 붕당의 토대가 되기도 했습니다.

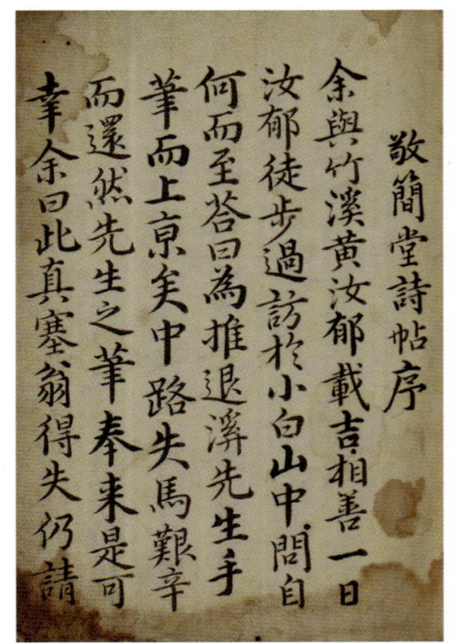

퇴계 이황이 쓴 경간당 시첩(31×22.5cm, 국립중앙박물관)
조선 시대의 문신이자 성리학자였던 이황은 서예가이기도 했다. 그는 조맹부의 글씨체인 송설체에서 벗어나 새로운 변화를 꾀했다.

향음주례(鄕飮酒禮)
향촌의 유생이 학덕과 연륜이 높은 사람을 손님으로 모시고 술을 마시며 잔치를 벌이던 의식이다.

서적의 편찬

유교적 질서를 확립하기 위해 윤리와 의례에 관한 서적 편찬 사업이 이루어졌어요. 세종 때에는 모범이 될 만한 충신, 효자, 열녀 등의 행적을 그림으로 그리고 설명을 붙인 『삼강행실도』를 편찬했고, 성종 때에는 국가의 여러 행사에 필요한 의례를 정비한 『국조오례의』를 편찬했습니다.

16세기에는 사림이 『소학』과 『주자가례』의 보급과 실천에 힘쓰면서 『이륜행실도』와 『동몽수지』 등을 간행해 보급했어요. 『이륜행실도』는 어른과 아이, 친구 사이에 지켜야 할 윤리를 강조한 책이고, 『동몽수지』는 어린이가 지켜야 할 예절을 기록한 수신서입니다.

조선은 건국 초부터 왕조의 정통성에 대한 명분을 밝히고 성리학적 규범을 확립하기 위해 역사서 편찬에 힘썼어요. 특히 한 왕대의 역사를 후대에 남기기 위한 실록 편찬이 계속되어 태조부터 철종까지 472

년간의 역사가 『조선왕조실록』에 담기게 되었지요. 유네스코 세계 기록 유산으로도 등재된 『조선왕조실록』은 각 방면의 역사적 사실이 기록되어 세계적으로 유례가 없는 귀중한 자료입니다.

태조 때 정도전은 『고려국사』를 편찬해 고려 시대의 역사를 정리하고 조선 건국의 정당성을 밝히려 했어요. 15세기 중엽에는 기전체의 『고려사』와 편년체의 『고려사절요』가 완성되었습니다. 성종 때에는 서거정이 고조선부터 고려 말까지의 역사를 편년체로 정리한 『동국통감』을 편찬했지요.

조선 초에는 중앙 집권과 국방 강화를 위해 지리지와 지도 편찬에도 힘썼어요. 세종 때에는 『신찬팔도지리지』가 편찬되었고, 성종 때에는 노사신 등이 『동국여지승람』을 편찬했습니다. 태종 때에는 동양에서 가장 오래된 세계 지도인 혼일강리역대국도지도와 전국 지도인 팔도도를 제작했어요, 세조 때에는 양성지 등이 동국지도를 완성했지요. 16세기에도 많은 지도가 만들어졌는데 그중에서 조선방역지도가 전해지고 있어요.

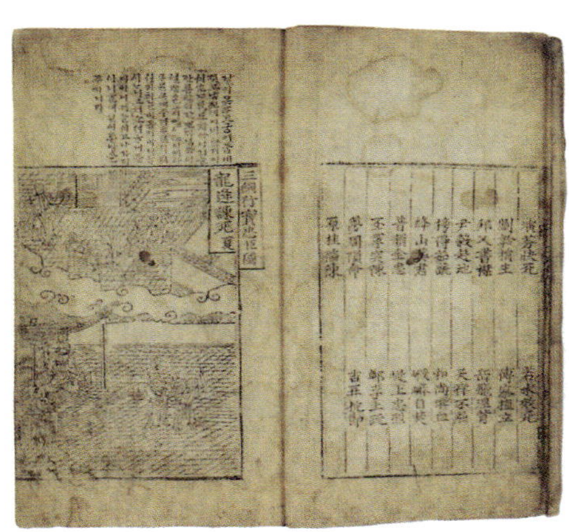

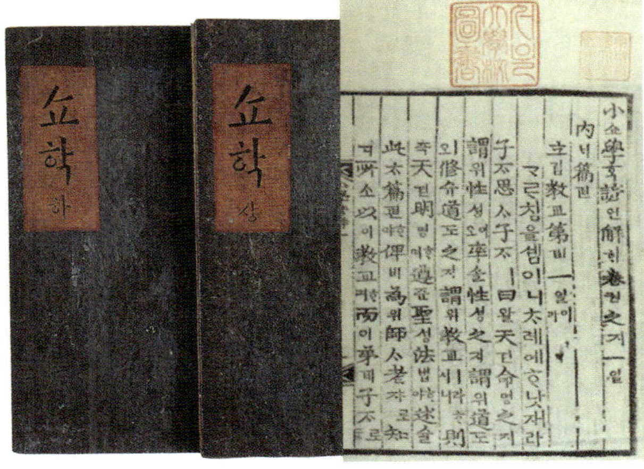

고려와 조선의 성균관

고려 말부터 조선 시대까지 최고 교육 기관이었다.
1308년(충선왕 1년)에 국자감이 성균관으로 개칭되었고,
공민왕 때 국자감으로 명칭이 바뀌었다가, 1362년에 다시
성균관으로 불렸다.

개성 성균관(북한 국보 문화 유물 제127호)
고려 성종 11년(992년)에 세운 고려의 최고 교육 기관이다. 고려 시대의 건물은 임진왜란 때 불에 타
버렸고 지금의 건물은 1602~1610년에 다시 지은 것이다. 원래는 대명궁이 있던 곳이었는데,
1089년에 이곳으로 국자감을 옮기면서 교육 기관의 역할을 맡게 되었다.

개성 성균관 은행나무

성균관 대성전
공자를 비롯한 성리학 대가들의 선위를 모신 사당이다.

성균관 명륜당(서울시 종로구)
조선 시대에 성균관 유생들이 학문을 연구하던 곳이다. 조선 왕조는 1395년부터 인재를 양성하고
학문을 부흥하기 위해 새로운 도읍인 한양에 성균관을 짓기 시작했다. 명륜당은 1398년(태조 7년)
성균관의 대성전 북쪽에 건립되었다. 그러나 이때 지은 건물들은 임진왜란 때 모두 불에 타
없어졌고, 지금 남아 있는 명륜당과 성균관의 주요 건물들은 선조 때 다시 지은 것이다. 성균관에는
500년 된 은행나무가 있는데, 유생들은 냄새가 역겨워 은행이 열리지 않는 수나무를 심었다고 한다.

조선의 5대 서원

도산 서원, 소수 서원, 병산 서원, 옥산 서원, 도동 서원은 조선의 5대 서원으로 꼽힌다. 서원에서는 인재를 모아 학문을 가르쳤을 뿐 아니라 봄가을로 향촌의 선비들이 학덕 높은 손님을 모시고 의례를 베푸는 향음주례를 지내기도 했다. 양반집 아들은 대개 공립 학교인 향교보다는 사립 학교인 서원에 다녔다.

도산 서원 현판

도산 서원(사적 제170호; 경상북도 안동시)
도산 서원은 퇴계 이황이 도산 서당(사진 오른쪽 가운데 건물)을 짓고 유생을 교육하며 학문을 쌓던
곳이다. 선조 7년(1574년)에 이황의 학덕을 기리기 위해 창건했다. 선조 8년에 사액 서원이 되면서
영남 지방 유학의 중심지가 되었다.

소수 서원(사적 제55호, 경상북도 영주시) 소수 서원은 왕이 최초로 이름을 지어 내린 사액 서원이자 공인된 사학 기관이다. 1868년 흥선 대원군의 서원 철폐령 때도 훼손되지 않고 살아남은 47개 서원 가운데 하나다. 1542년(중종 37년) 풍기 군수 주세붕이 고려의 문신인 안향의 사묘를 세우고 1543년에 학사를 이건해 백운동 서원을 설립한 것이 이 서원의 시초다.

옥산 서원(사적 제154호, 경상북도 경주시) 조선 중기의 성리학자 이언적을 기리기 위해 세워진 서원이다. 이언적의 학설은 퇴계 이황에 의해 계승되어 영남학파 성리설의 선구가 되었다. 흥선 대원군의 서원 철폐령 때도 훼손되지 않고 살아남은 47개의 서원 가운데 하나다.

옥산 서원 사진 제공

병산 서원(사적 제260호, 경상북도 안동시) 유성룡의 학문과 업적을 기리기 위해 세워진 서원이다. 흥선 대원군의 서원 철폐령 때 살아남은 47개 서원 가운데 하나다. 병산 서원의 정문인 복례문을 지나면 만대루라는 2층짜리 누각이 보이고, 그 맞은편에는 선비들이 공부하던 입교당이 있다. 한국 건축사에서도 중요한 유적으로 꼽히는 이 서원은 화산(花山)을 등지고 있어 주변 풍광이 빼어나다.

도동 서원(사적 제488호, 대구시 달성군) 1605년(선조 38년) 김굉필을 추모하기 위해 세운 서원이다. 1607년 사액 서원으로 승격되었다. 흥선 대원군의 사원 철폐령 때 훼절되지 않고 살아남은 47개 서원 중 하나다. 강당, 사당, 담장은 보물 제350호로 지정되어 있다.

도동 서원 사진 제공

농본주의 경제 정책

조선은 재정 확충과 민생 안정을 위해 농본주의를 내세웠어요. 건국부터 토지 개간을 장려하고 양전 사업을 실시한 결과 고려 말에는 50만 결이었던 경지가 160여 만 결로 증가했지요. 반면에 상공업자가 마음대로 영업하는 것은 규제했어요. 자유로운 상공업 활동은 사대부의 사치를 조장하고 빈부 격차를 벌인다고 여겼기 때문이에요.

더구나 당시에는 사농공상의 구분을 엄격히 해서 상공업자에 대한 인식이 좋지 않았어요. 16세기에 이르러서야 농민에 대한 통제력이 약해지면서 상공업이 발전하기 시작했지요.

조선은 관리의 경제 기반을 보장하고 국가 재정을 유지하는 방향으로 토지 제도를 운영했어요. 관리에게 주는 토지인 과전은 경기 지방의 토지로 지급했고, 받은 사람이 죽거나 반역을 하면 국가에 반환하도록 정해져 있었습니다. 그러나 관리가 죽은 경우, 재혼하지 않은 부인에게는 수신전, 20세 미만의 자녀에게는 휼양전이라는 명목으로 토지 중 일부를 세습할 수 있도록 했어요. 국가에 공이 있는 사람에게 내린 공신전도 세습을 허용했지요.

이렇게 토지가 세습되자 새로 관직에 오른 관리에게 줄 토지가 부족해졌습니다. 이 문제를 해결하기 위해 15세기 말에는 직전법으로 바꾸어 현직 관리에게만 수조권을 지급하다가 16세기 중엽에는 이마저도 폐지했어요. 수조권을 받은 사람은 스스로 그해의 생산량을 조사했습니다. 그래서 과전법의 경우 농민에게 수확량의 10분의 1을 세금으로 거두었어요. 이 과정에서 수조권을 가진 관료가 지나치게 거두어들이는 경우가 많아지자, 성종 때 지방 관청에서 그해의 생산량을 조사해 거두고 다시 관리에게 나누어 주는 방식으로 바뀌었습니다. 이로 인해 국가의 토지 지배권이 강화되었어요.

토지 소유자는 국가에 조세를 납부할 의무가 있었고, 매년 풍년인지 흉년인지에 따라 납부액을 조정했습니다. 세종 때에는 토지의 비옥도와 풍흉의 정도에 따라 전분 6등법, 연분 9등법으로 체계화했어요.

조세는 쌀이나 돈으로 냈습니다. 군현에서 거둔 조세는 강가나 바닷가의 조창으로 운반했다가 전라도와 충청도, 황해도는 바닷길을 통해, 강원도는 한강을 통해, 경상도는 낙동강과 남한강을 통해 서울의 경창으로 운송했어요.

공납은 고려 시대처럼 각 지역의 토산물을 조사해 중앙 관청에서 군현에 물품과 액수를 할당하면 각 군현이 각 가구에 다시 할당해 거두었습니다. 공물에는 각종 수공업 제품과 광물, 수산물, 모피, 과실, 약재 등이 있었어요. 생산량이 감소해 수량을 맞추지 못하면 다른 곳에서 구입해서 납부하기도 했으므로 공물은 전세보다 더 큰 부담을 주었지요.

조선은 건국 초부터 군역 제도를 정비했습니다. 태종 이후에는 사병이 모두 폐지되었고, 16세 이상 60세 이하의 모든 양인 남자는 군역의 의무를 지게 했어요. 군역에는 일정 기간 교대로 복무하는 정군과 정군이 복무하는 데 드는 비용을 보조하는 보인이 있었지요. 양반과 서리, 향리 등 현직 관료와 학생만 군역을 면제받았고, 종친과 외척, 공신이나 고관의 자제도 고급 특수군에 편입되었답니다.

진상품 목록
지방에서 나라에 바치는 특산물인 진상품은 공물의 일종이다. 16세기에 백성들은 공물을 비롯한 많은 세금에 시달렸다.

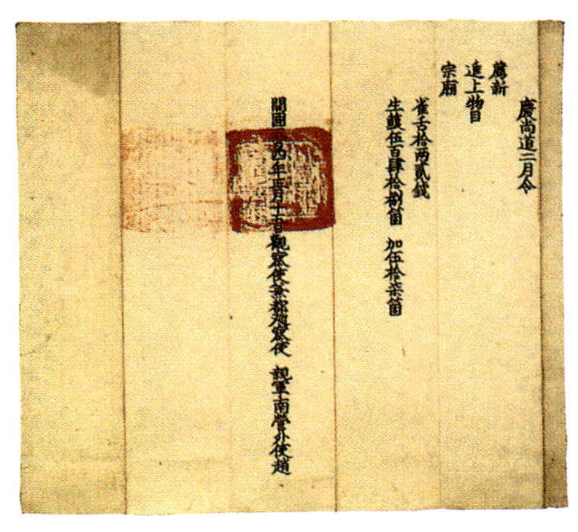

조선은 기본적으로 농본 정책을 실시해 농민의 안정을 꾀했어요. 국가는 양반 지주의 토지 겸병을 억제하고, 각종 재해를 당한 농민의 조세를 덜어 주기도 했지요. 이런 시책에도 불구하고 농민이 어려움에 처했을 때는 고려 시대처럼 의창, 상평창 등을 설치하고 환곡 제도를 실시했습니다. 향촌 사회에서 자치적으로 실시된 사창 제도는 양반 지주들이 농민 생활을 안정시켜 양반 중심의 향촌 질서를 유지하기 위한 것이었어요. 의창, 상평창, 사창을 3창이라고 합니다.

의료 시설로는 고려 시대에도 있었던 혜민국, 동서 대비원, 그리고 제생원과 동서 활인서 등이 있었습니다. 혜민국과 동서 대비원은 수도권 안에 거주하는 서민 환자의 구제와 약재 판매를 담당했고, 제생원은 지방민의 구호와 진료를 담당했어요. 동서 활인서는 유랑자의 수용과 구휼을 담당했지요.

공물과 군역 등은 3년마다 작성하는 호적 대장에 기록된 각 군현의 인구수를 바탕으로 해당 지역에서 부과했어요. 경상도, 전라도, 충청도의 하삼도에 전체 인구의 절반 정도가 살았고, 경기도와 강원도에 20%, 평안도와 황해도, 함경도에 30% 정도가 살았지요.

조선이 건국되었을 때 인구수는 550만~750만 명에 불과했어요. 하지만 16세기에는 1,000만 명을 넘어섰고, 19세기 말엽에는 1,700만 명 정도였을 거라고 추산하고 있답니다. 세종 때 한성에는 10만 명 이상이 거주했어요. 현재 서울시의 인구를 1,000만 명이라고 본다면 100분의 1에 해당하는 셈이지요. 한성의 인구는 18세기에 들어와서야 20만 명을 넘어섰어요.

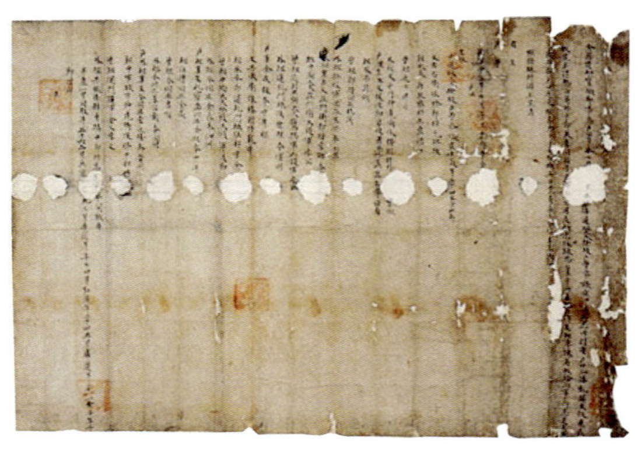

조선의 인구가 생각보다 많지 않다고요? 조선은 국가 운영에 필요한 인적 자원을 확보하기 위해 남성 위주로 호구 조사를 실시했어요. 그래서 실제 인구수와 많은 차이가 났답니다.

조선 시대의 평균 수명은 24세 정도였어요. 이는 영·유아 사망률이 높았기 때문인데, 보통 사람도 40세를 넘기기 힘들었습니다. 온갖 보호를 받았던 왕의 평균 수명이 47세였으니 왕은 상대적으로 장수한 셈이지요.

아름다운 계획도시, 한양

한 나라의 수도가 되려면 우선 군사적으로 적을 방어하는 데 유리해야 하고, 강과 해상을 통한 물자 수송이 원활해야 하며, 사방으로 거리가 균등해 교통이 편리해야 합니다. 한양은 이 세 가지 조건을 잘 갖추고 있었어요. 이러한 인문 지리적 위치의 중요성이 조선 초에 이루어진 한양 천도의 배경이 된 거지요.

1392년에 개국한 조선의 수도는 처음부터 한양이 아니었습니다. 태조 이성계는 즉위하자마자 수도를 옮길 생각을 하고 1394년 한양으로 수도를 옮길 때까지 고려의 도읍이었던 개경을 그대로 수도로 삼았어요. 태조가 수도를 옮기려고 한 이유는 여러 가지가 있었지요.

조선이 세워진 후에도 여전히 고려에 충성하는 사람들이 개경에 남아 새 왕조에 걸림돌이 되었습니다. 이성계가 역성혁명을 일으킨 뒤 고려의 유신 72명은 새 왕조를 섬기기를 거부하고 경기도 개풍군에 있는 두문동(杜門洞)에 들어가 죽을 때까지 나오지 않았다고 해요. 여기에서 '두문불출(杜門不出)'이라는 말이 유래되었답니다.

또한 조선 왕조가 개경을 떠나려 한 데에는 오래전부터 전해 오던 풍수도참설이 많은 영향을 끼쳤어요. 일찍부터 송도(개경)는 기운이 쇠해 무신의 난과 몽골의 침입 등 환란이 끊이지 않았다는 이야기가 나돌고 있었지요. 태조는 이 같은 분위기를 수습하고 왕권을 강화하기 위해서라도 수도를 옮겨야 했어요.

새로운 수도의 후보지는 세 곳이었습니다. 지금의 충청남도 신도안 일대의 계룡산 부근과 서울 신촌 부근의 무악, 그리고 고려의 남경이 있던 북한산 아래의 한양이었어요.

이 가운데 계룡산 부근은 태조의 총애를 받던 신하 하륜이 강력하게 반대했습니다. 이유는 땅이 비좁고 기름지지 않아 살기 어려우며, 교통이 불편해 백성들이 고생하기 쉽다는 점이었어요. 하륜은 무악에 대해서는 적극 찬성했지만 다른 신하들은 궁궐이 들어서기에는 무 좁아서 무악으로 옮길 거라면 차라리 수도를 옮기지 않는 편이 낫겠다며 반대했지요. 마지막으로 한양은 형세가 빼어나고, 전국 8도의 중심에 있으며, 육로와 수로 교통의 요지라는 도평의사사의 보고가 받아들여져 한양이 새 수도로 결정되었어요.

한양이 후보지로 선정된 과정에 대해서는 재미있는 이야기가 전해져 오고 있습니다. 이성계는 왕위에 오르기 전부터 가까이 지내던 무학 대사에게 새롭게 도읍을 정할 곳을 알아보라고 했어요. 무학 대사는 마땅한 곳을 찾던 중 왕십리 부근에 이르렀지요. 이때 한 노인이 소를 타고 오면서 중얼거렸어요.

"이놈의 소가 하는 짓이 꼭 무학 같구나."

깜짝 놀란 무학 대사는 노인의 다음 말에 귀를 기울였어요.

"어찌 좋은 곳을 놔두고 저리 미련하게 다닐꼬."

무학 대사는 노인에게 다가가 그 말이 무슨 뜻인지 물었지요.

그러자 노인은 "여기서 동북쪽으로 10리만 더 들어가면 좋은 곳이 나올 게요."라고 말하고는 유유히 사라져 버렸어요.

무학 대사는 노인의 말대로 자리를 옮겨 백악에서 지경을 살폈습니다. 과연 그곳이 명당이었지요. 무학 대사는 이성계에게 뜻을 전하고 그 자리에 경복궁을 지었어요. '왕십리'라는 지명은 무학 대사가 10리를 더 가서 명당 터가 나왔다는 고사에서 유래되었습니다.

1394년 10월 조선은 한양으로 도읍을 옮겼어요. 새 수도는 궁궐을 중심으로 예부터 전해 오는 '좌묘우사(左廟右社, 궁궐의 왼쪽인 동쪽에 종묘를 두고 오른쪽인 서쪽에 사직을 둔다는 뜻)'와 '전조후시(前朝後市, 궁궐 앞쪽인 남쪽에 관청을 두고 뒤 인 북쪽에 시장을 둔다는 뜻)'의 수도 배치 원칙에 따라 건설되었습니다.

이듬해 6월에는 한양부를 한성부로 바꾸고, 9월에는 서쪽에 사직을 완공하고 궁궐을 세운 뒤, 그 동쪽에 종묘를 완성했어요. 광화문 앞에는 6조의 관서를 배치해 관아가(官衙街)로 하고, 북쪽 신무문(神武門, 경복궁의 북문) 밖에는 시장을 두었지요. 이때부터 한양은 정치 도시로서의 기능을 갖추기 시작했습니다.

이어서 도성과 사대문, 사소문이 건설되었어요. 사대문 가운데 북쪽 으로 나 있던 숙정문은 위급한 상황이 발생했을 때 왕이 북한산성으로 빠져나갈 수 있도록 설계된 문이었습니다.

무학 대사(1327~1405년)
1392년(조선 태조 1년) 조선 개국 후 왕사가 되었다. 수도를 옮기려는 태조 이성계에게 한양을 도읍으로 정할 것을 건의했다.

구한말의 남대문 주변

구한말 한양 남산에서 바라본 남대문 주변의 모습이다. 사진 왼쪽의 숲속에 러시아 대사관이 있었다.

사소문은 사대문 사이에 두었던 소문인데, 동북쪽의 혜화문(동소문), 동남쪽의 광희문(남소문), 서남쪽의 소의문(서소문), 서북쪽의 창의문(북소문)이었어요. 광희문은 소의문과 함께 시신을 한양 밖으로 내보내던 문이어서 수구문(水口門) 또는 시구문(屍口門)이라고도 불렀지요.

성벽을 다 쌓은 뒤에는 곧바로 개경에서 한양으로 왕실을 옮기고 새 왕궁의 이름을 경복궁이라고 지었어요.

새로운 도읍의 건설은 조진이라는 사람이 맡았어요. 조진은 1391년 봄, 평안도와 황해도에서 일꾼 11만 9,000명을 끌고 와 두 달 동안 쉬지 않고 성벽을 쌓았다고 합니다. 가을에는 강원도와 전라도, 경상도에서 8만 9,000명을 더 끌어와 한 달 넘게 작업한 끝에 한양을 두르는 성벽을 완성할 수 있었어요. 성벽의 둘레는 9,975보였는데, 1보는 1.5m이므로 9,975보는 약 15km에 해당합니다.

수도를 에워싸는 도성을 쌓는 동안, 사방으로 길을 내고 집과 상점도 지었어요. 경복궁의 정문인 광화문에서 남대문인 숭례문까지 남북으로 길을 냈고, 동대문인 흥인지문에서 서대문인 돈의문까지 동서를 잇는 길도 닦았지요. 동서를 잇는 길에는 상점들이 들어섰는데, 이 길의 이름은 '운종가'로 지금의 종로입니다. 또한 수도 한성부의 행정 구역을 정비해 5부 52방으로 나눈 뒤 각 방의 이름을 정했어요.

1398년 제1차 왕자의 난이 일어나고 정종이 즉위하면서 2년 동안 수도를 개성으로 옮긴 일도 있었습니다. 하지만 1400년 태종이 즉위한 뒤 곧바로 한양으로 환도했지요. 이후 한양은 철저한 계획 아래 건설된 도시답게 조선의 수도로서의 기능을 해 나갔어요.

최고봉인 백운대를 비롯해 인수봉, 만경대가 세 개의 뿔처럼 높이 있어 삼각산이라 불리다가 일제
강점기 이후 북한산으로 불렸다. 무학 대사가 조선의 도읍지를 정하기 위해 삼각산에 올랐다고
전한다. 무학 대사가 백운대를 거쳐 비봉에 이르니 한 석비가 있었다. 석비에 "무학이 길을 잘못
들어 여기에 이른다."라는 문장이 적혀 있어 길을 다시 바꾸어서 하산해 경복궁 터를 정했다고 한다.

북한산성(사적 제162호)
백제가 하남 위례성으로 수도를 정했을 때 도성을 지키기 위해 개루왕 5년(132년)에 축조되었다.
고려 고종 19년(1232년)에 몽골군과의 격전을 치른 뒤 우왕 13년(1387년)에 다시 고쳐서 지었다.
또한 임진왜란과 병자호란 이후 숙종 37년(1711년)에는 왕명으로 토성을 석성으로 고쳤다.

삼각산 산성 길

인수봉에서 백운대(백운봉)로 올라가는 길에 위문이
있는데, 왼쪽이 백운대 · 염초봉 · 원효봉이고,
오른쪽이 만경대 · 노적봉이다. 노적봉에 오르면
백운대 · 인수봉 · 만경대가 한눈에 내려다보인다.
3번 사진이 노적봉에서 바라본 삼각산(왼쪽부터
백운대 · 인수봉 · 만경대)이다. 노적봉 아래 오른쪽
계곡 길이 대남문으로 가는 산성 길이다. 산성 길
코스는 위문, 용암문, 시단봉, 동장대, 대동문,
보국문, 대성문, 대남문으로 이어진다.

3. 노적봉에서 바라본 삼각산

4. 용암문

7. 대동문

8. 보국문

1. 인수봉

5. 시단봉에서 바라본 북한산성

6. 동장대

9. 대성문

10. 대남문

인의예지에 따르다, 사대문

1396년(태조 5년) 도성을 축조할 때 정도전은 도성의 성문 이름을 유교적 윤리에 입각해 지었다. 사대문은 인의예지신(仁義禮智信)에 따라 정동에 흥인지문(興仁之門, 인을 흥성하게 하는 문, 동대문), 정서에 돈의문(敦義門, 의를 돈독하게 하는 문, 서대문), 정남에 숭례문(崇禮門, 예를 숭상하는 문, 남대문), 정북에 숙정문(肅靖門, 엄숙하고 조용하게 하는 문, 북대문)을 세웠다. 다른 사대문은 석 자인데 흥인지문만 넉 자인 것은 풍수지리에 따라 한양 동쪽의 지기가 약하다고 하여 그 기운을 북돋기 위해서라고 한다. 돈의문은 1915년 일제의 도로 확장 공사로 인해 철거되고 말았다. 이수광의 『지봉유설』에 따르면 숭례문의 현판은 양녕 대군이 썼다고 한다. 숙정문은 서울 성곽 동서남북에 사대문의 격식을 갖추고 비상시 사용할 목적으로 지어져 실질적인 성문 구실을 하지는 않았다.

숭례문(국보 제1호, 높이 8m, 서울시 중구)

돈의문(서울시 종로구 강북삼성병원
바로 아래쪽에 있었음)

숙정문(사적 제10호, 서울시 종로구)

흥인지문(보물 제1호, 높이 7.7m, 서울시 종로구)

사방팔방으로 뻗다, 사소문

1396년 도성을 축조할 때 동북쪽에 혜화문(惠化門), 동남쪽에 광희문(光熙門), 서남쪽에
소의문(昭義門), 서북쪽에 창의문(彰義門)을 세웠다. 혜화문은 처음에는 홍화문이라고 불리다가
1483년(성종 14년)에 창경궁을 짓고 그 동문의 이름을 홍화문이라 하자 혼동을 피하기 위해
1511년(중종 6년) 혜화문으로 이름을 고쳤다. 광희문은 도성의 장례 행렬이 통과하던 문이어서
시구문이라고도 했다. 소의문은 1914년 도시 계획 때 철거되었는데, 광희문과 함께 시신을 내보내던
문이다. 자하문으로도 불리는 창의문은 숙정문과 함께 경복궁의 양팔과 같아서 길을 내면 지맥이
손상된다는 이유로 폐쇄됐다.

창의문(북소문, 서울시 종로구)

소의문(서소문, 서울시 중구에 있었음)   광희문(남소문, 서울시 중구)

혜화문(동소문, 서울시 종로구)

종묘(사적 제125호)와 사직단 (사적 제121호)

경복궁을 축성하면서 궁궐 앞에는 좌묘우사(左廟右社)라 하여 왼쪽(동쪽)에 역대 왕의 신주를 모시고 제사를 지내는 종묘를 배치하고, 오른쪽(서쪽)에 토지와 곡식의 신에게 제사를 지낼 사직단을 배치했다. 종묘는 유네스코 세계 문화유산으로 지정되어 있다.

종묘 정전(국보 제227호)의 회랑 정전은 조선 역대 왕과 왕비의 위패를 모신 사당인 종묘의 중심 건물이다. 영녕전과 구분해 태묘(太廟)라 부르기도 한다.

종묘 영녕전(보물 제821호) 정전의 서북쪽에 세워진 정면 16칸, 측면 4칸의 사당이다. 이 사당에는 조선 태조의 선대 4조 및 종묘의 정전에 봉안되지 않은 조선 역대 왕과 왕비의 신위를 모셨다.

서울 사직단 정문(보물 제177호)

태조 3년(1394년)에 지은 사직단 정문은 임진왜란 때 소실되었는데, 숙종 46년(1720년)에 다시 세워졌다. 기둥 간격이 넓고 맞배지붕을 올려 절제된 단정함을 보여 준다.

서울 사직단(사적 제121호)
조선 시대에 토지의 신인 사(社)와 곡식의 신인 직(稷)에게 제사를 지내던 곳이다. 태조 이성계는 1394년 경복궁을 중심으로 동쪽에 종묘를, 서쪽에 사직단을 배치했다. 해가 떠오르는 동쪽, 즉 하늘을 상징하는 쪽에 사당인 종묘를, 해가 지는 서쪽, 즉 땅을 상징하는 곳에 사직단을 설치한 것이다.

5-1 조선의 건국과 제도 정비

1 문물 제도의 정비

- 태조 한양 천도, 불교 비판(『불씨잡변』을 통해 성리학의 입장에서 불교 사상 자체를 비판), 성리학을 통치 이념으로 확립, 경복궁을 비롯한 궁궐 · 종묘 등 건설, 정도전의 재상 정치(초창기 문물 제도 정비에 공헌, 민본적 통치 규범 마련, 재상 중심의 정치 주장, 『조선경국전』 · 『고려사』 · 『경제문감』 · 『불씨잡변』 · 『진법서』 등 저술)

- 태종 제1, 2차 왕자의 난을 통해 개국 공신 세력을 제거하고 집권, 국왕 중심의 통치 체제 정비, 6조 직계제(6조에서 의정부를 거치지 않고 국왕의 재가를 받음) 시행, 도평의사사(고려 후기에 국정 전반을 담당한 최고 회의) 폐지, 사간원을 독립시켜 대신들을 견제, 왕실 외척과 종친의 정치적 영향력 축소, 사병 폐지, 양전 사업(토지 조사 사업) 실시, 호패법 시행, 신문고 설치, 사원의 토지 몰수, 억울한 노비 해방

- 세종 집현전 설치, 경연 제도 실시, 의정부 서사제(6조의 안건을 의정부에서 논의한 다음 국왕이 재가) 실시, 오례에 따라 국가 행사 거행

- 문종 · 단종 황보인 · 김종서 등 재상이 정치적 실권 장악

- 세조 6조 직계제 부활, 집현전과 경연 폐지, 종친을 등용해 왕권 강화, 『경국대전』 편찬 시작

- 성종 홍문관 설치, 경연 활성화, 『경국대전』 완성(유교적 통치 체제 확립)

2 중앙 통치 조직

- 의정부 국정 총괄, 영의정 · 좌의정 · 우의정으로 구성

- 6조 이조 · 호조 · 예조 · 병조 · 형조 · 공조, 정책 집행을 담당

- 3사 사헌부(관리의 비리 감찰), 사간원(정사 비판, 간쟁 담당), 홍문관(경연 담당, 학문적 연구를 통해 정책 결정에 자문 역할) → 권력의 독점과 부정 방지

- 기타 승정원(왕명 출납 업무), 의금부(왕의 명령에 따라 죄인 처벌), 한성부(수도의 치안과 행정 담당), 춘추관(역사서 편찬과 보관)

3 지방 행정 조직과 군사 조직

- 지방 행정 조직 8도(관찰사) − 부(부사) · 목(목사) · 군(군수) · 현(현령) − 면 · 리 · 통. 지방 수령을 감시하기 위해 수시로 관찰사와 암행어사를 파견, 모든 군현에 지방관 파견, 특수 행정 구역인 향 · 부곡 · 소 폐지, 향리를 세습적인 아전(이방 · 호방 등 6방 담당)으로 격하

- 군사 조직 양인개병제(16~60세의 양인 남자에게 군역 부과), 5위(중앙군, 궁궐과 수도 수비), 지방군(육

군 · 수군, 각 도에 한두 개의 병영을 두어 병사가 군대 장악), 잡색군(일종의 예비군)

4 관리 등용 제도

- **과거** 문과 · 무과 · 잡과(→ 문무 양반 제도 확립), 양인 이상이면 법적으로 응시가 가능했으나 문과의 경우 탐관오리의 아들, 재가한 여자의 아들과 손자, 서얼에게는 응시를 제한함
- **음서와 취재** 음서(문무 2품 이상 관리), 천거(추천), 취재(하급 관리 등용)
- **상피제와 서경제** 권력의 집중과 부정을 막기 위해 출신지나 친 · 인척이 있는 곳을 피해 임명하는 상피제와 공정성 확보를 위해 5품 이하의 관리 임명 대상을 심사하는 서경제 실시
- **교육 기관** 성균관(최고 교육 기관), 4부 학당, 향교(지방의 군현에 설치한 관학 교육 기관), 서당(사립 초등 교육 기관), 무관 교육 기관은 없음

5 농본주의 경제 정책

- **수취 제도** 세종 때 전분 6등법(토지를 비옥도에 따라 나눔)과 연분 9등법(그해의 수확을 풍흉에 따라 나눔) 실시
- **토지 제도의 변화** 과전법(과전은 경기 지방의 토지로 지급, 받은 사람이 죽거나 반역을 하면 국가에 반환, 관리가 죽은 경우 토지 중 일부를 재혼하지 않은 부인에게는 수신전, 20세 미만의 자녀에게는 휼양전이란 명목으로 다시 지급해 세습이 가능하게 함) → 직전법(토지 부족으로 세조 때 현직 관리에게만 지급) → 관수관급제(성종 때 관청에서 그해 생산량을 조사해 조세를 농민들로부터 직접 거두어들여 수조권자에게 지급)

6 계획도시 한양 건설

- **배경** 고려 유신 72명이 개풍군 두문동으로 들어가 나오지 않고, 송도의 기운이 쇠했다는 풍수도참설이 퍼짐
- **수도 건설** 좌묘우사(左廟右社)와 전조후시(前朝後市)라는 수도 배치 원칙에 따라 건설
- **사대문** 흥인지문(동대문), 돈의문(서대문), 숭례문(남대문), 숙정문(북대문)
- **사소문** 동북쪽의 혜화문(동소문), 동남쪽의 광희문(남소문), 서남쪽의 소의문(서소문), 서북쪽의 창의문(북소문)
- **도로 건설** 경복궁의 정문인 광화문에서 숭례문까지 남북으로 길을 냈고, 흥인지문에서 돈의문까지 동서를 잇는 길을 닦음. 동서를 잇는 운종가(종로)에 상점들이 들어섬

요동 정벌 계획이 중지되면서 조선에 어떤 변화가 일어났을까요?

조선 시대의 기본 외교 정책은 '사대교린(事大交隣, 큰 나라를 섬기고 이웃 나라와는 화평하게 지냄)'이었습니다. 이와 달리 조선 초 정도전은 요동 정벌을 준비했어요. 하지만 정도전이 이방원에 의해 제거되면서 이 계획은 좌절되고 말았지요.

정도전은 조선 개국의 일등 공신으로서 유교 이념에 의한 통치 체제를 수립하는 데 큰 공을 세웠어요. 그런데 정도전은 왜 요동 정벌을 제기했고, 이것은 어떤 의미를 담고 있을까요? 아울러 이방원이 권력을 장악하면서 요동 정벌이 중지된 데에는 어떤 의미가 있을까요?

정도전이 요동 정벌을 제기한 이유는 크게 두 가지 관점으로 생각해 볼 수 있습니다. 첫 번째 관점은 오래전부터 요동 수복에 뜻을 품고 준비해 오다가 기회를 만나 제기했다고 보는 것이에요. 두 번째 관점은 자신의 정치적 입장을 타개하기 위해 부득이하게 추진했다고 보는 것이지요. 첫 번째 관점은 요동 정벌이 실제로 추진될 수 있었다고 보는 것이고, 두 번째 관점은 요동 정벌을 준비한다는 명목으로 공신들과 왕자의 사병을 혁파해 일원적인 군 통수권 체계를 확립하고 신권 정치를 실현하려는 데 본래의 목적이 있었다고 보는 것입니다.

어느 관점이 맞는지 섣불리 판단할 수는 없어요. 하지만 국서 문제로 명과의 외교 분쟁이 일어나 명이 정도전의 소환을 요구했을 때, 정도전은 요동 정벌을 제기하며 정면으로 문제를 돌파하려고 했어요. 그런데 이때 명과 조선의 관계를 깨뜨려야만 하는 이유를 밝혔어야 했습니다.

이 근거를 대략 추론해 보면, 고구려가 요동 땅을 차지했으니 우리가 그 땅을 되찾는 것은 정당하다는 명분론과 함께, 요동에 대한 명의 지배가 확고하지 못하고 당시 북원의 잔존 세력이 완전히 소멸된 상태가 아닌 이상 조선의 군사력을 강화한다면 요동을 차지할 수 있다는 내용이었을 거예요.

하지만 정도전이 유학 이념에 뿌리를 둔 사상가이자 실천가라는 점으로 미루어 볼 때

왕조의 안정에는 도움이 되었을지 모르지만
사대주의를 확산시키는 결과를 낳았어요.

이 내용은 설득력이 떨어집니다. 성리학자였던 정도전은 요동 정벌의 정당성을 유학과 관련시켜 찾고자 했을 거예요. 그래야 유학의 통치 이념에 기반을 둔 조선의 정책과도 부합하고, 다른 입장에 선 사람들에게도 자신의 뜻을 관철시킬 수 있기 때문이지요. 그렇다면 정도전은 어떤 유학적 논거로 자신의 요동 정벌을 합리화했을까요? 유학은 차별적 질서를 전제하고 있고, 이것은 국가 간에도 마찬가지였어요. 작은 나라가 큰 나라를 섬기는 것을 당연하다고 여겼지요. 조선이 고구려 땅이었던 요동을 장악해 강국이 된다면 명을 섬길 이유가 없어지는 것입니다.

이방원은 이씨 왕조의 토대를 튼튼히 하기 위해서는 명을 섬겨 그들의 인정을 받는 것이 중요하다고 생각했어요. 결국 요동 정벌을 중지시킨 이방원의 행위는 왕조의 안정에는 도움이 되었을지 모르지만 우리 민족의 이익과는 배치된 것이었고, 사대주의를 확산시키는 결과를 낳았습니다.

2 세종, 널리 사람을 이롭게 하다 |
세종의 치적과 세조의 왕위 찬탈

세 종은 1443년 12월에 훈민정음을 창제하고 3년간의 보충 연구 기간을 거쳐 1446년 9월 29일에 훈민정음을 반포했어요. 세종은 과학 기술의 발전에도 힘을 쏟았습니다. 세종 때 송·원의 과학 기술과 우리나라 천문 과학의 유산을 바탕으로 천문 관측기인 혼천의와 간의, 물시계인 자격루와 해시계인 앙부일구 등을 제작했어요. 이 밖에도 천체 관측소인 흠경각을 세우고, 강우량을 측정할 수 있는 측우기 등을 개발했지요. 1444년에는 우리나라를 기준으로 한 최초의 역서인 『칠정산 내편』과 『칠정산 외편』을 펴냈어요. 이처럼 빛나는 업적을 많이 남긴 세종은 몸이 약한 큰아들(문종)이 오래 살지 못할 거라는 생각 때문에 늘 큰아들과 어린 손자(단종)를 걱정했어요. 결국 문종이 일찍 죽고 어린 단종이 즉위하자 둘째 아들인 수양 대군이 1453년 계유정난으로 정권을 장악하고, 결국에는 왕위를 빼앗고 말지요.

- **1423년** 세종의 교지를 받은 김종서 · 정인지 등이 『고려사』를 편찬하다.
- **1429년** 세종이 우리 풍토에 맞는 농법서인 『농사직설』을 편찬하게 하다.
- **1434년** 세종이 김종서에게 두만강 유역에 6진을 설치하게 하다. 1437년에는 압록강 유역에 4군을 설치하다.
- **1441년** 이탈리아보다 200년 앞선 것으로 추정되는 측우기를 발명하다.
- **1445년** 1443년에 창제된 훈민정음이 반포되다..
- **1453년** 계유정난이 일어나다. 수양 대군이 황보인 · 김종서 등을 살해하고 정권을 잡다.

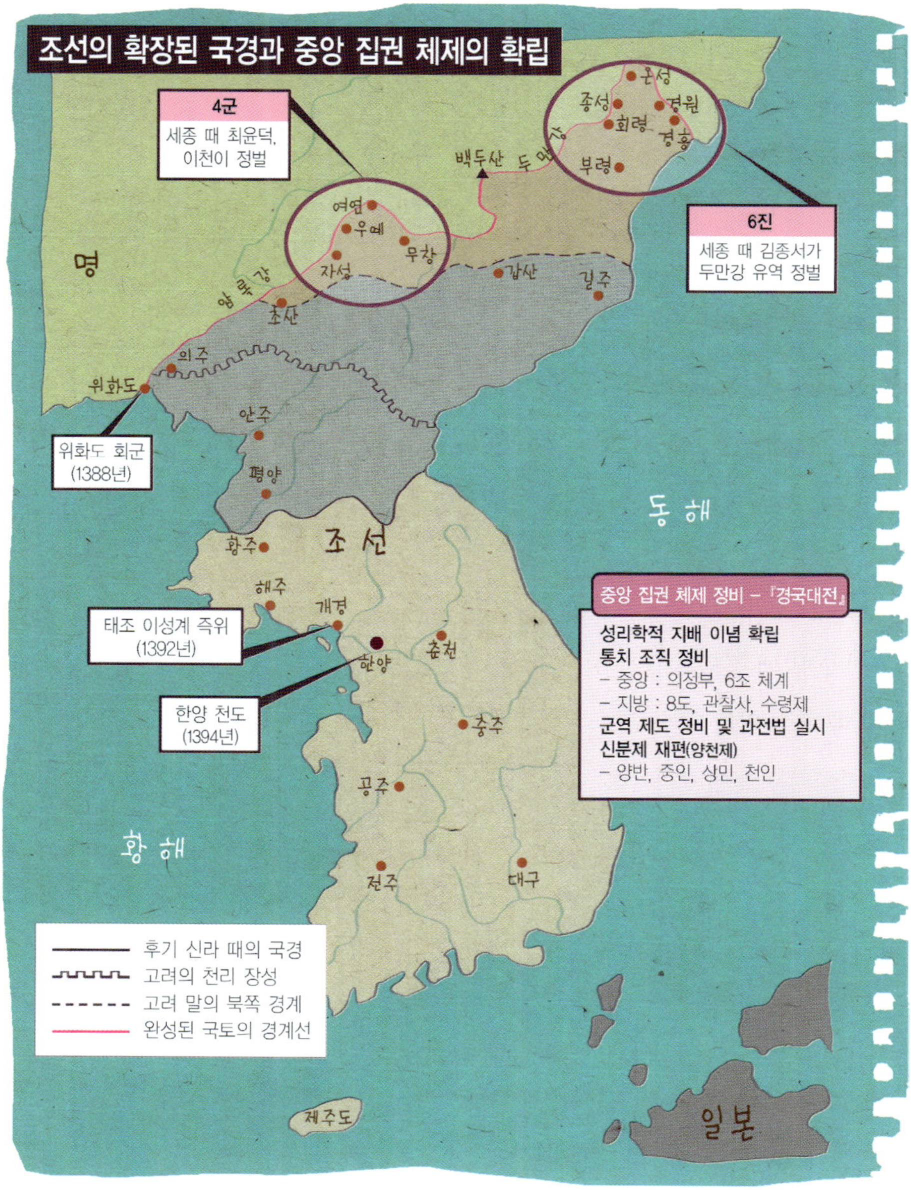

한국사 최고의 인물, 세종

세종은 우리 역사에 빛나는 업적을 남겼어요. 훈민정음의 창제를 비롯해 유교 정치의 실현, 의약 기술과 음악 및 법제의 정리, 각종 전문서의 편찬, 국토의 확장 등 헤아릴 수 없이 많은 업적을 남겨 우리 민족 문화의 기틀을 확립했지요.

세종은 우리 역사에서 최고의 인물로 자리매김하지만 개인적으로는 불행한 삶을 살았어요. 세종은 큰형인 양녕 대군이 세자에서 폐위되면서 그 뒤를 이어 왕위에 올랐습니다. 양녕 대군은 아버지 태종이 동생의 목숨까지 빼앗으면서 왕위를 찬탈한 사실을 알고는 크게 실망했어요. 세자 시절에는 일부러 공부를 게을리하며 방탕한 생활을 했지요.

양녕 대군은 충녕 대군(세종)이 자신보다 뛰어나다는 것을 알고는 방종이 더 심해졌습니다. 결국 중신들 사이에서 세자를 폐하자는 논의가 시작되었어요. 당시 양녕 대군은 태종의 둘째 아들인 효령 대군을 불러 "그냥 조용히 불사에 전념해라. 너의 능력은 충녕의 능력에 반도 못 미친다."라고 하면서 승려가 되기를 권유했다고 합니다. 이렇게 해서 태종의 셋째 아들인 충녕 대군이 왕위를 잇게 되었어요.

태종은 외척이 세도를 부릴 것을 염려해 세종의 어머니인 원경 왕후의 형제들인 민씨 4형제를 모두 역모로 몰아 죽였어요. 세종의 장인이자 영의정으로 있던 심온도 역모 죄로 죽였지요. 이렇듯

"

세종은 피로 물든 역사의 장을 딛고 왕위에 올랐습
니다.

세종은 즉위한 뒤 세 번이나 국상을 치렀어요. 즉
위한 이듬해에는 큰아버지인 정종이 죽었고, 정종
의 삼년상이 끝나기도 전에 어머니와 아버지가 차
례로 죽고 말았지요. 무려 6년 동안이나 상중에 있
었던 거예요.

이런 와중에도 세종은 하루 18시간 이상 일하고
공부했습니다. 그러다 보니 건강이 나빠져 20대부
터 두통과 이질에 시달렸고, 30대에는 중풍과 종기
로 고생했으며, 40대에는 백내장과 당뇨병, 전립선
염, 각기병, 고혈압 등을 앓았어요. 하지만 세종은
굴하지 않고 밤낮으로 국사를 돌보다가 결국 47세 때 세자에게 섭정
을 맡기게 되었지요.

세종은 안정된 왕권과 경제력을 바탕으로 유교 정치를 실현해 나갔
어요. 1420년에는 집현전을 설치해 많은 인재를 배출했는데, 세종은
집현전의 학사들을 매우 아꼈지요. 어느 날 신숙주가 동료를 대신해
집현전 장서각에서 숙직하면서 새벽까지 공부하다 엎드려 잠이 들었
는데, 그것을 본 세종이 조용히 어의(御衣)를 덮어 주고 나갔다고 합
니다.

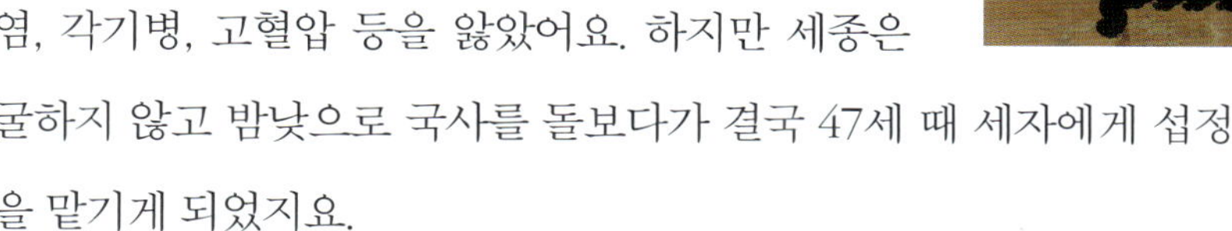

조선 초까지는 북방의 국경이 명확하지 않았지만 1433년 최윤덕을
북방으로 보내 여진족을 정벌했어요. 그리고 최윤덕과 김종서에게
압록강 유역에 4군, 두만강 유역에 6진을 설치하게 하여 압록강과 두
만강 이남을 조선의 영토로 편입시켰지요.

세종의 두터운 신임을 받았고
훈민정음을 창제하는 데 기여
했다. 수양 대군 편에 선 신숙
주는 1453년 계유정난 직후 도
승지에 임명되었고, 세조가 등
극했을 때는 대제학에 올랐다.
3정승의 요직을 모두 거쳤고
네 차례나 공신 반열에 올랐다.
신숙주의 절개가 녹두나물처럼
잘 변한다고 해서 녹두나물을
숙주나물이라고 부르게 되었다
는 설이 있다.

조선과 왜구의 전쟁 기록화(전쟁기념관)
13세기에서 16세기까지 조선과 중국 연안은 왜구의 노략질로 몸살을 앓았다. 1391년(태종 5년) 1차로
대마도를 정벌했으나 노략질은 그치지 않았다. 1419년(세종 1년) 이종무가 2차로 대마도 정벌에 나서
왜구의 근거지를 완전히 소탕했다.

「야연사준도」
6진을 개척한 김종서가 함경도
에 있을 때의 고사를 그린 조선
후기의 작품이다.

여기에서 국경선의 변천 과정을 정리해 볼까
요? 후기 신라 때에는 대동강~원산만, 고려 태
조 때에는 청천강~영흥, 거란의 침입 때에는 강
동 6주를 포함한 압록강 하구에서 동해안의 도
련포에 이르는 천리 장성이 국경선이었고, 공민
왕 때에는 쌍성총관부를 수복하면서 평안도 초
산~함경도 길주로 영토가 회복되었어요. 이후
여진을 축출하고 4군과 6진을 개척해 오늘날의
국경선과 같아진 거지요. 성종 때에는 압록강과
두만강 이북의 여진족을 토벌하기도 했어요.

1419년에는 이종무가 병선 27척, 병사 1만
7,000명을 이끌고 대마도를 토벌해 왜구의 근절을 약속받고 돌아왔
습니다. 아울러 왜구의 요구를 받아들여 남해안의 부산포, 제포(진해),
염포(울산) 등 삼포를 개방해 무역을 허용하고, 제한된 범위 안에서 교
역도 허락했어요. 또한 조선 초에는 일본뿐만 아니라 류큐, 시암, 자와
(자바) 등 동남아시아의 여러 나라와도 교류했답니다.

노비 출신 장영실, 세종에게 발탁되다

조선의 과학 기술은 세종 때를 전후해 꽃피었습니다. 서역과 중국의
과학 기술을 수용해 천문학이나 농업과 관련된 각종 기구를 발명하
고 제작했어요. 천문 관측기로 혼천의와 간의가 제작됐고, 시간 측정
기구로 물시계인 자격루와 해시계인 앙부일구 등이 만들어졌지요.
노비 출신의 과학자 장영실이 만든 자격루는 정밀한 기계 장치와 자
동 시보 장치를 갖춘 뛰어난 물시계였어요.

원래 장영실의 어머니는 관기였고 장영실은 동래현의 관노였습니다. 영남 지방에 가뭄이 들었을 때 장영실이 펌프 같은 기계를 고안해 강물을 끌어들여 큰 공을 세웠어요. 동래 현감이 이 사실을 알고는 장영실을 장인으로 발탁했지요. 그러다 세종이 과학 기술에 재능을 가진 사람들을 모을 때 궁궐로 들어가게 됩니다. 세종은 장영실의 재주를 눈여겨보다가 명의 북경으로 유학을 보냈어요.

북경으로 간 장영실은 세계적 수준의 천문학 서적을 1년간 탐독했고, 혼천의라는 천문 관측기 설계도의 본을 떠서 조선으로 가지고 왔습니다. 그 뒤 3년간의 노력 끝에 자격루의 골격을 만들게 되었지요. 장영실은 뒤이어 간의, 혼천의 등의 천문 관측기를 만들었고, 1434년에는 자격루를 완성했어요. 이전의 물시계는 사람이 항상 옆에 서 있다가 시각을 알려야 했으므로 불편했습니다. 하지만 자격루는 자동 물시계여서 당시로서는 획기적인 발명품이었지요. 세종은 "원 때도 물시계가 있었다고 하나 정교함은 영실이 만든 것에 못 미친다."라고 격찬했어요. 장영실은 정교한 해시계인 앙부일구와 휴대용 해시계까지 발명하는 등 시계 제작을 선도했습니다. 세계적인 과학사학자인 도널드 힐 박사는 "장영실은 15세기를 대표하는 시계 기술자"라고 평가했어요. 장영실은 1441년 세계 최초로 측우기를 만들었고, 한강의 수위를 측정하는 수표도 제작했지요.

혼천의

천체의 운행과 그 위치를 관측하던 기구다. 해와 달, 오행성의 위치와 시각을 측정하는 데 사용되었다. 1433년(세종 15년) 정초, 정인지 등이 연구하고 이천, 장영실 등이 제작을 감독했다.

과학과 문화가 꽃피다

태조 때에는 고구려의 천문도를 바탕으로 천상열차분야지도를 돌에 새겼습니다. 세종 때에도 새로운 천문도를 만들었지만 전해지지 않고 있어요. 천문학의 발달과 함께 새로운 역법도 마련되었습니다. 세종 때 만든 『칠정산 내편』은 해, 달, 화성, 수성, 목성, 금성, 토성 등 7개의 행성이 운동하는 위치를 계산하는 방법을 서술한 역서인데, 우리나라 최초로 서울을 기준으로 천체 운동을 정확하게 계산했어요.

고려 시대에 발명된 금속 활자는 조선 초에 와서 개량되었습니다. 태종 때에는 주자소를 설치해 구리로 계미자를 주조했고, 세종 때에는 구리로 갑인자를 주조했어요. 갑인자는 글자 모양이 아름답고 인쇄하기 편리하게 만들어졌지요.

세종 때에는 인쇄 기술이 더욱 발전했습니다. 식자판을 조립하는 방법을 창안해서 밀랍으로 활자를 고정시키는 예전의 방법에 비해

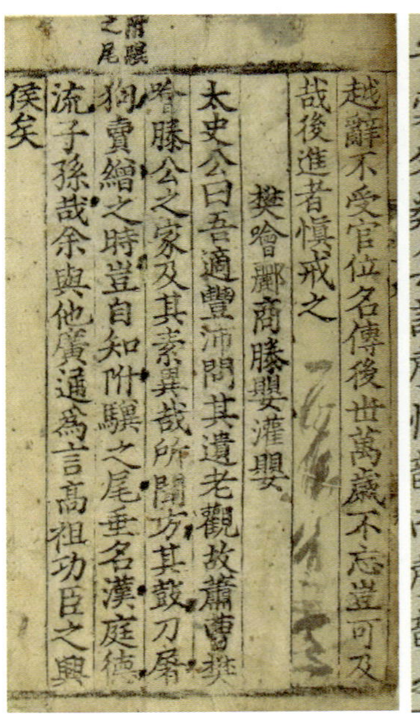

계미자와 갑인자
계미자는 1403년(태종 3년)에 만든 조선 시대 최초의 구리 활자이고 갑인자는 1434년(세종 16년)에 만든 구리 활자다. 왼쪽은 계미자로 찍은 책인 『십칠사찬고금통요』이고, 오른쪽은 갑인자로 찍은 『동국정운』이다.

두 배 정도의 능률을 올리게 되었지요. 또 세종은 종이를 전문적으로 생산하는 관청인 조지소를 두고 다양한 종이를 대량으로 생산했어요. 이로 인해 많은 서적을 인쇄할 수 있게 되었지요.

세종은 농사법을 개량하기 위해 우리나라에서 가장 오래된 농서인 『농사직설』을 편찬하게 했어요. 의학에서도 우리 풍토에 알맞은 약재와 치료 방법을 정리해 『향약집성방』을 편찬했고, 동양 최대의 의학 백과사전인 『의방유취』를 간행했지요. 이렇듯 15세기에는 조선 의약학의 자주적 체계가 마련되어 민족 의학이 더욱 발전했습니다.

세종 때를 전후해 많은 병서가 편찬되었어요. 화약 무기의 제작과 사용법을 정리한 『총통등록』을 편찬했고, 문종 때에는 김종서의 주도 아래 고조선 때부터 고려 말까지의 전쟁사를 정리한 『동국병감』을 편찬했지요. 태종 때 최해산은 아버지인 최무선의 저서 『화약수련법』, 『화포법』으로 비법을 전수받아 화차를 만들었는데, 세종 때에는 왕을 모시고 화포 발사 연습을 주관했다고 해요.

세종은 박연에게 악기를 개량하거나 만들게 했습니다. 세종이 직접 「여민락」 등의 악곡을 짓고 소리의 장단과 높낮이를 표현하기 위해 만든 악보인 정간보를 창안했어요.

악곡과 악보를 정리해 아악을 체계화함으로써 아악이 궁중 음악으로 발전하게 되지요. 성종 때에는 성현 등이 『악학궤범』을 편찬했습니다. 이 책은 음악의 원리와 역사, 악기, 무용, 의상 및 소도구까지 정리해 전통 음악을 계승하고 발전시키는 데 큰 도움을 주었어요.

박연 부부의 초상(국립국악원)
조선 전기의 음악가인 박연 부부의 모습이 담긴 초상화다. 박연은 세종 때 궁중 음악을 정비하고 악학 연구에 공헌했다. 고구려의 왕산악, 신라의 우륵과 함께 우리나라 3대 악성(樂聖)으로 불린다.

과학이 꽃을 피우다

세종은 정인지, 이천, 장영실 등에게 명하여 천문 관측기구인 간의와 혼천의, 해시계인 앙부일구
와 물시계인 자격루, 현존하는 세계 최초의 강우량 측정기인 측우기 등 백성들의 생활에 직접적
인 도움을 주는 과학 기구들을 발명하게 했다.

보루각 자격루(국보 제229호,
높이 6m, 덕수궁)
물의 흐름을 이용해 종과 징,
북을 쳐서 시간을 알려 주는 자동
물시계다. 1434년 세종이
장영실에게 만들도록 지시했다.
당시 제작된 자격루는 모두
소실되고 현재 남아 있는 것은
중종 31년(1536년)에 제작된
자격루의 일부다.

혼천시계(국보 제230호, 고려대학교 박물관)
조선 현종 10년(1669년)에 천문학자 송이영이 만든 천문 시계다. 추의 무게로 진자를 움직여 시간을 표시하고, 동시에 해와 달 등 천체의 운동까지 보여 준다. 영국의 유명한 과학사가인 조지프 니덤은 "세계 유명 박물관에 꼭 전시해야 할 인류의 과학 문화재"라고 평가했다.

앙부일구(보물 제845호, 1434년, 국립고궁박물관)
장영실, 이천 등이 만든 해시계다. 앙부일구(仰釜日晷)는 '우묵한 솥이 하늘을 우러르고 있다'고 해서 붙은 이름이다. 눈금 위로 바늘의 그림자가 비치면 그림자의 길이와 위치 등에 따라 시간과 계절, 절기를 알 수 있다.

맑은 물이 흘렀던 수표교

세종 2년(1420년)에 청계천에 가설한 돌다리다. 다리 돌기둥에 경(庚)·진(辰)·지(地)·평(平)이라는 표시를 해 놓고 4단계로 물 높이를 측정했다.
영조 때에는 준천사라는 관청을 두어 수량의 변화를 한성부 판윤에게 보고하게 했다. 당시의 청계천 사진을 보면 너무 깊게 만든 지금의
청계천이 졸속으로 복원됐다는 것을 알 수 있다. 길을 지날 때 물길이 거의 보이지 않을 정도로 깊어 추락의 위험도 있다. 세종 23년(1441년)에
청계천의 물 높이를 재기 위해 수표교 아래에 수위 측정기인 수표를 만들어 세웠다. 세종 때에는 낮은 돌기둥 위에 나무 기둥을 세워 만들었다.
현재 남아 있는 청계천 수표는 성종 때 돌기둥으로 개량한 것이다.

맑은 물이 흘렀던 수표교　서울 청계천 수표(보물 제838호, 18세기, 높이 3m, 세종대왕기념관)

금영측우기(보물 제561호, 높이 32m, 기상청)
조선 시대에 강우량을 측정하기 위해 쓰던 기구다. 세종 23년(1441년)에 제작한 뒤 서울과 각 도의 군현에 설치했다. 세종 때 만든 측우기는 남아 있지 않고 1837년에 만든 한 점만 전해 온다. 동그란 통은 빗물을 받는 그릇인데, 여기에 주척이라 부르는 자가 있어 고인 빗물의 깊이를 잴 수 있었다.

위대한 문자, 훈민정음의 탄생

전 세계에서 고유한 말과 글을 가지고 있는 나라는 많지 않습니다. 이런 혜택을 누리고 있는 것만으로도 우수한 문화 민족이라고 자부할 수 있지요. 한글의 우수성에 대해 밝힌 글은 참 많습니다. 그리고 한글을 더욱 발전시키기 위해 수많은 사람들이 노력해 왔어요. 그 결과 우리는 세계에서 가장 과학적인 문자로 평가받는 한글을 사용하고 있지요. 세종은 1446년 훈민정음 28자를 반포하면서 창제 목적을 분명히 밝혔어요.

> 나랏말이 중국과 달라 한자와 서로 통하지 않으므로, 어리석은 백성이 말하고자 할 것이 있어도 마침내 제 뜻을 잘 펴지 못하는 사람들이 많도다. 내가 이를 딱하게 여겨 새로 스물여덟 글자를 만드노니, 사람마다 쉽게 익혀 날마다 쓰기에 편하게 하고자 할 따름이라.

이 내용을 보니 단군 조선의 홍익인간 이념이 떠오르지 않나요? 사람을 널리 이롭게 한다는 홍익인간의 사상과 정신이 훈민정음의 창제 목적에 고스란히 담겨 있어요.

의사소통의 매개체인 글은 말과 함께 우리 삶에 꼭 필요한 요소입니다. 말과 글이 없이는 역사가 이루어지지 않으니까요. 이렇게 중요한 문자가 어려웠다면 의사소통도 어려웠을 것이고, 모든 사람들이 역사의 주체로 사는 데 제약을 받았을 거예요. 그러므로 모든 사람이 당당한 역사의 주체로 나서려면 배우기 쉽고 쓰기 편한 글이 있어야 합니다. 이런 점에서 볼 때 훈민정음은 모든 조건을 훌륭하게 충족시키고 있어요. 『세종실록』에는 "왕이 친히 28자를 만들었으며, 초성, 중성, 종성이 모여서 하나의 글자를 이루니, 모든 언어의 소리를 표현함이 무궁하다."라고 기록되어 있지요.

　표의 문자보다 표음 문자가 훨씬 더 과학적이라는 사실은 이미 밝혀진 내용입니다. 하지만 당시에 이런 원리를 인식하고 한글을 창제했다는 사실은 놀라울 따름이에요. 초성, 중성, 종성이 모여 하나의 음절을 이루면서 모든 소리들을 무궁무진하게 표현할 수 있으니까요. 이미 사용하고 있었던 말을 어떻게 글로 표현해야 하는가에 대해 많은 고민을 한 것이지요.

　말과 글이 전혀 다르다면 많은 불편이 뒤따를 것입니다. 그러므로 말하는 소리를 그대로 따라 적을 수만 있다면 그 글은 우수한 문자가 되는 거예요. 한글은 말하는 소리를 모두 다 적을 수 있는 뛰어난 문자입니다. 게다가 풍부한 감정과 정서까지도 잘 표현할 수 있어요. 색채를 나타내는 형용사도 매우 다양합니다. 검은색을 표현하는 데에도 단순히 '검다'만 있는 것이 아니라 '거무스름하다', '시꺼멓다', '거무튀튀하다' 등이 있지요.

경복궁 수정전
세종 때 왕실의 도서를 비치하고 집현전 학사들이 모여 학문을 연구하던 곳이다. 임진왜란 때 소실되었다가 1867년(고종 4년)에 재건했다. 재건 당시에는 주변에 약 200칸의 행각과 전각이 있었으나 1910년 이후 일본인에 의해 모두 헐렸다.

훈민정음, 우리 옛 글자를 이어받다

훈민정음은 뛰어난 문자였으나 곧바로 세상에 반포되지 못했어요. 당시의 많은 사람들이 훈민정음의 참다운 가치를 몰랐고, 고질적 병폐라고 할 수 있는 사대주의 사상에 빠져 있었기 때문이지요. 이런 상황은 다음과 같은 글을 통해 엿볼 수 있어요.

> 우리나라는 조종(祖宗) 이래로 지성으로 사대하고, 한결같이 중화의 제도를 준수해 지금 동문동궤(同文同軌)의 때를 당하옵는데, 언문을 창작하신 것을 듣고 봄에 해괴하게 여길 사람이 있을 것입니다. 이럴 때 혹시 말하기를, 언문은 모두 옛 글자를 근본으로 삼은 것으로 새로운 글자가 아니라고 하신다면 어찌 사대 모화에 부끄럽지 않겠습니까?

이 글을 통해 당시 모화사상에 물든 사람들이 나라의 미래를 제대로 바라보지 못한 채 눈앞의 체면과 시류만을 따라가려 했다는 것을 알 수 있어요. 그런데 훈민정음의 여러 창제설 가운데 예전에 사용되던 글자를 활용했다는 주장이 있어요. 이 글자가 무엇인지 정확히 말하기는 어렵지만, 단군 조선 시기에 사용되던 '신지 문자'라고 알려져 있습니다. 물론 국어학계에서는 인정하지 않는 주장이에요.

하지만 『삼국유사』 「흥법」 편을 보면 단군 조선 시대에 기록을 전담하던 신지(神誌)라는 관직이 있었고, 그들이 남긴 『신지비사(神誌秘詞)』라는 책이 있었다는 기록이 있습니다.

또한 1590년에 간행된 『평양지』에는 평양의 법수교에 오래된 비석이 하나 있었는데, 그 비문의 글자는 인도의 옛 범어도 아니고 중국의 전자도 아니며 단군 때 신지가 쓴 것으로, 세월이 오래되어 없어졌다는 기록이 있어요. 그런데 1925년에 간행된 『해동죽지』에는 청일 전쟁 이후 평양 법수교를 고쳐 쌓을 때 옛 비석이 나왔는데, 그 글자는 해독하기 어려운 신지문(神誌文)이었다고 기록되어 있습니다.

이를 통해 단군 조선 이래로 우리말을 기록하기 위한 글이 존재했다는 것을 짐작할 수 있어요. 물론 한자를 사용하면서 우리글이 활발하게 쓰이지는 못했습니다. 하지만 『훈민정음』해례본의 정인지 서문에 나오는 '상형이자방고전(象形而字倣古篆)'에서 옛 글자를 모방했다는 말이 단군 조선 이래로 사용된 우리 고유의 문자가 아닐까 하는 추측을 해 볼 수 있어요.

세종은 1443년 12월에 창제한 훈민정음을 바로 반포하지 않고, 3년간 연구한 뒤 1446년 9월 29일에 정식으로 반포했어요. 훈민정음에 대한 용례를 들어 보면서 어떤 문제점이 있는지 직접 확인한 것이지요. 세종은 결국 많은 반대 상소를 물리치고 훈민정음의 보급에 심혈을 기울였어요.

훈민정음은 창제 과정뿐 아니라 보급 과정에서도 홍익인간의 사상과 정신이 녹아 있었습니다. 이 때문에 수많은 언어학자들이 훈민정음을 최고의 문자로 평가하고 있어요. 나아가 훈민정음의 해설서라 할 수 있는 『훈민정음』해례본이 1997년 10월에 유네스코 세계 기록유산으로 등재될 수 있었지요.

성공한 세조의 쿠데타, 그 후유증

세종의 뒤를 이어 즉위한 문종이 2년 만에 죽자 어린 단종이 왕위에 올랐습니다. 문종은 죽기 전 김종서와 황보인에게 단종을 잘 보위해 달라는 유언을 남겼어요. 하지만 문종의 동생인 수양 대군은 김종서가 정치를 좌지우지하는 것을 그냥 보고만 있을 수 없었지요. 모사가

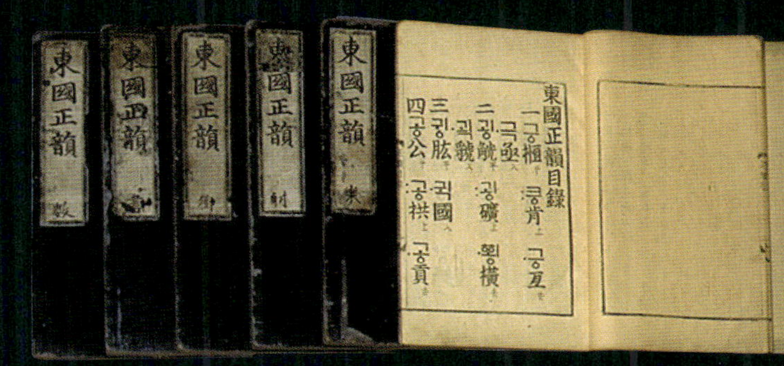

『훈민정음』(국보 제70호, 간송미술관)

세종 28년(1446년)에 새로 창제된 훈민정음을 반포할 때 정인지 등 집현전 학사들이 중심이 되어 만든 한문 해설서다. 33장 1책으로 되어 있는 이 목판본은 현재 국내에 유일하게 남아 있는 것이다. 훈민정음의 제작 원리와 사용법 등이 소개되어 있다. 유네스코 세계 기록 유산으로 등재되어 있다.

『동국정운』(국보 제142호, 건국대학교 박물관)

세종 30년(1448년)에 집현전 학자들이 왕명에 따라 통일된 표준음을 정하기 위해 편찬한 음운서다. 우리나라에서 최초로 혼란스러운 한자음을 바로잡아 우리 음으로 표기했다. 『훈민정음』과 함께 당시의 음운학을 연구하는 데 귀중한 자료다.

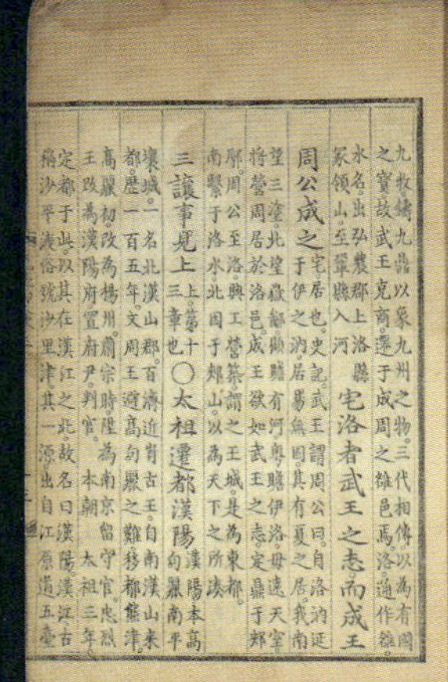

『용비어천가』(보물 제1463호, 서울역사박물관 외)

세종 27년(1445년)에 정인지, 권제 등이 지어 세종 29년(1447년)에 간행한 악장이다. 훈민정음으로 쓴 최초의 작품인 『용비어천가』에는 태조와 태종을 비롯한 이전 왕들의 공덕을 찬양하는 내용이 담겨 있다. 조선 창업의 정당성을 보여 주기 위한 서사시라 할 수 있다.

한명회의 부추김을 받은 수양 대군은 김종서를 철퇴로 쳐 죽인 뒤 궁궐로 난입해 입궐하는 신하들을 차례로 죽였어요.

이것이 바로 계유정난(癸酉靖難)입니다. 이렇게 무력으로 정권을 장악한 수양 대군은 실질적인 왕 노릇을 하다가 1455년 단종에게 왕위를 넘겨받았어요.

세조가 즉위한 이듬해인 1456년에 성삼문, 유성원, 하위지 등 집현전 학사 출신의 관료들과 무인들이 세조 일파를 처치하기로 계획했으나 실패하고 맙니다. 그해 6월 본국으로 떠나는 명 사신의 환송연에서 성삼문의 아버지 성승과 유응부가 국왕 양쪽으로 칼을 들고 지켜 서는 운검(雲劍)을 신호로 거사를 벌이기로 했는데, 이 사실이 사전에 누설된 거예요. 그러자 동지이자 집현전 출신인 김질은 뒷일이 두려워 세조에게 단종 복위 음모의 모든 내용을 밀고했어요. 세조는 연루자들을 모두 잡아들여 문 한 후 성삼문과 박팽년, 하위지, 이개,

사육신 묘(서울시 동작구)
세조 2년(1456년)에 단종의 복위를 도모하다가 처형된 사육신의 무덤이다. 성삼문, 박팽년, 하위지, 이개, 유성원, 유응부 등은 수양 대군이 왕위를 빼앗고 단종을 몰아내자 단종의 복위를 꾀하다가 발각되어 참혹하게 목숨을 잃었다.

강원도 영월군 영월읍에 있는
단종의 무덤이다. 단종은 작은
아버지 수양 대군에게 왕의 자
리를 빼앗기고 영월에 유배되었
다가 1457년 17세에 사약을 받
고 숨을 거두었다. 영월군청 사진
제공

거열형
죄인의 두 팔과 다리, 머리를
각각 수레에 묶어 찢어 죽이던
형벌이다.

유성원, 유응부 등 사육신을 처형했습니다.

성삼문은 시뻘겋게 달군 쇠로 다리를 꿰고 팔을 잘라 내는 잔학한 고문에도 굴하지 않고 세조를 '전하'가 아닌 '나리'로 불렀어요. 다른 사람들도 진상을 자백하면 용서한다는 말을 거부하고 형벌을 받았지요. 성삼문과 박팽년, 유응부, 이개는 낙형(단근질)을 당했고 후에 거열형을 당했어요. 하위지는 참살되었고, 유성원은 잡히기 전에 자신의 집에서 아내와 함께 자살했습니다.

사육신은 1691년 숙종에 의해 관직이 복구되었고, 노량진 동산의 묘소 아래에 이들의 신위를 모신 민절서원이 세워졌어요. 이후 김시습과 원호, 이맹전, 조여, 성담수, 남효온 등 생육신은 세조의 조정에 출사하지 않고 야인으로 일생을 보냈습니다.

세조는 의롭지 못한 행위로 왕위에 오르고, 상왕이 된 조카 단종을 영월로 유배를 보낸 뒤 죽이기까지 한 인물이에요. 하지만 이후 스스로 뉘우치고 정사에 몰두해 재위 14년간 많은 치적을 쌓으면서 조선 초 왕권 확립에 크게 이바지했답니다.

그러나 수양 대군이 합법적으로 왕위를 계승한 단종을 무력으로 몰아내고, 적장자 계승의 원칙을 파기한 일은 정통성 면에서 시빗거리로 남게 되었어요. 사육신이나 생육신 같은 당대의 인재들이 사라져 조선의 발전이 지체된 것도 안타까운 일이었지요.

세조는 한명회, 정인지, 신숙주 등 소수의 공신 세력들에게 정권을 맡겨서 국정 체계가 문란해질 수밖에 없었어요. 또한 249명이나 되는 공신을 책봉해 조선의 경제적인 부담이 커졌지요. 이 공신들이 형성한 훈구 세력은 훗날 사화를 일으키기도 했어요. 세조의 쿠데타가 후대에 큰 후유증을 남기게 된 것이지요.

5-2 세종의 치적과 세조의 왕위 찬탈

1 훈민정음 창제

- **창제와 반포** 1443년 12월에 창제하고 1446년 9월 29일에 반포함. 창제 목적과 원리에는 사람에 널리 이롭게 한다는 홍익인간의 사상과 이념이 담겨 있음
- **「용비어천가」** 1445년 최초로 한글을 사용해 만든 10권 5책 125장으로 구성된 시가

2 과학과 음악의 발전

- **각종 기구 제작** 혼천의(1433년, 천문 관측기), 자격루(1434년, 물시계), 앙부일구(1434년, 해시계), 간의 (1437년, 천문 관측기 설치), 흠경각(1438년, 천체 관측소), 측우기(1441년, 강우량 측정 기구) 제작
- **활자 개량** 태종 때 주자소를 설치해 구리로 계미자를 주조함. 세종 때에는 구리로 갑인자를 주조함
- **역법 마련** 1444년에 『칠정산』 내·외편을 펴냄, 우리나라를 기준으로 한 최초의 역서이자 조선 시대 역 법의 기본이 됨
- **편찬 사업** 『농사직설』(우리나라에서 가장 오래된 농서), 『향약집성방』(우리 풍토에 알맞은 약재와 치료 방 법을 정리), 『의방유취』(동양 최대의 의학 백과사전)
- **궁중 음악 개혁** 박연(고구려의 왕산악, 신라의 우륵과 함께 한국 3대 악성)에게 악기를 개량하고 악곡과 악보를 정리하게 하여 아악을 체계화 → 궁중 음악으로 발전 → 성종 때에는 성현이 『악학궤범』(음악의 원 리와 역사, 악기, 무용, 의상 및 소도구까지 망라해 정리)을 편찬

3 국방과 대외 정책

- **여진 정벌** 1433년 최윤덕을 북방으로 보내 여진족을 정벌
- **4군 6진 개척** 최윤덕과 김종서에게 압록강 유역에 4군을, 두만강 유역에 6진을 설치하게 하여 압록강 과 두만강 이남을 조선의 영토로 편입
- **여진 회유책** 경원과 경성에 무역소를 두어 여진과의 국경 무역을 허락, 여진족의 귀순을 장려하기 위해 관직이나 토지를 내줌
- **대마도 토벌** 1419년 이종무가 대마도를 토벌해 왜구의 근절을 약속받고 돌아옴. 왜구의 요구를 받아들 여 남해안의 부산포, 제포(진해), 염포(울산) 등 삼포를 개방

훈민정음은 지배 계급의 이념을 나타내기 위한 도구였을까요?

세종이 훈민정음을 창제한 것을 민본 의식과 자주 의식의 발로라고 평가하는 사람도 있고, 통치자로서 성인의 도를 실현하기 위해서 창제했다고 보는 관점도 있어요. 성리학의 이념에 따르면 제왕이 참되게 나라를 다스리는 방법은 성인의 도를 실현하는 거예요. 성인의 도를 실현하는 수단이 언어이기 때문에 참된 언어를 확립하기 위해 훈민정음을 창제했다고 보는 것이지요.

여기서 한 가지 생각해 보아야 할 점이 있습니다. 역사를 지배 계급과 피지배 계급으로 나누어 볼 때, 지배 계급은 언제나 자신들의 이익을 먼저 고려했다는 사실이에요. 그렇다면 역사에서 지배 계급은 항상 부정적인 평가를 받아야 할까요?

역사적인 사실을 제대로 바라보기 위해서는 일정한 관점이 필요합니다. 사관에 대한 논쟁이 끊임없이 제기되는 이유가 바로 이 때문이에요. 그렇다면 역사를 올바르게 바라보는 관점은 무엇일까요?

여러 관점 가운데 하나가 피지배 계급을 중심으로 바라보는 관점입니다. 이런 입장은 지금껏 승자에 의해 역사가 기록되어서 철저히 해명되지 못한 부분이 있다 보니 대두되었을 수도 있어요. 또 소수의 사람이 아니라 대다수 백성에 의해 역사가 발전되었기 때문에 제기되었을 수도 있습니다.

여하간 이 관점은 지배 계급이나 영웅을 중심으로 역사를 바라보았던 시각에서 벗어날 수 있게 만들었다는 점에서 획기적인 진전이라고 할 수 있어요. 하지만 역사의 전진에서 모든 지배 계급이 걸림돌이 된 것은 아니었고, 또 피지배 계급 모두가 디딤돌의 역할을 한 것도 아니지요. 그렇다면 훈민정음을 창제한 세종을 역사의 발전에 제약을 가져온 인물이라고 평가할 수 있을까요? 세종이 지배 계급인 것은 분명한 사실이지만 그렇다고 역사의 걸림돌이 되지는 않았어요.

누구나 역사의 발전에 도움이 되면 역사에 이바지하는 것이고, 역사의 발전을 가로막으면 역사에 걸림돌이 된다는 점에 쉽게 동의할 거예요. 그러므로 역사를 지배 계급과

피지배 계급으로 나누어 살필 것이 아니라, 역사의 발전에 이바지하는 것과 방해하는 것으로 나누어 보는 것이 더 합리적이겠지요.

인간은 시대와 역사적 한계를 완전히 뛰어넘지 못합니다. 세종도 지금이 아닌 조선이라는 시대를 상정해 놓고 말해야 의미가 통하겠지요. 따라서 한 인물에 대한 평가는 어떻게 시대와 역사적 한계를 극복해서 역사의 발전에 이바지했는지를 두고 이루어져야 해요.

이렇게 본다면 세종은 어떻게 평가할 수 있을까요? 지배 계급이라는 측면에서는 성리학의 이념을 구현하기 위해 훈민정음을 창제했다고 평가할 수도 있겠지요. 하지만 세종이 지배 계급이었다는 사실만으로 업적을 깎아내릴 필요는 없어요. 세종의 훈민정음 창제는 역사의 발전에 이바지했으므로 긍정적으로 평가하는 것이 맞습니다.

3 성리학이 나라를 뒤흔들다 |
조선의 사상

사림 세력은 본래 지방에 근거지를 둔 중소 지주 출신의 지식인입니다. 이들은 중앙 정계에 진출하기보다는 지방의 유향소에서 영향력을 행사하던 세력이었어요. 학문적으로는 경학(經學)을 중시했고, 그 기본 정신은 성리학에서 구했지요. 성종에 김종직 등 영남 출신의 사류(士類)들이 등용되면서 중앙 정계에 진출하기 시작했지만 훈신과 척신 세력의 반발로 사화를 피할 수 없었어요. 16세기 후반 선조의 즉위를 계기로 척신 정치가 종식되면서 사림 세력은 학풍과 학맥을 기반으로 활발하게 중앙에 진출해 정권을 장악했습니다. 하지만 사림 세력은 시간이 흐르면서 동인과 서인으로 분열됐다가 동인은 남인과 북인으로, 북인은 소북과 대북으로, 서인은 노론과 소론으로, 노론은 시파와 벽파로 나뉘어 당쟁을 일삼았어요. 이런 폐해를 막고자 영ㆍ정조 때 탕평책이 실시되었습니다.

- **1498년** 무오사화가 일어나다. 사초에 실린 김종직의 「조의제문」을 문제 삼아 김일손 등을 처형하다.
- **1504년** 갑자사화가 일어나다. 연산군이 어머니인 폐비 윤씨의 사건을 주도한 세력을 제거하다.
- **1506년** 중종반정이 일어나다. 연산군을 몰아내고 진성 대군을 왕으로 추대하다.
- **1519년** 기묘사화가 일어나다. 중종 때 훈구 세력이 주초위왕(走肖爲王)을 구실로 조광조를 제거하다
- **1545년** 을사사화가 일어나다. 소윤(명종의 외척, 윤원형 일파)이 대윤(인종 외척, 윤임 일파)을 제거하다.
- **1689년** 기사환국이 일어나다. 숙종의 비인 희빈 장씨 아들을 세자로 추대한 남인이 서인을 몰아내다.

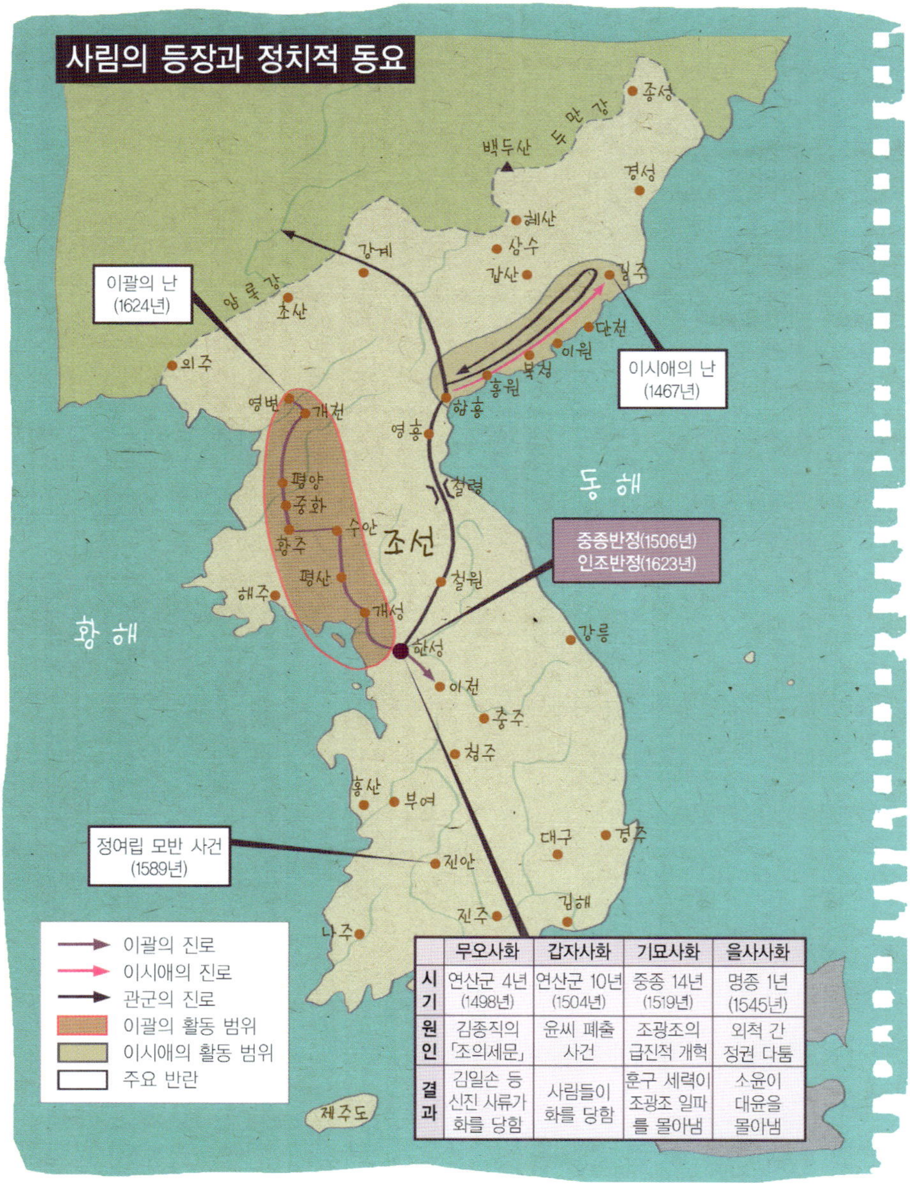

	무오사화	갑자사화	기묘사화	을사사화
시기	연산군 4년 (1498년)	연산군 10년 (1504년)	중종 14년 (1519년)	명종 1년 (1545년)
원인	김종직의 「조의세문」	윤씨 폐출 사건	조광조의 급진적 개혁	외척 간 정권 다툼
결과	김일손 등 신진 사류가 화를 당함	사림들이 화를 당함	훈구 세력이 조광조 일파를 몰아냄	소윤이 대윤을 몰아냄

사림 세력의 등장

조선은 고려 말 신진 사대부와 신흥 무인 세력이 결합해 세워진 나라
예요. 따라서 기본적인 토대는 성리학에 있었지요. 성리학은 남송의
주희가 집대성한 철학 체계를 조선에 맞게 다듬어 통치 이념이 되었
는데, 그 뿌리는 유학에 있어요. 유교는 이미 고구려 소수림왕 때 받
아들였고, 고려 시대에는 유교적 이념에 기초해 과거제를 실시하기
도 했지요. 고려 시대에 과거를 통해 뽑힌 사람들은 문벌을 형성했는
데, 당시로서는 신분제의 변동을 의미하는 단계로까지 나아가지 못
했기 때문이에요. 후기 신라 말에 골품제가 완전히 붕괴된 뒤 호족들
이 등장해 고려가 건국되고, 광종 시기에 새로운 문벌이 등장했지만
이 문벌은 호족을 대신해 형성된 새로운 신분이었습니다.

하지만 고려 말 이후에 신진 사대부가 등장하고 조선이 건국되면서
상황이 달라졌어요. 가문이나 문벌이 아닌 능력으로 정계에 진출할
수 있는 신분제의 변화를 요구한 것이지요. 성리학에 바탕을 둔 신진
사대부가 주로 이런 요구를 했습니다.

성리학은 신분제 자체를 부정하는 것이 아니라 오히려 철
저히 인정하는 입장이에요. 하지만 고려 시대와 다른 점은 개
인적 자질을 높이 평가한다는 것이지요. 그렇다고 해서 문벌
이나 가문이 영향을 미치지 않은 것은 아니에요. 하지만 시대
사적 맥락에서 볼 때 더욱 유동적인 신분제의 변화를 동반하
고 있었다고 볼 수 있지요.

국가가 발전할수록 사회를 통솔할 수 있는 능력과 안목을
가진 인재가 필요했고, 이것은 과거제를 통해 점차 해결되고
있었어요. 이로 인해 고위 관료의 자제들이 시험을 보지 않고

주희(1130~1200년)
중국 송의 유학자인 주희는
도학(道學)과 이학(理學)을 합친
송학(宋學)을 집대성했다.
'주자'라는 존칭으로 불리는
주희의 학문을 '주자학'이라고
한다. 주자의 철학은 20세기
초에 이르기까지 동아시아를
지배하는 주도적인 이념으로
자리 잡았다.

관리로 등용되는 음서제 등이 점차 사라지게 되었습니다. 신진 사대부가 주축이 되어 조선을 건국했기 때문에 가능한 일이었지요.

그런데 신진 사대부가 성리학에 뿌리를 두고 있다고 해도 이해관계가 서로 다를 수밖에 없었어요. 훈구 세력은 이미 권력을 장악한 기득권 세력이고, 사림 세력은 재야에 있다가 새롭게 진출한 세력이었기 때문이에요. 그렇지만 성리학을 기반으로 했기 때문에 훈구 세력은 사림 세력의 주장에 무조건 반대할 수는 없었습니다. 따라서 성리학의 이념으로 무장한 사림 세력이 새로운 세력으로 등장한 것은 자연스러운 흐름이었지요.

사림 세력의 등장은 신분제의 변화라는 조선의 시대적 요구를 완성시켜 준 것이라고 볼 수 있습니다. 이 사실은 사림 세력이 온갖 탄압을 받고서도 결국 권력을 장악한 것을 통해 확인할 수 있어요.

4대 사화의 전모

조선 시대에 일어난 4대 사화의 진행 과정은 참 복잡합니다. 권력을 잡기 위해 여러 세력들이 뭉치고 흩어지면서 상대를 핍박하고 공격하는 모습을 적나라하게 보여 주었기 때문이에요. 왕권 세력과 훈구 세력, 사림 세력, 척신 세력 등 당시의 거의 모든 세력이 개입해 치열한 권력 투쟁을 벌였지요. 훈구 세력은 중앙 집권 체제를 강조했지만 사림 세력은 향촌 자치를 내세우며 도덕과 의리를 바탕으로 하는 왕도 정치를 강조했어요.

과거를 통해 중앙으로 진출한 사림 세력은 주로 전랑과 3사(홍문관, 사헌부, 사간원)의 언관직을 차지하고, 훈구 세력의 비리를 비판하면서 그들의 일방적인 독주를 견제했습니다. 전랑은 이조와 병조의 정5품

정랑과 정6품 좌랑을 합해 부르던 말이에요. 전랑은 문관과 무관을 천거하고 전형하는 임무를 맡았는데, 이들의 권한은 판서는 물론 의정부의 삼정승도 간여하지 못했지요. 특히 3사의 관원을 임명할 때는 반드시 이조 전랑의 동의가 있어야 했어요. 게다가 전랑천대법(銓郎薦代法)이라 해서 물러나는 전랑이 다음에 맡을 전랑을 추천하도록 했으므로 특정 정치 세력의 힘을 키우는 데에는 안성맞춤이었습니다.

성종은 훈구 세력을 견제하기 위해 사림 세력을 중용했어요. 그래서 훈구 세력과 사림 세력이 균형을 이룰 수 있었지요. 중앙 무대에 진출한 사림 세력은 전랑과 언관직을 기반으로 세력을 확장했고, 3사는 공론을 반영하기보다는 상대 세력을 비판하면서 자기 세력을 유지하고 있었어요.

이런 상황을 보면 권력 투쟁이란 동서고금을 막론하고 별반 차이가 없다는 생각이 듭니다. 하지만 모양새가 같아도 의미는 다를 수밖에 없어요. 시대적 배경이 다르기 때문에 서로 다른 역사적 의미를 갖기 때문이지요. 따라서 4대 사화를 올바르게 평가하려면 시대적 배경과 과정을 먼저 살펴보아야 합니다.

4대 사화는 무오사화, 갑자사화, 기묘사화, 을사사화를 말해요. 무오사화와 갑자사화는 각각 연산군 4년(1498년)과 연산군 10년(1504년)에 일어났습니다. 무오사화는 성종 재위 때 발탁된 사림 세력의 거두 김종직의 「조의제문」이 발단이 되어 일어난 사건이에요.

당시의 정치적 상황은 혼란스러웠어요. 세조가 왕권을 강화했지만, 그 뒤를 이은 예종이 1년여 만에 병으로 죽자, 13세의 성종이 즉위하게 되었지요. 성종은 예종의 아들이 아니었고, 형인 월산 대군도 있었지만 왕위에 오를 수 있었던 이유는 장인인 한명회나 신숙주 등 훈구 대신의 도움 때문이었습니다. 당시 성종은 나이가 어렸기 때문에 수렴청정을 받았지요. 성종이 자라 친정을 펼쳤을 때는 훈구 대신의 좌장 격이었던 신숙주가 죽고 연로한 한명회도 일선에서 물러난 상태였어요. 그래서 성종은 훈구 세력을 견제하기 위해 사림 세력을 중용했어요. 이 사림 세력의 거두가 바로 김종직이었지요.

김종직은 『성종실록』에 실린 사초 「조의제문」에서 진의 항우가 한의 유방과 천하를 놓고 다투는 와중에 초의 의제를 죽인 사건을 세조가 단종을 폐위한 것에 빗대어 기록했어요. 이것은 세조를 비난한 것이고, 좀 더 넓게 해석하면 세조의 손자인 성종과 증손자인 연산군의 정통성을 부인하는 것이기도 합니다.

성종에 의해 적극 등용된 사림 세력은 연산군 때 이르러서는 하나의 세력으로 성장했어요. 성종은 이 사림 세력을 이용해 훈구 세력을 견제함으로써 강력한 왕권을 행사할 수 있었고, 그 뒤를 이은 연산군 또한 마찬가지였지요. 그런데 연산군에게는 시도 때도 없이 상소를 올려 대는 사림 세력이 매우 껄끄러운 존재였어요. 훈구 세력도 계속 자신들을 공격하는 사림 세력 때문에 존재 기반에 위협을 느끼게 되었지요.

이런 상황에서 김종직에게 원한을 품고 있었던 유자광과 이극돈이 성종 때의 「조의제문」을 문제 삼아 그 전말을 상소하고 나섰습니다. 연산군에게는 아주 좋은 기회가 찾아온 것이지요. 연산군은 이것을 빌미로 삼아 사림 세력을 한꺼번에 축출해 버렸어요. 물론 왕권 강화에 걸림돌이었던 일부 훈구 세력까지 포함해서 말이지요.

당시 훈구 세력은 사림 세력의 등장으로 약해져 있었고, 사림 세력

김종직(1431~1492년)
조선 시대의 성리학자이자 문신.
영남학파의 종조(宗祖)다.
김종직이 생전에 쓴 「조의제문」은
뒷날 무오사화의 원인이 되었다.
그 결과 많은 사림들이 죽거나
귀양을 갔고 김종직은 부관참시를
당했다.

역시 아직까지는 강력한 힘을 형성하지 못한 상태였어요. 그래서 연산군은 사림 세력과 훈구 세력의 대립 관계를 이용해 자신에게 걸림돌이 되는 세력을 제거할 수 있었던 거예요. 이것이 바로 무오사화입니다.

왕권을 더욱 강화한 연산군은 매일 향연을 베푸는 등 방탕한 생활을 일삼았습니다. 그러다가 내탕금이 떨어지자 이를 벌충하기 위해 공신들에게 지급한 공신전을 몰수해 해결하려고 했어요. 당연히 훈구 세력이 반발했지요.

연산군은 자신의 모후인 폐비 윤씨의 사건을 이용해 훈구 세력을 처리하려고 했습니다. 폐비 윤씨 사건이란 성종의 규방 출입이 잦아지자 질투에 눈먼 왕비 윤씨가 성종의 얼굴에 손톱자국을 냈고, 이 일로 폐위당한 윤씨가 끝내 사약을 받고 사사되었던 일이에요. 이 사건에는 인수 대비와 훈구 세력은 물론이고 잔존해 있던 사림 세력도 관련되어 있었지요. 따라서 폐비 윤씨 사건을 들추어낸다는 것은 이런 세력을 제거하겠다는 뜻이었어요. 이 사건이 갑자사화인데, 수많은 사람들이 피를 흘리며 목숨을 잃었습니다.

후대 사람들은 연산군의 복수심 때문에 갑자사화가 일어났다고 말하기도 해요. 연산군은 화를 못 이겨 자신의 할머니인 인수 대비까지 머리로 들이받아 죽게 만들었을 정도였으니까요. 하지만 어떤 사건이라도 그 이면에는 권력을 완전히 장악해 왕권을 강화하려는 속셈이 담겨 있었어요.

이렇듯 연산군이 권력을 독점하려고 하고 폭정을 일삼았기 때문에 여러 곳에서 반발이 일어났습니다. 이 과정에서 중종반정이 이루어졌고, 성종과 연산군이 확립한 왕권은 또다시 반정 공신들에 의해 힘을 잃게 되었어요. 중종은 왕도 정치라는 명분 아래 훈구 세력의 팽창을 견제하려고 사림 세력을 다시 등용했지요. 대표적인 인물이 조광조입니다.

조광조는 무오사화로 유배 중이던 김굉필에게 학문을 배웠고, 김굉필은 사림 세력의 거두인 김종직의 문하생이었어요. 중종에 의해 발탁된 조광조는 철저한 도학 정신에 입각한 왕도 정치를 역설했습니다. 조광조는 중종의 신임이 날로 커지자 강력하게 자신의 정책을 주장했어요. 그는 특히 성리학의 이상향을 지방의 민간 규약을 통해 이루려고 했습니다. 백성들로 하여금 도학적 생활을 몸에 익히도록 한다는 명분으로 향약을 시행한 것이지요. 하지만 향약은 지나치게 이상에 치우쳐 도리어 백성들의 반발을 사게 되었어요.

또 조광조는 과거 제도가 시험 위주로만 흘러 사람의 인품과 덕행

연산군 묘(사적 제362호, 서울시 도봉구)

조선 제10대 왕인 연산군과 그의 부인 신씨(?~1537년)의 무덤이다. 왕 또는 왕비의 무덤을 능(陵)이라고 하지만, 지위가 왕에서 군(君)으로 격하되었을 경우에는 묘(墓)로 불린다.

조광조(1482~1519년)
조선 중종 때의 문신이자
성리학자다. 천거를 통해 인재를
등용하는 현량과 설치와
중종반정 때 공을 세운 신하들의
위훈 삭제 등 급진적인 개혁을
추진했다. 중종 14년(1519년)
기묘사화 때 죽임을 당했다.

주초위왕(走肖爲王)
파자(破字)는 예로부터 예언을
전달하는 수단으로 널리
이용되었다.' 주초위왕'에서
주(走) 자와 초(肖) 자를
결합하면 조(趙) 자가 되는데,
이는 조광조를 가리킨다. 즉
주초위왕이란 '조씨(조광조)가
왕이 된다'는 뜻이다.

을 검증할 방법이 없으니 추천제를 통해 천거된 사람들을 모아 시험을 치르게 한 뒤 선발하자는 의견을 내어 현량과라는 제도를 도입했습니다. 이 현량과를 통해 사림을 대거 기용하고, 이들에게 3사의 언관직을 맡겼지요.

훈구 세력은 당연히 이를 못마땅하게 생각했습니다. 그런데다 도학적 이상에 따라 왕의 통치 행위까지 간섭하는 양상으로 발전해 중종까지도 탐탁지 않게 여기게 되었어요. 결국 반정 공신의 '위훈 삭제'라는 상소가 나오면서 이들의 대결은 더 이상 피할 수 없게 되었습니다.

이에 호시탐탐 기회를 엿보고 있던 훈구 세력은 궁중에 있는 나뭇잎에 과일즙을 묻혀 '주초위왕'이라고 쓰고, 벌레가 갉아먹게 한 다음 궁녀를 시켜 왕에게 바치게 하여 조광조를 비롯한 사림 세력을 대거 제거했어요. 이것이 바로 중종 14년(1519년)에 일어난 기묘사화입니다.

사림 세력이 제거되자 권력의 핵심은 훈구 세력에게 넘어갔어요. 이런 상황에서 중종의 뒤를 이어 인종이 왕위에 올랐으나 8개월밖에 재임하지 못하고 죽자 12세밖에 안 된 명종이 즉위하게 되었습니다. 이제는 척신 세력 간의 다툼이 일어나게 되었지요. 당시 인종의 외숙이 윤임이고, 명종의 외숙이 윤원형이었는데, 윤임을 중심으로 한 일파를 대윤이라 했고, 윤원형을 중심으로 한 일파를 소윤이라 했어요. 처음 인종이 즉위했을 때에는 대윤이 소윤을 압도하는 듯했으나 인종이 빨리 죽자 소윤이 세력을 장악했지요. 인종의 뒤를 이어 명종이 왕위에 오르자 윤원형 세력은 윤임 일파가 다른 대군을 왕위에 올리려 했다고 무고해 제거했던 거예요. 이것이 명종 1년(1545년)에 일어난 을사사화입니다.

을사사화를 계기로 윤원형 세력은 온갖 위세를 부렸어요. 마지막 견제 대상이었던 대윤 세력을 제거해 더 이상 이들을 제어할 대항 세력이 없었기 때문이지요. 하지만 이것도 명종의 죽음으로 막을 내리게 되었어요.

붕당의 형성

명종의 뒤를 이을 적통이 없자 중종의 서손인 하성군이 왕위를 이어 선조가 되었습니다. 선조는 16세의 어린 나이였지만 즉위한 다음 해부터 친정을 시작했지요. 선조는 선대인 중종, 인종, 명종의 전례를 거울삼아 훈구 세력을 멀리하고 사림 세력을 대거 기용해 왕권을 강화하고자 했어요. 이때부터 사림 세력은 최고의 세력으로 부상했습니다. 이들은 학풍과 학맥을 기반으로 한다는 점에서 훈구 세력이나 척신 세력과는 달랐어요.

사림 세력은 척신 정치의 잔재를 어떻게 청산할 것인지를 놓고 갈등을 겪었어요. 본격적인 이념 투쟁이 시작된 것이지요. 명종 때 정권에 참여했던 기성 사림은 척신 정치의 과감한 개혁에 소극적이었지만 새롭게 정계에 등장한 신진 사림은 사림 정치의 실현을 강력하게 내세웠어요. 두 세력의 갈등이 심화되면서 기성 사림을 중심으로 서인이 형성되고 신진 사림을 중심으로 동인이 형성되었습니다. 동인과 서인은 어디에서 유래되었을까요?

당쟁은 임진왜란 직전인 선조 때부터 시작되었습니다. 이때 이조 전랑 자리에 누구를 앉힐까를 놓고 편이 갈리기 시작했어요. 이조 전랑은 그다지 높은 자리는 아니었지만 관리들의 임명을 맡아서 매우 중시되었지요. 이조 전랑 후보로 김효원과 심의겸의 동생 심충겸이 올랐습니다. 두 사람 모두 한양에 살고 있었는데, 김효원의 집은 동쪽에 있는 건천동이었고, 심의겸의 집은 서쪽에 있는 정릉동이었어요. 그래서 김효원의 지지자들을 동인, 심의겸의 지지자들을 서인으로 부르게 되었지요. 나중에 동인은 남인과 북인으로 갈라지고, 서인은 노론과 소론으로 갈라지게 됩니다. 이 밖에도 많은 당파가 생겼지만 그 가운데 가장 세력이 큰 남인, 북인, 노론, 소론을 가리켜 사색당파라고 해요.

관직 수는 정해져 있는데 관직에 오르려는 사람이 많아서 당쟁이 일어나게 되었습니다. 율곡 이이는 당쟁을 밥그릇 싸움에 비유해 "열 사람이 굶주리고 있는데 한 그릇의 밥을 같이 먹게 한다면 그 밥을 다 먹기도 전에 싸움이 일어날 것이다."라고 말했어요. 결국 당파는 혈연과 지연, 학연 등과 밀접하게 관련되어 있었지요.

동인은 이황과 조식, 서경덕의 학문을 계승한 사람들을 중심으로 다수의 신진 세력이 참여해 먼저 붕당의 모습을 갖추었어요. 반면에 서인은 이이와 성혼의 문인이 가담하면서 붕당을 형성했지요. 이후 붕당은 정파적 성격과 학파적 성격을 함께 지니게 됩니다.

사림이 동인과 서인으로 나뉜 뒤 처음에는 동인이 우세했습니다. 동인은 정여립 모반 사건을 계기로 온건파인 남인과 급진파인 북인으로 나뉘었어요. 정여립은 원래 이이와 성혼을 따르는 서인이었

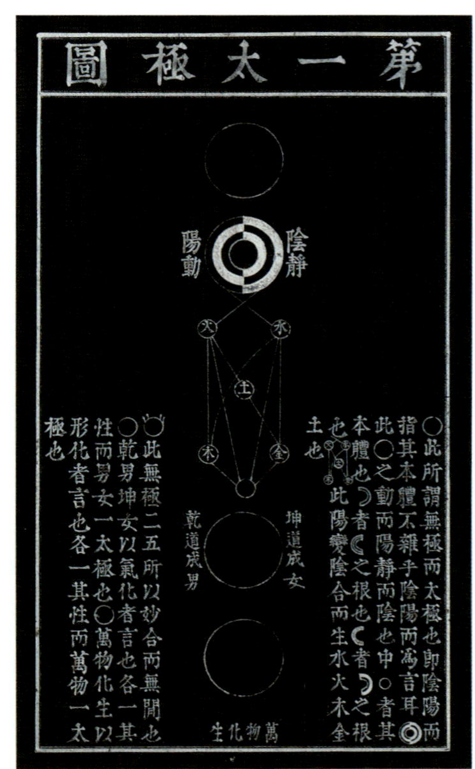

『**성학십도**』(국립중앙박물관)
이황이 선조 1년(1568년)에 왕이 이해하기 쉽도록 성학의 개요를 열 개의 도해로 설명한 책이다. 이황은 천명(天命)을 다루는 태극도(太極圖)와 인간의 심성을 다루는 심통성정도(心統性情圖)를 성학의 핵심으로 보았다.

는데, 동인이 집권을 하자 동인에 입당했지요. 그리고는 스승인 이이와 성혼을 비판하고 나섰어요. 정여립은 선조 때 진안 죽도(竹島)에서 활쏘기 모임을 여는 등 사람들을 규합해 대동계를 조직하고 무력을 길렀어요. 이때 죽도와 인연이 닿아 죽도 선생이라고도 불렸지요.

그런데 반대파들이 "정여립 일당이 한강이 얼 때를 틈타 한양으로 진격해 반란을 일으키려고 한다."라고 고발했어요. 사건의 조사를 맡은 서인 측의 정철은 1589년 1,000여 명의 동인을 모반죄로 몰아 처벌했는데, 이를 기축옥사라고 합니다. 처벌받은 대다수의 동인은 이 사건과는 무관했어요. 이후 이 사건을 계기로 전라도를 반역향이라 하여 호남인의 등용을 제한하기도 했지요.

그 뒤 정철이 건저(建儲), 즉 세자 책봉 문제로 삭탈관직되면서 서인이 실각하고 동인이 득세하게 되었어요. 1591년 서인인 좌의정 정철이 동인인 영의정 이산해와 함께 임해군의 동생 광해군을 세자로 세우기로 했다가 이산해의 계략에 빠져 혼자만 광해군을 지지했습니다. 임해군을 책봉하고자 했던 선조는 이 사실을 알고 정철을 파직했어요. 하지만 큰아들인 임해군은 성품이 포악해 일찌감치 세자 책봉에서 제외된 상태였지요.

기축옥사 때 정철에게 당했던 동인은 정철의 죄에 대해 온건론을 내세우는 남인과 강경론을 내세우는 북인으로 나뉘었어요. 처음에는 남인이 정국을 주도했으나 임진왜란이 끝난 뒤에는 북인이 집권해 광해군 때까지 정국을 주도했지요.

북인은 선조의 죽음과 광해군의 등극으로 집권당이 되었습니다. 북인은 의병장을 배출하고 왜란을 승리로 이끄는 데 큰 역할을 하여 광해군의 신임을 받게 되었어요. 광해군과 북인은 기존의 명과 여진족

이 새로 건국한 후금 사이에서 중립 외교를 펼치면서 전후 복구 사업을 추진했습니다. 그런데 이 과정에서 북인이 서인과 남인을 배제한 채 정권을 독점하려 해서 문제가 생겼어요.

광해군에게는 친형인 임해군과 부왕인 선조의 계비(인목 대비)가 낳은 이복동생 영창 대군 등의 형제가 있었어요. 명분상으로는 정식 왕비의 몸에서 태어난 영창 대군이 왕위 계승 서열 1위이고, 임해군과 광해군 순서가 되겠지요. 그런데 선조가 갑자기 죽는 바람에 광해군이 왕위에 오르게 되었어요. 광해군은 불안정한 왕위를 지키기 위해 임해군과 영창 대군을 죽이고, 인목 대비를 서궁에 유폐했지요.

결국 서인은 인조반정을 일으켰습니다. 이 사건으로 인해 몰락한 북인은 소수파가 되었고, 동인의 전통은 인조반정 때 서인을 지지해

인조반정의 길목, 창의문
1623년 능양군(인조)을 주축으로 한 서인 세력이 인조반정을 일으켰다. 능양군과 이서 · 이괄 · 김자점 · 최명길 등은 2,000여 명의 군사를 이끌고 창의문을 부수고 진격했다. 창덕궁에서는 미리 포섭되어 있던 훈련대장 이흥립이 궁문을 열어 줘 반정에 성공했다.

살아남은 남인이 잇게 되었어요. 서인은 남인 일부와 연합해 정국을 이끌어 갔지요.

인조반정으로 서인이 정국을 주도하자, 서경덕과 조식(북인)의 사상은 배척당하고 이황(남인)과 이이(서인)의 학문, 즉 주자 중심의 성리학이 더욱 확고해졌습니다. 이후 서인과 남인은 명에 대한 의리 명분론을 더욱 강화하고 반청 정책을 추진하다가 병자호란을 불러오고 말았어요. 병자호란을 거치면서 주화파와 척화파 사이에 격렬한 논쟁이 일어났고, 인조 말엽부터는 송시열을 중심으로 한 서인 산림이 정국을 주도하면서 척화론과 의리 명분론이 대세를 이루었습니다.

삼년상이든 일 년 상이든 무슨 상관인가 – 예송 논쟁

현종 때까지는 서인이 우세한 가운데 남인과 연합해 공존했으나, 효종의 왕위 계승에 대한 두 차례의 예송(禮訟) 논쟁이 일어나면서 서인과 남인의 대립이 심해졌어요. 예송이란 예학에서의 시비를 가리는 것을 말하고, 예학은 유교적 관혼상제의 행사 진행에 관한 학문을 뜻합니다.

예송 논쟁은 효종과 효종비가 죽은 후 새어머니였던 인조의 계비가 적장자에 준하는 상복을 입을 것인지를 둘러싸고 벌어졌어요. 이 사건은 둘째 아들로 왕위에 오른 효종의 정통성과 관련한 두 차례의 논쟁으로 발전했지요. 1차 예송은 효종이 죽은 뒤 그의 계모인 자의 대비가 효종의 상(喪) 때 어떤 의복을 입을 것인지를 두고 일어난 논란이었어요. 조선 사회의 지배 이념인 성리학에 근거한 예론에서는 자식이 부모보다 먼저 죽었을 때 자식이 적장자인 경우에는 삼년상을, 그 이하 차남일 경우에는 일 년 상을 하도록 규정했습니다.

해남군의 녹우당(사적 제167호)

고산 윤선도가 나고 자란 녹우당(綠雨堂)은 해남 윤씨의 종가이기도 하다. 효종이 스승인 윤선도에게 하사했던 경기도 수원의 집을 해상으로 옮기게 한 후 녹우당이란 이름을 붙였다고 한다. 남인의 거두였던 윤선도는 1659년 효종의 장지 문제와 자의 대비의 복상 문제를 놓고 서인 세력과 의견 대립을 보였다. 당쟁에 휘말려 일생의 대부분을 유배지에서 보낸 윤선도는 시조로 시름을 달랬다. 윤선도의 「어부사시사」, 「산중신곡」 등은 정철의 가사와 더불어 조선 시가에서 쌍벽을 이룬다.

허목(1595~1682년)
조선 숙종 때의 문신이자 학자
다. 예송 논쟁 당시 남인이었던
허목은 윤선도, 윤휴와 함께 자
의 대비의 복상은 삼년상이 되
어야 한다고 주장했다. 하지만
서인인 송시열의 주장에 따라
일 년 상이 채택되었다.

　2차 예송에서는 자의 대비가 며느리인 효종비의 상을 당해 상복을 1년 동안 입을 것인지, 9개월 동안 입을 것인지를 두고 논쟁을 벌였어요. 서인은 1차 예송에서 1년설을, 2차 예송에서 9개월설을 주장했지만, 남인은 각각 3년설, 1년설을 주장했습니다. 지금 입장으로는 삼년상이든 일 년 상이든 무슨 큰 차이가 있느냐고 반문할 수도 있어요. 하지만 당시에는 명분으로 사람이 죽고 사는 게 결정되던 시기였어요. 이러한 명분은 훗날 뒤틀린 역사의 흔적으로 남게 되지요.

　인조는 첫째 아들인 소현 세자가 죽은 뒤 그의 아들이 있었는데도 둘째 아들인 봉림 대군(효종)을 세자로 책봉해 왕위를 계승하게 했어요. 효종이 왕위에 오름으로써 왕통은 인조에서 효종으로 이어졌지만, 이는 적장자(적장자가 유고 시 적장손)가 뒤를 잇는 관례에서 벗어난 일이었지요. 이것이 1차 예송의 배경이 됩니다. 서인은 효종을 차남으로 예우할 것을 주장했고, 남인은 장남에 해당하는 예우를 해야 한다고 주장했어요.

　예송은 이기(理氣) 철학과도 관련되어 있습니다. 이(理)는 근원적 원리이고, 기(氣)는 경험할 수 있는 구체적 현상을 나타내는 개념이에요. 남인인 이황은 기보다는 이를 중시했고, 서인을 일으킨 이이는 이를 중시하면서도 기 또한 무시해서는 안 된다는 입장이었습니다. 이와 기를 왕과 사대부에 적용하면 왕은 이에 해당하고 사대부는 기에 해당해요. 그래서 이를 내세운 남인은 효종을 장남으로 예우해야 한다고 주장한 거지요. 1차 예송에서는 서인이 승리해 집권에 성공했지만, 2차 예송에서는 남인이 승리해 정권을 획득했어요.

정국이 급격히 바뀌다 – 경신환국, 기사환국, 갑술환국

숙종 때 이르러 예송의 결론이 내려지고 새로 집권한 남인은 서인의 관직 진출을 허용하게 됩니다. 남인의 우세 속에 서인이 공존하게 된 것이지요. 이후 정국을 주도하는 붕당과 견제하는 붕당이 서로 교체되어 정국이 급격히 바뀌게 됩니다.

2차 예송 논쟁 이후 서인이 남인을 역모로 몰아 정권을 독점한 사건이 발생하는데, 이것이 경신환국이에요. 서인은 남인 출신의 영의정 허적이 왕실 용품을 사사로이 사용한 일을 꼬투리 잡아 남인이 역모를 꾀한다고 고발해 정권을 빼앗았어요. 집권한 서인은 남인을 철저히 탄압해 재기를 막음으로써 붕당 사이의 견제와 균형을 유지하는 붕당 정치가 변질되지요.

재기가 불가능해 보였던 남인은 기사환국으로 다시 살아나게 됩니다. 남인과 가까운 소의 장씨와 서인이 지지했던 인현 왕후가 숙종을 둘러싸고 암투를 벌였지요. 이때 장씨 소생의 왕자를 세자로 책봉하는 것에 반대한 서인(노론과 소론)이 모두 축출당하는 사건이 일어났습니다.

노론과 소론은 예송 논쟁이 진행되는 과정에서 나뉘었습니다. 노론은 송시열을 중심으로 결집해 대의명분을 존중하고 민생 안정을 강조했지만, 소론은 윤증을 중심으로 결집해 실리를 중시하고 적극적인 북방 개척을 주장했어요. 보수 강경파 노장 세력인 노론이 서인 세력의 대부분을 끌어들였지요. 흔히 붕당 정치를 이야기할 때 남인, 북인, 노론, 소론의 사색당파라고 하는데, 실제로는 북인이 일찍 붕괴했으므로 네 당파가 공존했던 적은 없어요.

장희빈은 인현 왕후를 저주했다는 죄목으로 다시 후궁으로 물러나고, 인현 왕후가 왕비 자리를 되찾았어요. 결국 장희빈은 사약을 받게 되고, 서인과 남인의 싸움에서 서인이 승리하게 됩니다. 이 사건을 갑술환국이라고 해요. 이후 소론은 남인들이 다시 집권하지 못하도록 철저히 탄압했어요. 이렇게 남인이 붕괴됨으로써 당분간 정국은 노론과 소론의 대립으로 전개되었지요.

이렇듯 숙종은 왕의 권위를 지키기 위해 한 번은 서인을 두둔하고 한 번은 남인을 두둔하는 방식으로 정치했어요. 경신환국과 기사환국, 갑술환국을 모두 주도한 사람은 바로 숙종이었던 것입니다. 숙종이 서인 편에 섰을 때는 인현 왕후가 왕비였고, 숙종이 남인 편에 섰을 때는 장희빈이 왕비 자리에 올랐지요.

이처럼 계속되는 환국을 통해 왕과 직결된 외척이나 종실의 정치적 비중이 커졌고, 당파의 이익을 대변했던 3사와 이조 전랑의 비중은 줄어들게 되었어요. 정치권력이 고위 관리에 집중되었기 때문에 자연히 고위 관리들이 주도하는 비변사의 기능이 강화되었지요.

붕당 정치가 변질되면서 정치 집단 간의 세력 균형이 무너지고 왕권 자체도 불안해지자 강력한 왕권을 토대로 국왕이 정치의 중심에 서서 세력의 균형을 유지하려는 탕평론이 등장하게 되었습니다.

성리학의 발달

성리학은 고려 말의 개혁과 조선을 건국하는 데에 사상적 기반을 제공했으나 신진 사대부는 성리학을 수용하는 과정에서 서로 다른 입장을 표명했습니다. 정도전과 권근 등의 관학파는 성리학에만 국한하지 않고 한과 당의 유학, 불교, 도교, 풍수지리 사상, 민간 신앙 등을 포용해 사회를 개혁하려 했어요. 특히 유교 경전인 『주례』를 국가의 통치 이념으로 중시했지요. 고려 말의 온건 개혁파였던 길재에게서 비롯된 사학의 학문적 전통은 성종 때 중앙 정계에 진출한 사림이 계승했어요.

16세기의 사림은 도덕성과 수신을 중시했습니다. 서경덕과 이언적은 각각 성리학의 이기론에서 선구적인 역할을 했어요. 서경덕은 이보다는 기를 중심으로 세계를 이해했고, 불교와 노장 사상에 대해 개방적인 태도를 보였지요. 북한에서는 서경덕의 이기설을 유물론의 원류로 평가하고 있어요. 이에 반해 이언적은 기보다는 이를 중심으로 이론을 전개했지요.

길재(1353~1419년)

고려 말 조선 초의 성리학자다.
목은 이색, 포은 정몽주와 함께
고려 말의 삼은으로 불린다.
이색, 정몽주 등의 문하에서
공부한 길재의 성리학은 후에
김종직, 김굉필, 조광조
등에게로 이어졌다.

서경덕과 기생 황진이에 관한 일화는 유명합니다. 서경덕의 제자였던 황진이는 "선생님, 송도에는 세 가지 뛰어난 것이 있습니다. 박연 폭포와 선생님, 그리고 저 황진이지요."라고 말했어요. 그 후 박연 폭포, 서경덕, 황진이를 '송도삼절(松都三絶)'이라고 부르게 되었지요.

서경덕은 세상 만물은 기로 이루어져 있는데, 고정되어 있는 게 아니라 끊임없이 변하는 것이라고 말했습니다. 서경덕이 58세의 나이로 죽음을 맞이할 때 제자들이 심경을 묻자 다음과 같이 대답했어요. "죽고 사는 이치를 알게 된 지가 오래라서 마음이 편안하다." 서경덕은 홀로 성리학을 연구하면서 많은 제자를 길러 냈는데, 그중에는 『토정비결』을 지은 이지함도 있었답니다.

서경덕이 태어난 지 12년 뒤인 1501년, 퇴계 이황과 남명 조식이 태어났어요. 이황은 경상북도 안동에서 태어났고 조식은 경상남도 합천에서 태어나서, 사람들은 이황이 영남 좌도를 이끌고 조식이 영남 우도를 이끈다고 말했지요.

박연 폭포(북한 천연기념물 제388호, 높이 37m)
황해북도 개성시에 있는 박연 폭포는 황진이, 서경덕과 함께 송도삼절(松都三絶)로 꼽힌다. 금강산의
구룡 폭포, 설악산의 대승 폭포와 함께 한국 3대 폭포 가운데 하나다.

조식은 평생 동안 벼슬을 하지 않고 제자를 가르치는 일에만 전념했지만 이황은 34세에 과거에 합격해 벼슬길에 오른 뒤 60세에 은퇴할 때까지 여러 벼슬을 두루 거쳤어요. 이황은 은퇴한 뒤 도산 서원에서 학문 연구와 제자 양성에 몰두했지요. 그 후 이황은 10여 년 동안 성리학을 연구하다 70세에 세상을 떠났지요. 이황이 죽은 지 2년 뒤에 조식도 세상을 떠났어요.

이황과 조식이 살던 시대는 중종의 왕비 문정 왕후와 그의 동생인 윤원형이 세상을 좌지우지하며 부정부패를 일삼고 있던 때였습니다. 그래서 조식은 벼슬을 하지 않았던 거지요. 조식은 이황과 편지를 주고받았는데 더러운 조정에서 벼슬을 하고 있다며 이황을 나무라기도 했어요.

이황과 조식은 둘 다 현실 정치를 비판했지만 성리학을 공부하는 방향은 조금 달랐습니다. 이황은 이를 중심으로 성리학을 연구했지만 노장사상에 포용적이었던 조식은 학문의 실천성을 강조했어요.

"성인의 뜻은 이미 앞서 간 학자들이 다 밝혀 놓았다. 그러니 지금

「도산 서원도」(보물 제522호, 국립중앙박물관)

조선 후기의 문인 화가인 강세황(1713~1791년)이 1751년(영조 27년)에 도산 서원의 실경을 그린 진경산수화다. 위에서 아래를 내려다보는 풍경인데, 중앙에 도산 서원을 배치하고, 앞쪽에는 탁영담(濯纓潭)과 반타석(盤陀石) 등을 그렸다.

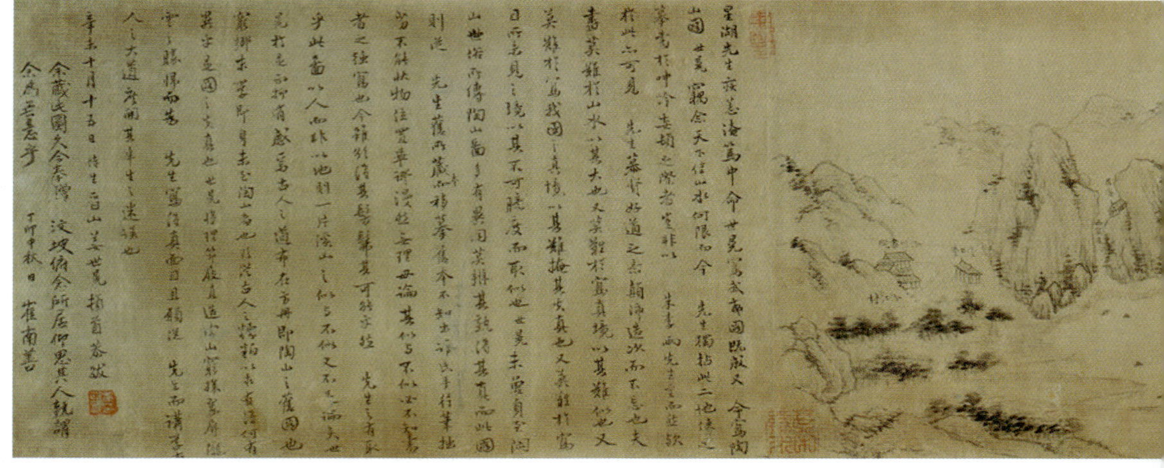

도산 서원 전교당
(보물 제210호)
1574년(선조 7년)에 도산 서원의
강학(講學) 공간 중심에 세운
강당이다. 규모는 정면 4칸,
측면 2칸이고, 팔작지붕 단층의
목조 건물이다.

의 학자들은 모르는 것을 걱정할 것이 아니라 알고 있는 것을 실천하
지 못하는 것을 부끄럽게 여겨야 한다."

조식의 가르침은 제자들에게 큰 울림을 주었어요. 그의 제자 중에
는 임진왜란 때 의병으로 활약한 홍의 장군 곽재우도 있었지요. 스
승의 가르침을 받들어 나라가 위기에 처했을 때 주저 없이 의병을
이끌었던 거예요. 학문과 수양에 전념하며 실천 없는 공허한 지식을
배격하고, 불의에 타협하지 않았던 조식의 사상은 그의 문인들에게

도 그대로 이어져 특징적인 학풍을 이루었습니다.

여기서 이(理)와 기(氣)가 무엇인지 구체적으로 알아볼까요? 앞서 간략하게 설명했듯이 이는 이상적이고 근원적인 개념이고, 기는 경험적이고 구체적인 개념이에요. 좀 더 자세히 설명하면 기는 만물을 구성하는 요소이고, 이는 기가 존재할 수 있는 근거이자 운동 법칙이지요. 이 원리를 사람에게 적용하면 사람의 본능은 기이고, 도덕은 이에 해당합니다. 사람은 도덕을 실천함으로써 이에 충실하게 되지요. 도덕적 실천의 구체적인 내용이 담긴 것이 바로 '삼강오륜'입니다.

우리는 흔히 '기'가 세다는 말을 합니다. 이 말은 기질이나 본능이 강하다는 뜻이지요. 기분(氣分)이 좋다는 것은 기(氣)가 잘 나누어져(分) 본능이 충족되었다는 것을 의미해요. 또 우리는 "원리(原理)에 맞게 행동하라."라는 말을 자주 듣습니다. 이때의 원리는 삼강오륜과 같은 도덕을 일컫는 말이에요. 원리는 대체로 이상적인 경향이 있고, 기분은 대체로 경험에 따릅니다.

이황은 도덕적 행동의 근거로 인간의 심성을 중시한 이기 이원론을 주장해 근본적이면서도 이상주의적인 성향을 보였어요. 이황은 『성학십도』를 저술하고 『주자서절요』 등을 편찬해 군주 스스로 인격과 학식을 수양하기 위해 노력해야 함을 강조하고, 주자의 이론을 조선의 현실에 맞게 반영시켜 독자적인 체계를 세우려고 했지요. 이황의 사상은 일본에도 전해졌는데, 일본에서는 이황을 '동방의 주자'로 불렀답니다.

이이는 상대적으로 기의 역할을 강조하는 이기 일원론을 주장했어요. 이이는 『성학집요』를 저술해 현명한 신하가 왕의 수양을 도와주어야 한다고 주장하고, 『동호문답』에서는 통치 체제의 정비와 수취 제도의 개혁 등 현실적인 방안을 제시했지요. 또한 이이는 부패의 시정책 7개 항을 제시했는데, 그중 특히 십만양병설을 주장하며 임진왜란을 예언한 일은 유명합니다. 이 밖에도 대동법 실시와 사창 설치 등을 제의한 일은 조선의 사회 정책에 혁신을 가져왔어요.

이이도 조식처럼 벼슬을 내놓고 골치 아픈 조정을 떠나 조용히 살고 싶다고 생각했습니다. 그럴 때마다 친구였던 이지함은 이이를 말리며 이렇게 말했어요.

"자네가 벼슬을 버리지 않으면 적어도 나라가 망하는 지경에 이르지는 않을 걸세."

16세기 말에는 이황 학파와 이이 학파 사이에서 이기론에 대한 논쟁이 일어났습니다. 18세기에 이이 학파를 계승한 노론은 인간과 사물의 본성을 어떻게 볼 것인가를 놓고 호락논쟁을 벌였어요. 이 논쟁은 인간과 사물의 본성이 다르다고 주장하는 충청도 노론(호론)과, 인간과 사물의 본성은 같다고 보는 서울·경기 노론(낙론) 사이에서 시작되었지요.

성리학 계보도 1(고려 말~조선 초)

고려 충렬왕 때 안향이 처음으로 성리학을 소개했다. 이제현은 이색 등에게 영향을 주어 성리학 전파에 이바지했다. 공민왕 때 이색은 정몽주, 권근, 정도전 등을 가르쳐 성리학을 확산시켰다.

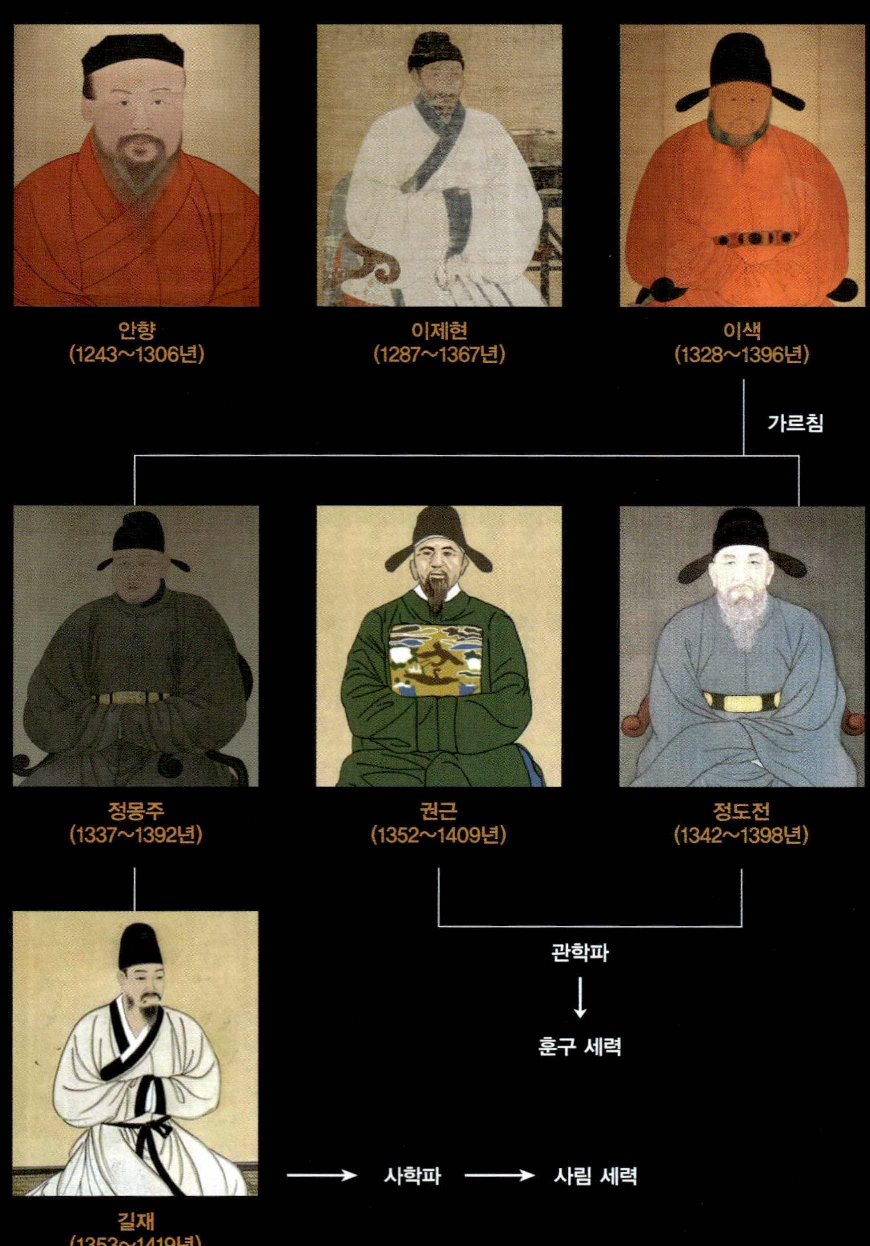

성리학 계보도 2(조선)

동인은 이황과 조식, 서경덕의 학문을 계승한 사람들을 중심으로 먼저 붕당의 모습을 갖췄다. 서
이이와 성혼의 문인이 가담하면서 붕당이 형성되었다.

성리학적 사회 질서의 강화 – 향촌 사회

조선 후기에는 한 붕당이 권력을 독점하는 일당 전제화가 전개되었어요. 이 과정에서 권력을 잡은 일부 양반인 권반을 제외하고 다수의 양반이 몰락했습니다. 벼슬에서 밀려난 양반은 향촌 사회에서 겨우 위세를 유지하는 향반이 되거나 더욱 몰락해 농민과 같은 생활을 하는 잔반이 되기도 했지요.

향촌은 중앙과 대칭되는 개념입니다. 향은 행정 구역상 군현의 단위를 말하며 촌은 촌락이나 마을을 의미해요. 향촌의 자치를 위해 유향소가 설치되었는데, 고려 시대의 사심관 제도가 분화되어 발전한 이 기구는 수령을 보좌하고 향리를 감찰하며 향촌 사회의 풍속을 바로잡는 역할을 했지요. 또 현직 관료로 하여금 연고지의 유향소를 통제하게 하고 중앙과 지방의 연락 업무를 맡는 경재소를 설치해 향촌

자치를 허용하면서도 중앙 집권을 효율적으로 강화할 수 있었습니다.

　이후 향촌 자치를 주장하던 사림 세력이 중앙 정계를 장악하면서 향촌 사회의 지배 구조에 변화가 일어났어요. 17세기 초에 경재소가 없어지고 유향소는 향청으로 명칭이 바뀐 거예요. 향촌 자치의 이름은 바뀌었지만 통제 기구가 없어져서 사림 양반에 의한 향촌 자치가 강화되었지요.

　향촌 사회에서 지주이자 농민을 지배하던 계층은 사족(士族)이었습니다. 이들이 향안을 작성하고 향규를 제정했지요. 향안은 향촌 사회의 지배층인 지방 사족의 명단인데, 임진왜란 전후에 각 군현마다 작성되었지요. 향안에 이름이 오른 사족은 향회를 통해 결속을 다지고 지방민을 통제했는데, 이 향회의 운영 규칙이 향규였어요.

　지방 사족은 자신들을 중심으로 향촌 사회를 운영하기 위해 향약이

라는 조직을 만들었습니다. 향촌의 자치 규약인 향약은 중종 때 조광조가 처음 시행한 이후 전국적으로 확산되었어요. 향약은 조선 사회의 풍속 교화에 많은 역할을 했을 뿐 아니라 향촌 사회의 질서 유지와 치안까지 담당했지요. 하지만 향약을 지방의 유력자가 주민을 수탈하는 수단으로 삼기도 했어요. 16세기 이후에 각 지방에서 생겨난 서원도 향약과 더불어 사림의 지위를 강화시켜 주었습니다.

이이가 초안한 향약의 내용을 보면 향약의 가입은 본인의 의사가 우선이라고 되어 있어요. 하지만 실제로는 양반에서 농민에 이르기까지 향촌의 주민 모두가 자동으로 가입되게 마련이었지요. 향약의 4대 덕목인 덕업상권(德業相勸, 선행을 권장하고 잘못을 고쳐 주는 것), 과실상규(過失相規, 나쁜 행실을 서로 규제하는 것), 예속상교(禮俗相交, 서로 사귈 때 예의를 지키는 것), 환난상휼(患難相恤, 어려운 일을 서로 도와주는 것) 가운데 과실상규만 보더라도 사림 양반층이 농민을 사사로이 통

제할 수 있었음을 알 수 있어요. 향약의 실시로 지방 사림들의 지위는 강화되었으나, 농민을 수탈하는 구실이 되기도 했고 향약의 간부끼리 불화해 미풍양속을 해치는 경우도 생겼습니다. 정약용은 이를 두고 "향약의 폐해가 도적보다 심하다."라고 지적했어요.

군현 아래에는 면과 이(里) 등을 설치했는데, 이는 몇 개의 자연 촌락으로 구성되었습니다. 면과 이에는 중앙에서 관리를 파견하지 않았어요. 17세기 중엽부터는 오가작통제를 통해 촌락민을 지배했지요. 오가작통제는 서로 이웃하고 있는 다섯 집을 하나의 통으로 묶고, 여기에 통수를 두어 통 내를 관장하게 한 제도입니다.

촌락에는 양반, 상민, 천민이 서로 섞여 사는 경우가 대부분이었지만, 양반이 주로 거주하는 반촌과 상민이 주로 거주하는 민촌이 나타났어요. 처음에 반촌에는 친족, 처족, 외족 등 다양한 성씨가 거주하다가 18세기 이후 동성 촌락으로 발전했지요. 민촌은 지주가 다른 촌락에 거주하는 경우 소작인인 평민과 천민인 외거 노비로 구성되었어요.

고을 단위로 향안, 향회, 향규, 향약을 통해 지배력을 행사한 것처럼 지방 사족들은 이와 동 단위로도 동계(동네일을 처리하기 위해 조직한 계)와 동약(마을과 동리에 따라 향약을 조직한 것)을 조직해 지배력을 강화하려 했습니다. 향약은 양반 중심의 공동체였지만 두레와 향도는 촌락의 농민 조직이었어요. 두레는 공동 노동의 작업 공동체였지요. 삼한에서도 두레를 형성해 여러 사람이 힘을 모아 공동 작업을 했어요. 고려 시대로부터 이어진 향도는 불교와 민간 신앙 등의 신앙적 기반과 동계 조직 같은 공동체 조직의 성격을 모두 띠었습니다. 주로 상을 당하거나 어려운 일이 있을 때 서로 돕는 역할을 했지요. 상여를 메는 상두꾼도 향도에서 유래했답니다.

부용대에서 바라본 안동 하회 마을

경상북도 안동시 풍천면 하회리에 있는 하회 마을은 2010년 경주 양동 마을과 함께 유네스코 세계 문화유산으로 등재되었다. 안동 하회 양진당 (보물 제306호), 충효당(보물 제414호), 하회 북촌택, 남촌택 등은 조선 시대 사대부가의 생활상을 연구하는 데 중요한 자료다.

충효당(보물 제414호)
서애 유성룡(1542~1607년)의 종택인 충효당은 유성룡의 손자와 제자들이 17세기에 유성룡의 학덕을 추모하기 위해 지은 것이다. 유성룡은
벼슬을 마치고 귀향한 후 풍산현의 작은 초가집에서 죽음을 맞이했다. 사랑채 대청에 걸려 있는 '충효당(忠孝堂)'이라고 쓴 현판은 명필로
이름난 허목(1595~1682년)이 쓴 것이라고 한다. 안동 하회 마을 사진 제공

양진당(보물 제306호)
풍산 유씨의 종택이다.
대종택답게 웅장한 규모를
자랑한다. 15세기 무렵에
지은 후 임진왜란 때 화재
를 겪기도 했다. 여러 대
에 걸쳐 지어진 흔적이
남아 있다.

병산 서원(사적 제260호)

서애 유성룡의 학문과 업적을 기리기 위해 지은 곳이다. 원래 고려 말 풍산현에 있던 풍악 서당이었는데, 유성룡이 선조 5년(1572년)에 이 곳으로 옮겼다. 철종 14년(1863년)에는 왕으로부터 '병산'이라는 이름을 받아 서원이 되었다. 1868년 대원군의 서원 철폐령 때에도 남아 있었던 47개의 서원 중 하나다. 안동 하회 마을 사진 제공

화경당(북촌택)

안채와 사랑채로 구성된 몸채는 완벽한 ㅁ자 평면을 가지고 있다. 큰사랑에는 '화경당(和敬堂)'이라고 쓴 액자가 걸려 있는데, 한석봉의 글씨라고 한다. 안동 하회 마을 사진 제공

신분 제도를 풍자한 하회탈 및 병산탈(국보 제121호)

경상북도 안동 하회 마을과 그 이웃인 병산 마을에 전해 내려오는 탈이다. 현존하는 탈놀이 가면 중에서 가장 오래되었다. 하회 별신굿 탈놀이에 등장하는 하회탈은 주지 2개, 각시, 중, 양반, 선비, 초랭이, 이매, 부네, 백정, 할미 탈 등 11개가 전해진다. 국립중앙박물관 소장

양반탈
하회 별신굿 탈놀이 넷째 과장인 양반과 선비 놀이에서 양반 역이 착용한다.

부네
양반과 선비의 소첩 역을 맡는 젊은 여인 가면이다.

각시
셋째 과장에서 처녀 역이 착용한다.

초랭이
경망하게 까부는 양반의 하인 역이 착용한다.

이매
선비의 하인 역으로 바보 탈이라고도 한다.

백정
소를 잡는 백정 역이 착용한다.

중
셋째 과장에서 파계승 역이 착용한다.

선비
넷째 과장에서 선비 역이 착용한다.

할미
노파 역이 착용한다.

5-3 조선의 사상

1 신분제의 변화

- **신진 사대부 등장** 성리학으로 무장한 사림 세력이 척신 세력, 훈구 세력과 대립 → 4대 사화 발생
- **사림 세력** 영남·기호(경기도·충청도) 지방을 중심으로 성장한 향촌의 중소 지주. 정몽주·길재 등 온건파 사대부의 학풍 계승, 역성혁명 비판, 향촌 자치 주장, 왕도 정치(맹자의 인과 덕을 바탕으로 하는 정치) 강조, 성리학 이외의 사상에는 배타적
- **훈구 세력** 세조 집권 이후 공신으로서 정치적 실권 장악. 막대한 토지를 소유, 정도전·권근 등 관학파의 학풍 계승, 중앙 집권 체제 강조, 초기 문물제도 정비에 기여
- **사림의 정치적 성장** 성종이 훈구 세력을 견제하기 위해 사림 세력 대거 기용 → 김종직과 그 문인들이 과거를 통해 중앙 정계 진출 → 전랑과 3사의 언관직 차지 → 훈구 세력의 비리 비판

2 4대 사화

- **무오사화(연산군 4년, 1498년)** 김종직이 성종 때에 쓴 「조의제문」이 계기가 됨
- **갑자사화(연산군 10년, 1504년)** 폐비 윤씨(연산군 모후) 사건 → 중종반정으로 연산군 축출
- **기묘사화(중종 14년, 1519년)** 중종이 공신 세력 견제를 위해 사림 재등용 → 조광조가 현량과(천거로 관리 등용)를 실시하고 향약을 보급 → 위훈 삭제(중종반정 때 거짓 공훈으로 공신에 책봉된 자를 가려내 그 작위를 삭탈하자는 것) 주장에 대해 훈구 세력이 주초위왕(走肖爲王)으로 조광조 제거
- **을사사화(명종 1년, 1545년)** 소윤(명종의 외척, 윤원형 일파)이 대윤(인종 외척, 윤임 일파) 제거

3 붕당 정치

- **사림의 정국 주도** 선조가 덕망이 높은 사림을 많이 등용, 사림 세력이 서원과 향약을 통해 기반을 강화하며 대거 중앙 정계에 진출해 정국 주도
- **사림의 분열** 기성 사림(척신 정치 청산에 소극적, 심의겸 지지 세력), 신진 사림(척신 정치 청산에 적극적, 김효원 지지 세력)
- **붕당의 출현** 이조 전랑 임명 문제로 김효원과 심의겸이 대립 → 동인(신진 사림 중심, 서경덕·이황·조식 학파 참여)과 서인(기성 사림 중심, 이이·성혼 학파 참여)으로 붕당 형성
- **붕당과 당쟁** 선조 때 정여립 모반 사건으로 서인 집권 → 정철이 실권하자 동인 집권(정철 처리 문제를 둘러싸고 온건파인 남인과 강경파인 북인으로 분파됨) → 임진왜란 후 광해군 때까지 북인(중립 외교 주장)이 집권 → 인조반정 후 서인과 남인이 연합 → 17세기 들어 예송 논쟁으로 서인과 남인이 대립

• **환국** 서인이 남인을 역모로 몰아 정권 독점(경신환국) → 서인은 대의명분과 민생 안정을 강조하는 노론(송시열)과 실리를 중시하고 북방 개척을 주장하는 소론(윤증)으로 분파 → 조선 숙종 때 장희빈 소생의 아들 윤을 왕세자로 삼으려는 숙종에 반대한 서인이 남인에게 패배함(기사환국) → 장희빈이 인현 왕후를 저주했다는 죄목으로 다시 후궁으로 물러나고 인현 왕후가 왕비 자리를 되찾음(갑술환국)

4 성리학의 발달

• **학문적 전통** 이색, 정몽주, 권근 → 길재(고려 말 온건 개혁파) → 김종직, 김굉필, 조광조
• **이황** 『성학십도』를 저술하고 『주자서절요』를 편찬해 군주 스스로 인격과 학식을 수양하기 위해 노력해야 함을 강조. 일본에서는 '동방의 주자'로 숭상. 도덕적 행위의 근거로서 인간의 심성을 중시한 이기 이원론 주장
• **이이** 『성학집요』를 저술해 현명한 신하가 왕의 수양을 도와주어야 한다고 주장. 『동호문답』을 저술해 통치 체제의 정비와 수취 제도의 개혁 등 현실적 방안 제시. 기의 역할을 강조한 이기 일원론 주장
• **성리학의 절대화 경향** 송시열 중심의 서인(명분론 강화, 성리학을 절대화), 윤휴 · 박세당(성리학을 상대화, 사문난적으로 몰림)

5 성리학적 사회 질서의 강화

• **향촌 자치** 향(부 · 목 · 군 · 현)촌(리 · 동) 자치를 위해 유향소 설치 → 수령에게 자문을 하거나 비행을 고발, 지방의 여론 수렴, 백성 교화
• **경재소 설치** 중앙과 지방의 연락 업무를 맡는 경재소가 설치됨으로써 중앙 집권을 효율적으로 강화 → 17세기 초에 경재소는 혁파되고 유향소는 향청으로 명칭이 바뀜 → 지방의 사림 양반에 의한 향촌 자치가 강화
• **향약** 중종 때 조광조가 처음 시행, 풍속 교화는 물론 향촌 사회의 질서 유지와 함께 치안까지 담당 → 주민 수탈의 수단이 되기도 함
• **향약의 4대 덕목** 덕업상권(德業相勸, 선행을 권장하고 잘못을 고쳐 주는 것), 과실상규(過失相規, 나쁜 행실은 서로 규제함), 예속상교(禮俗相交, 서로 사귈 때 예의를 지키는 것), 환난상휼(患難相恤, 어려운 일을 서로 도와주는 것)

일제가 망국의 요인으로 설명한 당쟁을 어떻게 봐야할까요?

조선에서는 사림 세력의 등장으로 새로운 신분제가 형성되었지만 이는 또 다른 변화를 요구하는 출발점이 되기도 했어요. 조선이 건국되고 필요에 의한 신분제가 완성되자마자 시대의 흐름에 걸림돌이 되어 버린 거지요. 그래서 사림 세력끼리 뭉치고 흩어지며 다투는 현상이 나타난 것입니다.

당쟁은 그동안 일제 강점기의 식민 사학에 의해 망국의 요인으로 설명되어 왔어요. 호소이 하지메는 "조선 사람의 혈액에 특이한 검푸른 피가 섞여 있어 머리카락이나 눈동자의 색깔과 같이 바뀔 수 없는 천성 때문에 당쟁이 일어났다."라고 터무니없는 이론까지 내세웠습니다. 미시나 쇼에이는 조선이 강대국의 틈바구니에 끼여 있어 독립성이 결여되어 있으므로 서로 의존하는 당파를 형성했다는 억지 논리를 펴기도 했지요. 더욱 어이없는 것은 식민 사관에 물든 한국인 학자들이 이런 억지 주장을 교과서에 실었다는 사실입니다. 서로를 헐뜯고 죽이기까지 했던 조선 시대의 당쟁이 파당적인 민족성에서 나온 것으로 이해된 거예요.

그러나 점차 식민 사관의 반작용과 당쟁 연구의 확대로 긍정적인 해석이 나오기 시작했습니다. 당쟁을 성리학의 이념 아래 정치적 갈등을 해소하기 위해 문신들이 펼친 공론 정치로 해석한 것이지요. 물론 처음에야 그랬을 거예요. 율곡 학파는 서인으로 모였고, 퇴계 학파와 조식 학파는 동인으로 모였습니다. 사림의 분화는 이기 일원론과 이기 이원론이라는 존재론적 문제에 대한 해석의 차이에서 비롯되었지요. 당파의 분화는 정치적 국면마다 정책적 입장의 차이를 둘러싸고 일어났어요.

하지만 시대적 요구나 나라와 백성의 이익을 두고 다투는 것이 아니라 논쟁이나 하면서 파벌 다툼을 하는 것을 긍정적으로 평가하기는 힘듭니다. 시대의 흐름 속에서 성리학이 더 이상 긍정적인 역할을 하지 못하게 된 것이지요.

성리학적 대의명분에 지나치게 집착해 현실적인 문제를 해결하는 데 소홀해지자, 성리학을 새롭게 해석하자는 주장도 나왔습니다. 예를 들어 왕 노릇을 잘하려면 수신(修身)

을 잘해야 한다는 주장이 있었어요. 이를 확대 해석하면 왕과 사대부를 똑같이 바라보고 있는 것이고, 더 나아가 신분제 자체가 모순이라는 뜻도 될 수 있지요. 선조 때 정여립은 천하공물설(天下公物說), 즉 "천하는 모두의 것이므로 주인이 따로 없다."라고 했으며, 하사비군론(何事非君論), 즉 "누구라도 왕으로 섬길 수 있다."라고도 했어요. 이것은 신분제의 폐지를 요구하는 방향으로 이해할 수 있습니다.

단재 신채호는 정여립을 "동양의 위인"이라고 칭송했고, 역사학자 이이화는 "전도된 가치를 바로잡고 불평등과 차별의 세상을 뜯어고치고자 온몸으로 현실에 부딪친 진보적 지식인이었고, 선진적 사상가였으며, 민중에 토대를 둔 개혁가였다."라고 평가했어요.

정여립의 주장은 지금으로서는 당연하게 생각되지만 당시로서는 굉장히 혁명적인 내용이었습니다. 결국 당파 정치는 영·정조의 탕평 정치를 낳았고, 정조가 새로운 세상을 위한 준비를 하지 못한 채 죽음으로써 세도 정치라는 악순환의 고리로 이어졌어요. 이러한 역사적 사실을 통해 알 수 있는 것은 망국의 원인이 당파적 민족성에 있는 것이 아니라 잘못 끼워진 단추에 있다는 사실입니다.

4 이순신, 왕이 될 뻔하다 |
임진왜란과 정유재란

도요토미 히데요시는 1590년 전국 시대의 일본을 통일한 후, 명으로 가는 길을 내어 달라는 구실로 1592년 4월 13일 조선을 침략해 임진왜란을 일으켰습니다. 이 전쟁은 1598년 11월 19일까지 무려 7년간이나 계속되었어요. 임진왜란 중 조선의 첫 번째 승리는 옥포 해전에서 거두었고, 거북선은 사천 해전에서 처음 등장했지요. 지루하게 오가던 명과 일본의 협상이 깨지면서 1597년 1월에 일본이 다시 침략했어요. 다시 전쟁이 일어났다고 해서 정유재란이라고 부릅니다. 이순신 장군은 1598년 11월 19일에 노량 해전을 벌였는데, 왜구의 배들이 남해 방면으로 달아나는 것을 추격하다가 유탄에 맞아 장렬한 최후를 맞았습니다.

- **1592년** 임진왜란이 발발하다. 고니시 유키나가의 1만 8,000군이 송상현의 부산성을 함락하다.
- **1592년** 7월 이순신이 한산도 대첩에서 왜군과 싸워 큰 승리를 거두고 조선의 수군이 제해권을 장악하다.
- **1592년** 10월 진주 대첩을 이루다. 진주 목사 김시민이 지휘한 3,800명이 왜군 약 2만 명을 대파하다.
- **1593년** 2월 행주 대첩에서 대승을 거두고, 변이중이 화차를 제작해 권율에게 보내다.
- **1597년** 1월 일본이 조선을 다시 침략해 정유재란을 일으키다.
- **1598년** 이순신이 노량 해전에서 죽음을 맞이하다.

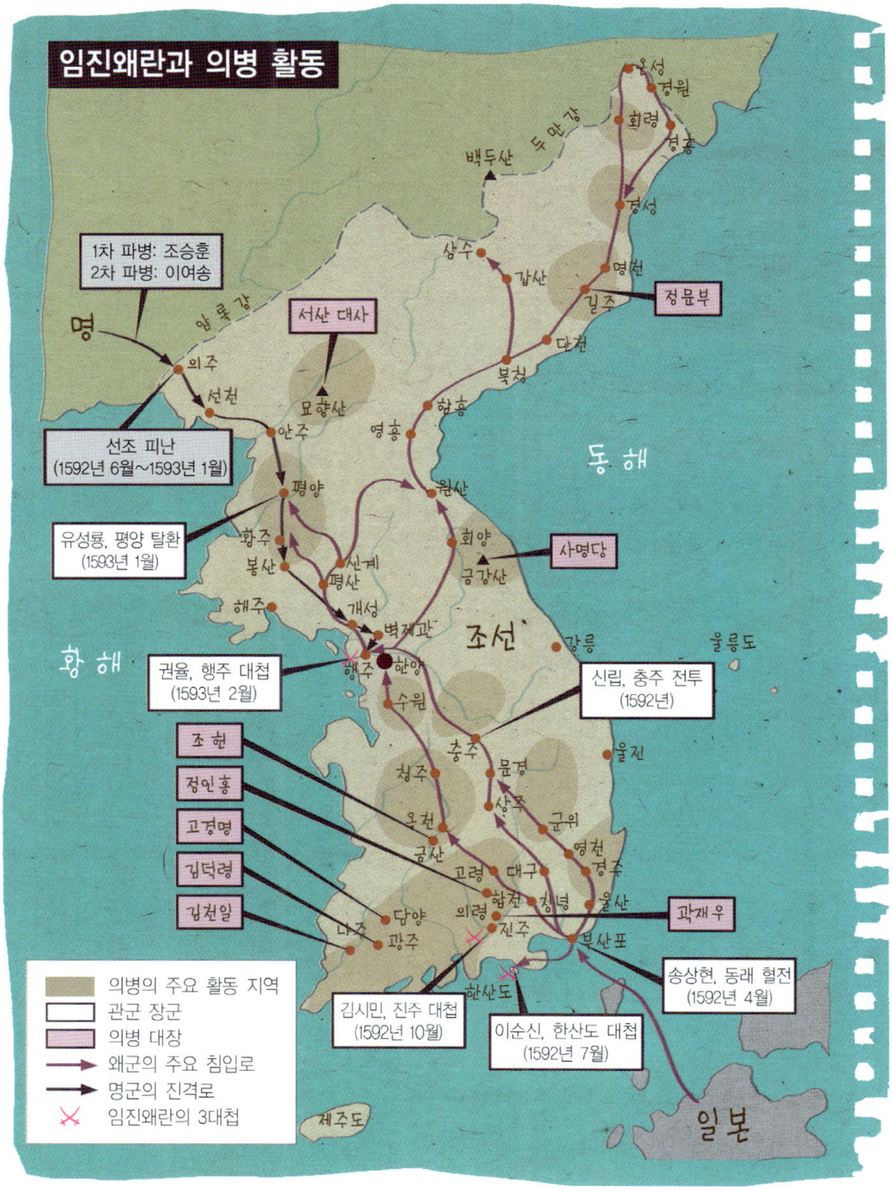

임진왜란의 전조, 왜구의 침략과 무역 전쟁

조선을 침범했던 왜구들을 철저히 응징하지 않아서 임진왜란이 일어났어요. 일본에 대한 조선 외교의 기본 방향은 여진과 같은 교린 정책이었습니다. 1443년 조선과 일본은 계해조약을 맺었어요. 그래서 한 해 동안 일본이 조선에 파견하는 배인 세견선은 50척, 조선이 일본에 원조하는 곡식인 세사미두는 200섬 이내의 제한된 조공 무역을 허락했지요. 조선은 1510년 삼포(부산포, 제포, 염포)에 거주하던 일본인들이 반란을 일으킨 삼포 왜란 때 삼포를 폐쇄하고 일본과 관계를 끊었다가 이후 1512년 임신약조를 맺어 무역 관계를 제한하는 정도로 대처했어요. 제포만 개항하고 세견선은 25척, 세사미두는 100섬으로 줄인 것이지요.

이렇듯 조선은 일본을 응징할 구체적인 대책은 세우지 못했어요. 비변사를 설치해 군사 문제를 전담하게 하고, 일본에 사신을 보내 정세를 살펴보는 정도였지요. 이런 모습은 세종 1년(1418년)에 이종무가 끊임없는 왜구의 침략에 맞서 대마도를 정벌해 그 근원을 없애려 했던 적극적인 대책과는 거리가 먼 것이었습니다.

결국 1544년에 왜구는 사량진(경상남도 통영)에 침입해 약탈을 자행했어요. 이때 임신약조를 무효로 해 일본의 내왕을 금하기도 했으나, 1547년 정미약조를 체결해 제포에 있던 무역항을 부산포로 옮기는 조치로 끝을 내고 말았지요. 이렇게 대응이 미약하자 왜구는 1555년에 달량포(전라남도 영암)에 침입해 부근 섬들과 장흥, 강진 등지까지 침범한 을묘왜변을 일으키게 됩니다. 그런데 이때에도 조선은 일본과의 관계를 끊는 것으로 일관했어요. 이렇듯 조선은 왜구의 침략에 강력하고 적극적인 대책을 세우지 않아 임진왜란이 일어난 것입니다.

무기류 외에 별다른 생산을 하지 않았던 일본은 16세기에 조선의 면직물과 곡물, 중국의 비단과 도자기 등의 물품을 거래하며 많은 경제적 이득을 얻고 있었어요. 특히 수입한 면포를 돛의 재료로 쓰면서 항해술이 비약적으로 발전했지요. 하지만 조선과 중국은 이런 물품들을 내수용으로 쓰기에도 부족했을 뿐 아니라 왜구의 해적 활동이 심했으므로 무역에 규제를 가했습니다.

도요토미 히데요시
(1536~1598년)
일본의 무장이자 정치가다. 일본을 통일하고 중국 대륙을 정복하여 자신의 위세를 떨치고자 했다. 결국 1592년 조선을 침공해 임진왜란을 일으켰다.

1590년 도요토미 히데요시가 전국을 통일하면서 일본에는 큰 정치적 변동이 일어났어요. 장기적인 국내 전쟁으로 인해 백성들의 삶은 더욱 힘들어졌지요. 이런 상황에서 도요토미는 무역 재개를 위해 조선에 사신을 보내 통신사 파견을 요청했어요. 왜구에 대한 불신이 깊었던 조선은 이 요청을 받아들이지 않았지요. 분노한 도요토미는 사신으로 갔던 신하의 가족까지 살해하고, 과거의 국지적 약탈에서 벗어나 전쟁을 일으키기로 결심합니다.

장기적인 국내 전쟁으로 무사 세력이 위협적인 존재로 성장하고 있었기 때문에 도요토미는 이들의 관심을 밖으로 돌릴 필요성을 느꼈습니다. 결국 도요토미의 결심은 왜구의 소굴이었던 대마도를 통해 실현되었어요. 조선의 입장에서는 대마도를 완전히 응징했다면 임진왜란을 겪지 않았을 수도 있었고, 겪었다고 하더라도 그렇게 무참하게 당하지는 않았을 것입니다.

도요토미가 대마도 도주에게 조선을 침공할 뜻을 밝히자, 대마도 도주는 일본의 침략 의지를 조선에 알리고 통신사를 파견해 줄 것을

요청했어요. 하지만 왜구에 대해 적극적인 대책을 내놓지 못했던 조선 정부는 이를 외면했지요. 조선이 왜구의 침략에 경계심을 갖지 않았다는 것은 한때 사림 세력이 사회의 발전에 이바지하다가 기득권을 쥐자 당쟁이나 일삼는 세력으로 전락했다는 것을 의미합니다.

대마도 도주가 1588년 10월과 1589년 6월 두 차례에 걸쳐 통신사를 파견해 줄 것을 요청하며 일본의 뜻을 알리자, 조선은 그제야 뭔가 심상치 않다는 것을 깨달았어요. 그러고는 1590년 일본에 통신사를 파견했는데 보고가 서로 달랐지요. 서인인 황윤길은 일본이 침략할 것이라고 주장했지만 동인인 김성일은 일본이 침략하지 않으므로 대비가 필요 없다고 주장했어요.

「국서누선도」(국립중앙박물관)
통신사 일행이 탄 배가 조선 국왕의 국서를 받들고 오사카의 요도가와(淀川)를 지나는 장면을 그린 작품이다. 일본 막부의 어용 화가가 그린 것으로 추정된다.

　　결국 조정은 김성일의 주장을 따랐어요. 하지만 이때 조선은 육군과 수군을 적극 육성해 경계를 더욱 강화했어야 했습니다. 적의 침략을 자국의 영토 밖에서 막는 것이 최선의 방법이고, 왜구는 바다로 침략해 올 수 밖에 없으므로 특히 남쪽 지역의 육군과 수군을 강화했어야 했지요. 이렇게 대비했다면 바다에서 왜구를 격침시켰을 수도 있고, 그렇지 않더라도 전장을 경상도 일부 지역으로 한정시킬 수 있었을 거예요. 임진왜란이 일어나기 전인 1591년에 이순신 장군이 전라좌수사에 부임해 대비한 것을 감안하면 국가적으로 방비책을 마련했다면 충분히 막을 수 있는 일이었지요. 결국 어떤 대비도 없이 1592년 왜구의 침략을 당해 수많은 백성들이 고통을 겪게 된 것입니다.

"부자의 정보다 군신의 의리가 중합니다"

1592년 4월 13일 아침, 바다에 안개가 짙게 깔려 있어서 거대한 함대가 해협을 건너오는 모습이 보이지 않았습니다. 부산진 첨사 정발은 이날 절영도 앞바다에 나가 해상 훈련을 실시하고 돌아오다가 왜군의 내습을 보고받았어요. 정발은 왜군 함대를 처음으로 발견하고는 급히 성으로 돌아와 최악의 상황에 맞설 대책을 마련했지요.

　얼마 후 왜군은 육지에 정박해 성을 공격하면서 화력을 퍼부었어요. 조선의 군사는 단 한 명도 달아나지 않고 화살이 다 떨어질 때까지 싸우다가 장렬히 죽음을 맞이했지요.

　일본은 조총을 사용해 많은 이득을 얻었습니다. 조선군은 접하지 못했던 무기에 대한 공포가 생겨 큰 두려움에 휩싸였어요. 활과 화살

동래읍성 동장대

동래읍성은 고려 우왕 13년(1387년)에 김해 부사 박위가 왜구의 침략을 막기 위해서 축성한 것이다. 이 성은 임진왜란 때 동래 부사 송상현의 지휘 아래 군관민이 합심하여 왜적과 전투를 벌인 곳이다. 동장대는 동래읍성의 동쪽을 이루고 있는 망월산 꼭대기에 있는 망루다.

로 총을 막기에는 역부족이었던 것이지요. 일본은 조선을 겁쟁이로 생각했고, 역사에도 그렇게 기록되었습니다.

왜군은 지체하지 않고 곧바로 동래로 밀고 들어왔어요. 동래 부사 송상현은 남아 있는 병사들과 백성들을 급하게 모았지요. 다음 날 왜군은 동래성을 완전히 포위하고 성으로 돌진할 준비를 마쳤습니다.

왜적들이 '싸울 테면 싸우고 싸우지 못하겠으면 길을 비켜라(戰則戰矣 不戰則假道)'라고 쓴 팻말을 동래성문 앞에 세우자 송상현은 '죽기는 쉬우나 길을 비키기는 어렵다(戰死易假道難)'는 글을 내걸었어요. 치밀한 성격의 송상현은 왜구가 쳐들어올 것에 대비해 미리 동래성 주변에 나무를 많이 심어 위장을 했고 기왓장마저 왜구를 방어하기 위한 도구로 준비했지요.

패배를 예감한 송상현은 관복을 꺼내 입고 위층으로 올라가 성문 위에 앉았어요. 성안으로 들어온 왜군은 가차 없이 송상현의 옷자락을 잡아 무릎을 꿇게 하려 했지만 오히려 발길질을 당하고는 바닥에 나동그라졌지요. 그러나 물밀듯이 들어오는 적의 기세에 송상현도 최후를 맞이할 수밖에 없었습니다. 송상현은 왜군이 들이닥치기 직전에 손가락을 깨물어 부채에다 다음과 같은 편지를 썼어요.

'외로운 성에는 달무리가 지고 다른 군진에는 기척도 없군요. 군신의 의리는 중하고 부자의 정은 가볍습니다.'

송상현은 믿을 만한 종복에게 편지를 건네며 아버지에게 전해 달라고 부탁했어요. 송상현의 행동에 탄복한 적장은 장례를 도와주고, 무덤 위에 '충신(忠臣)'이라고 직접 적은 목비를 세워 주었다고 합니다. 전설에 따르면 그로부터 2년 동안 송상현이 최후를 맞이한 성문 위에서 밤마다 붉은빛이 반짝였다고 하지요.

부산진순절도 (보물 제391호, 육군사관학교 육군박물관)

조선 후기의 화가 변박이 영조 36년(1760년)에 임진왜란 최초의 전투였던 부산진 전투 장면을 그린 기록화다.

이 전투에 대한 일본 측 사료인 『서정일기』에는 "성안의 군대는 물론 부녀자, 어린아이, 심지어 개와 고양이

까지도 모두 죽였다"라고 기록되어 있어 당시 상황이 얼마나 참혹했는지 짐작할 수 있다.

「동래부순절도」(보물 제392호, 육군사관학교 육군박물관)

임진왜란 때 동래성에서 부사 송상현과 군민들이 왜군의 침략에 항전하는 장면을 묘사한 그림이다. 숙종 35년(1709년) 에 처음 그려진 것을 1760년에 화가 변박이 다시 그렸다.

탄금대에 배수진을 치다

왜군의 작전은 일본 사절단이 조선에서 이용하던 세 길을 따라 육군을 북상시키고, 수군은 조선의 남해와 황해를 돌아 물자를 조달하면서 육군과 합세하는 것이었어요. 고니시 유키나가를 선봉으로 하는 제1군은 부산, 밀양, 대구, 상주, 문경을 거쳐 충주에 이르렀고, 가토 기요마사가 이끈 제2군은 울산과 영천을 거쳐 충주에서 제1군과 합세해 한양으로 진군했습니다. 그리고 구로다 나가마사가 이끄는 제3군은 김해를 지나 추풍령을 넘어 북상했어요.

왜군은 충주에서 탄금대에 배수진을 친 삼도 도순변사 신립의 군대를 물리쳤습니다. 신립은 전략적 요충지인 조령(문경 새재 부근)으로 들어갈 생각이었지만, 이미 그곳에서 전투가 벌어졌고 이일이 패했다는 소식을 듣고는 비교적 안전한 충주로 물러났어요. 이때 신립의 부하였던 김여물이 "산세가 험해서 우리에게 유리한 조령 고개 같은 곳이 아니면 적을 물리칠 수 없습니다."라고 간언했지요. 그러자 신립은 "아니다. 저들은 보병이고 우리는 기병이다. 다시 한 번 평지에서 맞붙으면 철퇴를 휘두르며 위력적인 공격을 할 수 있을 것이다."라고 답했어요. 왜군에게 조총이 없었다면 신립의 작전이 맞아떨어졌을지도 모릅니다. 하지만 신립은 조총의 위력을 간파하지 못했어요.

신립은 부하 장수가 왜군이 벌써 조령을 넘었다고 보고하자 그날 밤 몰래 진영을 빠져나와 그 보고가 사실인지 알아보려고 길을 떠났습니다. 사실을 확인하고 돌아온 신립은 보고한 부하 장수의 목을 베었어요. 왜군의 동향을 미리 파악하지 못하고 행동보다 앞선 말로 군중을 현혹시켰다는 이유에서였지요. 이처럼 신립은 책임감과 과감한 결단력을 지닌 장군이었어요.

전투에서 패해 도망 다니던 이일이 신립의 부대에 합류하고 며칠
이 지난 뒤 왜군이 접근해 왔습니다. 신립은 병사들이 철퇴를 휘두르
기에 적합한 장소를 찾다가 사방이 높은 산으로 둘러싸인 너른 평지
를 발견했어요. 이곳이 바로 탄금대였는데, 반대편에는 활시위 모양
으로 강이 흐르고 있었지요. 신립은 이곳이 죽음의 함정이 될 것이라
는 사실을 예견하지 못한 채 전체 병력을 정렬시키고 왜군이 들어오
기만을 기다렸지요. 왜군은 신립의 부대만 뚫으면 곧장 한양으로 쳐
들어갈 수 있는 상황이었습니다.

왜군은 언덕을 기어올라 맹렬한 기세로 공격했어요. 왜군의 창과
칼이 불꽃처럼 번쩍이는 사이에 조총 부대의 함성이 크게 울려 퍼졌

문경새재 과거 길

문경 새재 주흘관(사적 제147호)
문경 새재는 조선 태종 14년(1414년)에 개통된 관도다. 영남과 기호 지방을
연결하는 영남대로 가운데 가장 유명한 조선 시대의 옛길이다. 임진왜란 이
후에는 이곳에 제1관문 주흘관, 제2관문 조곡관, 제3관문 조령관의 세 관문
을 설치해 국방의 요새로 삼았다.

지요. 그 소리에 조선군은 크게 놀라 우왕좌왕하면서 두 갈래의 샛길로 달아나려 했지만 이미 왜군이 가로막고 있었어요. 강과 적을 앞에 두고 진퇴양난에 빠진 셈이었지요.

조선의 병사들은 모두 강 쪽으로 밀려나거나 무자비한 왜군의 칼에 하나씩 쓰러졌습니다. 신립은 최후의 결전을 독려하며 용감히 맞서 싸웠어요. 그러다가 강가로 몰리자 마지막 순간까지 적병의 목을 베고 물속으로 뛰어들어 자결했습니다. 조선군은 극히 일부만 살아서 강을 건넜는데, 그중에는 이일 장군도 있었어요.

한양을 내줘 시간을 벌다

신립이 전사했다는 소식은 한양의 민심을 극도로 동요시켰습니다. 선조는 마침내 한양을 떠나 개성과 평양 방면으로 피란길에 올랐어요. 아들인 임해군과 순화군에게는 함경도와 강원도로 가서 근왕병(勤王兵)을 모집하게 했고, 명에 사신을 보내 구원을 청하게 했지요. 조정에서는 도원수 김명원에게 도성의 수비를 맡겼으나, 1592년 5월 3일에 함락되고 말았어요. 전쟁이 시작된 지 20일 만에 한양이 함락된 것이지요.

선진적인 무기와 장비를 갖춘 왜군은 조선을 압도적으로 눌렀습니다. 그러나 한양을 점령한 이후 왜군의 맹렬한 기세도 한풀 꺾이기 시작했어요. 한양이 점령당한 일은 통탄할 만했지만 한편으로는 한양을 빼앗긴 덕에 왕이 국경을 넘지 않아도 되었고 명의 북경도 안전했던 것입니다.

왜군은 평양에서도 후퇴하는 관군을 뒤쫓지 않고 평양을 함락한 뒤 눌러앉았어요. 당시 평안도 병마절도사 김응서의 애첩이었던 기생 계월향은 임진왜란 때 왜장 고니시 유키나가의 부장에게 몸을 더럽히게 되자, 적장을 속여 김응서로 하여금 적장의 머리를 베게 한 뒤 자결했습니다.

일본의 유일한 목적은 전력을 다해 밀고 올라가 명을 치는 것이었습니다. 관군은 왜군이 평양에 머무르는 틈을 이용해 병력을 모았고, 왜군의 전력은 날이 갈수록 쇠퇴했어요. 인구가 조밀한 적국에서 보급로가 끊겨 약탈에 의지해 군량을 확보해야 했기 때문이지요. 조선은 전투 중에 병력을 잃어도 다시 보충할 수 있었지만 일본은 병력을 잃으면 회복할 길이 없었어요.

조선은 왜군이 군수품과 지원병을 신속히 지원받지 못하도록 보급로를 차단해 왜군을 내쫓을 수 있었습니다. 일등 공신은 바로 이순신이었지요.

이순신 영정(현충사)
충청남도 아산시에 있는 현충사에 봉안된 충무공 이순신의 영정이다. 1953년 월전 장우성 화백이 그렸으며, 1973년 이충무공영정심의위원회에서 표준 영정으로 지정되었다.

이순신, 첫 승전고를 울리다

당시 일본에서는 성이 함락되면 성주는 할복하고 주민들은 항복하는 것이 전쟁의 기본 방식이었습니다. 하지만 조선은 일본과는 반대로 왕이 신하들의 호위를 받으며 피란 길에 오르고 각지에서는 백성들이 저항했지요. 몽골의 침입 때도 고려의 현종과 고종, 공민왕은 이런 방식으로 위기를 극복했어요.

왜군은 백성들이 저항한다는 사실에 충격을 받았습니다. 일본에서 백성이란 단순히 영지에 속해 거주 이전의 자유도 없는 농노이거나 전리품의 성격이 강했기 때문이지요. 왜군은 이런 차이를 몰랐기 때문에 조선에서의 보급에 차

거북선 모형(전쟁기념관)
조선 시대의 전투함이었던
거북선은 이순신 장군이 임진왜란
직전에 건조했다. 사천 해전에
처음으로 출전한 이래 일본
수군에게는 공포의 대상이
되었다. 1597년 7월 원균이
지휘한 칠천량 해전에서 모두
침몰되었다.

질을 빚게 되었어요. 게다가 곳곳에서 조직적인 의병이 일어나 대항하고, 해상에서는 이순신이 눈부신 활약을 펼치자 조선 정복의 헛된 꿈을 버린 것입니다.

전쟁이 시작되고 3개월 정도는 왜군이 전세를 장악했지만, 5월에 들어서면서부터는 조선이 전쟁의 주도권을 쥐게 되었어요. 이순신 장군

은 싸움의 승패를 결정짓기라도 하듯 5월 7일 첫 전투인 옥포 해전에서 승리했습니다.

이어 5월 말 사천 해전에서는 거북선으로 전투를 승리로 이끌고, 1592년 7월 8일 한산도 대첩에서 대승을 거두었어요.

이전에는 경상 우수사와 좌수사가 일본에 격파되면서 왜군이 해상의 제해권을 가지고 있었는데, 한산도 대첩의 승리로 조선 수군이 제해권을 장악하게 되었습니다. 그래서 왜군은 수륙 병진 정책을 추진할 수도 없고, 더 이상 북쪽으로 올라갈 수도 없는 상황에 처하게 되었지요.

이순신 장군의 유물과 유적

문무를 겸비한 이순신은 왜적과 싸우는 와중에도 친필로 일기를 썼다. 이순신에게 『난중일기』는 전황을 점검하는 작전 수첩이나 다를 바 없었다. 바로 이 점이 이순신을 불멸의 성웅으로 만든 요인이었을 것이다.

『난중일기』(국보 제76호, 현충사)
1592년부터 1598년까지 일어났던 임진왜란 동안의 일을 기록한 책이다. 후손들이 보존해 390여 년간 간직해 온 이 책은 연도별로 총 7권으로 구성되어 있다. 수군 통제에 관한 군사 비책과 전황을 보고한 장계의 초안 등이 상세히 수록되어 있어 당시 군사 제도를 연구하는 데 중요한 사료로 평가받는다.

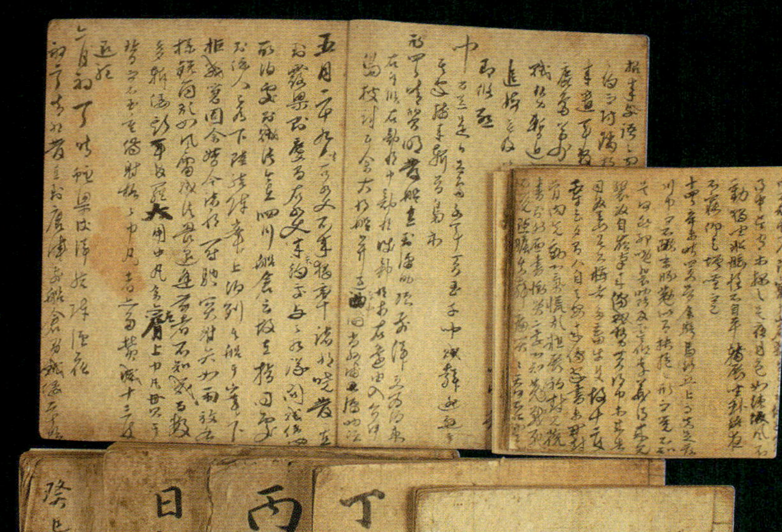

무과 급제 교지(현충사)
이순신 장군이 임진왜란이 일어나기 16년 전인 1576년(선조 9년) 2월 식년 무과에 합격했음을 증명하는 공식 문서다. 당시 합격자 중 최고령은 45세이고 평균 합격 연령이 34세였는데, 32세에 합격한 이순신은 젊은 편에 속했다. 성적은 '병과 4등'으로 전체 합격자 29명 중 12등에 해당했다. 이순신은 재수에 중간 정도의 성적으로 무과에 합격했지만, 임진왜란의 전공으로 청사에 길이 남게 됐다.

이순신 장군 초상(동아대학교 박물관)
오른쪽 위쪽에 해서체로 '忠武公李舜臣像(충무공이순신상)'이라는 화제가 적혀 있다. 현재까지 남아 있는 이순신 관련 초상으로는
가장 오래된 작품이다. 이순신 장군 영정과는 달리 이 초상이 실제 이순신 장군의 모습에 가까운 것으로 보인다. 조선 시대 무인의
기상을 잘 드러내고 있는 수준 높은 작품이다.

한산도 앞바다

한산도 대첩은 1592년(선조 25년) 7월 8일 조선 수군이 견내량(지금의 거제대교 아래쪽에 있는 좁은 해협)
에 정박해 있던 일본 함선 70여 척을 한산도 앞바다로 유인해 궤멸시킨 해전이다. 이 해전으로 제해
권을 잃은 일본 수군은 서해 진출을 포기했고, 평양까지 진출한 일본군은 보급로를 잃어 후퇴할 수
밖에 없었다. 학익진 전술을 구사했던 한산도 대첩은 세계 4대 해전(살라미스 해전, 칼레 해전, 한산도
대첩, 트라팔가르 해전) 가운데 가장 뛰어난 승리로 평가받고 있다.

일본군이 정박해 있던 견내량

한산도 대첩 디오라마(전쟁기념관)

제승당(사적 제113호)과 수루

경상남도 통영시 한산도 북쪽에 있는 제승당은 이순신 장군이 삼도 수군을 지휘하던 곳이다. 제승당 오른쪽에는 한산만을 내려다보는 수루가 있는데 이곳에 이순신 장군의 시를 새긴 현판이 걸려 있다.

적군의 동정을 살피기 위한 수루

여수 진남관(국보 제304호)
1598년(선조 31년) 전라 좌수영 객사용으로 지어진 건물이다. 임진왜란과
정유재란을 승리로 이끈 수군의 중심 기지였다. 1716년에 소실됐다가
1718년(숙종 44년)에 다시 건립되었다. 역사적 의의와 함께 학술적 · 예술적
가치가 뛰어나다.

통영 세병관(국보 제305호)
충무공 이순신의 전공을 기념하기 위해 1604년(선조 37년)에
세워진 건물이다. 목조 단층 건물인 세병관은 경복궁 경회루
(국보 제224호), 여수 진남관(국보 제304호)과 함께 우리나라에서
가장 규모가 큰 건물에 속한다. 통영시청 사진 제공

이순신의 일생을 그린 십경도(현충사)

소년 시절

이순신은 1545년 조선 한성부 건천동(지금의 인현동)에서 이정과 초계 변씨의 셋째 아들로 태어났다. 어린 시절의 대부분을 건천동에서 지냈고, 청소년기는 외가인 아산에서 보냈다. 이순신은 어렸을 때 전쟁놀이를 하면서 호연지기를 키웠다.

무과 시험 낙방

20대에 무예를 배우기 시작하여 28살 때에 무과에 응시했다. 시험을 보던 중 타고 있던 말이 넘어지는 사고로 인해 다리가 부러졌다.
버드나무 가지로 부목을 대고 다시 말에 올라 시험을 치렀지만 결국 낙방했다.

충효의 본보기

이순신은 어머니에 대한 효심과 나라에 대한 충심이 지극했던 것으로 유명하다. 특히 『난중일기』에는 전쟁 중에도 팔순의 병든 어머니에 대한 걱정을 끊임없이 드러내고 있다.

녹둔도 싸움
과거 시험 무과에 합격한 후 첫 발령을 받아 부임한 두만강 하구의 녹둔도에서 여진족을 무찔렀다. 당시 이순신은 수비를 강화하기 위해 절도사 이일에게 추가 병력을 요청했지만 거절당했다. 결국 녹둔도 병영이 와해되었는데, 그 죄를 이일이 이순신에게 뒤집어씌우기도 했다.

거북선 주조

이순신은 1591년 47세의 나이로 전라좌도 수군절도사에 임명되었다. 정6품인 정읍 현감에서 정3품 당상관인 전라좌도 수군절도사에 파격적으로 기용되어, 부제학 김성일 등 조정 대신들이 반대하는 사태가 벌어지기도 했다. 이순신은 부임하자마자 일본의 침략에 대비해 군대와 군량미를 확보하고 거북선을 건조하는 등 군대를 강화했다.

한산도 생활

한산도 대첩은 1592년 7월 8일 한산도 앞바다에서 이순신 휘하의 조선 수군이 왜군을 크게 무찌른 해전이다. 이순신은 이 전투에서 포위 섬멸 전술 형태인 학익진을 펼쳐 일본의 함선 47척을 격침하고 12척을 나포했다. 한산도에 있을 때 '한산섬 밝은 달에 수루에 홀로 앉아'로 시작하는 유명한 시를 짓기도 했다.

부산포 해전

1592년 이순신이 부산 앞바다에서 왜선을 격파한 해전이다. 이순신은 부산 앞바다에서 일본군의 진지에 있는 400여 척의 배 가운데 100여 척을 쳐부수었다. 옥포 해전, 사천 해천, 한산도 대첩, 부산포 해전 등 연이은 네 차례의 대첩으로 인해 일본군은 전라도 진입을 포기할 수밖에 없었다.

억울한 누명

초기의 승전보 이후 별다른 진척이 없자 조정은 이순신에게 왜군을 적극적으로 공격하라고 강요했다. 그러나 이순신은 일본군의 유인 작전에 걸려들 위험이 있다는 이유로 견내량 전선을 지켰다. 일본은 강화 회담이 결렬되자 1597년 다시 조선을 침략했다. 이때 이순신은 통제사직에서 해임되어 원균에게 직책을 인계하고 한성으로 압송되었으나 우의정 정탁의 상소로 사형은 모면했다.

명량 대첩

일본군 수백 척의 이동 정보를 접한 이순신은 명량 해협에서 대적하기 위해 12척의 전선을 이끌고 출전했다. 이순신은 밀물과 썰물 때에 급류로 변하는 명량 해협의 지형을 이용해 133척의 일본 함대를 맞아 31척을 격침하고 92척을 파손하는 등 왜군을 크게 격퇴시켰다.

노량 해전

다시 제해권을 확보한 이순신은 명 제독 진린과 함께 1598년 11월 19일 노량 해협에 모여 있는 일본군을 공격했다. 뱃머리에 나가 싸움을 독려하던 이순신은 왼쪽 가슴에 총탄을 맞고 쓰러졌다. 당시 갑옷을 입지 않았던 이순신이 자살을 선택했다는 설과 죽음을 가장해 은둔했다는 설이 제기되기도 했다.

홍의 장군 곽재우가 은둔한 까닭은?

조선은 해상에서 큰 승리를 거둔 후 육지에서도 점차 초기의 전세 부족을 만회하고 반격에 나섰습니다. 여기에는 곽재우, 김덕령, 고경명, 정인홍, 조헌, 정문부 등 수많은 의병의 활동이 큰 역할을 했어요. 이들은 지리 조건에 맞는 무기와 전술을 이용하는 유격 전술로 큰 전과를 올렸지요. 또 전쟁이 장기화되면서 의병이 관군으로 편성되어 관군의 능력이 향상되었습니다.

이이의 제자였던 조헌은 금산에서 700여 명의 의병을 이끌고 왜군과 싸우다가 전사했어요. 김천일은 진주성에서 왜군과 맞섰는데, 화살이 떨어지고 창이 부러지자 대나무 창으로 싸웠지요. 결국 진주성이 함락되자 김천일은 아들과 함께 강물에 뛰어들어 스스로 목숨을 끊었습니다. 서산 대사, 사명당, 영규 같은 스님들도 승병을 일으켜 위기에 빠진 나라를 구하기 위해 전쟁터로 뛰어들었지요.

전라도에서는 고경명과 김천일, 경상도에서는 곽재우와 정인홍이 의병을 일으킬 방법을 강구했어요. 이들은 모두 관군 출신이어서 전쟁에 관한 지식을 어느 정도 갖추고 있었지요. 의병장이 된 곽재우는 전 재산을 팔아 마련한 자금으로 5,000명에 이르는 의병을 무장시켰어요. 그리고 수시로 근거지를 바꾸며 신출귀몰하는 독특한 전략으로 왜군의 주력 부대를 무너뜨렸지요.

곽재우는 붉은 옷을 입어 홍의 장군(紅衣將軍)이라고 불렸습니다. 왜군은 곽재우가 가까이 있다는 소식을 듣거나 붉은 도포 자락이 나부끼는 모습이 보이면 줄행랑을 칠 정도였어요.

곽재우는 사방으로 수색대를 보내 왜군의 동태를 살폈습니다. 그러다가 왜군이 진을 칠 때가 되면 의병 한 사람마다 횃불 다섯 개를 단

조헌(1544~1592년)
임진왜란이 일어나자 충청도 옥천에서 의병을 일으켜 영규 대사의 승병과 합세해 청주성을 탈환했다. 이어서 전라도로 향하는 왜군을 막기 위해 700여 명의 군사를 이끌고 금산 전투에서 싸우다가 의병들과 함께 전사했다.

구조물을 들고 이동하게 하여 수많은 조선군에게 둘러싸인 것처럼 착각하게 만들었어요. 의병대가 선보인 가장 뛰어난 전술은 산마루에 매복했다가 소규모의 왜군을 소탕하는 것이었습니다. 이렇듯 여러 함정을 설치해 놓고 왜군을 끌어들여 공격한 결과 의령과 합천 등지에서 왜군을 몰아낼 수 있었어요.

하지만 곽재우라는 유능한 의병장도 오랫동안 능력을 발휘하지는 못했습니다. 앞서 일본군이 동래성을 함락하고 북쪽으로 진군할 당시 경상도 관찰사 김수가 일본군에 맞서지도 않고 서쪽으로 달아난 일이 있었어요. 곽재우는 김수가 비겁하게 달아났다는 소식을 듣고 분통을 터트렸어요. 김수를 왜적보다 더 고약한 비겁자로 생각한 것이지요. 곽재우는 김수에게 처형당해 마땅한 일곱 가지 이유를 적은 편지를 보냈습니다.

그러자 김수는 '너는 누구냐? 너야말로 도적이 아니더냐?'라고 답장을 보냈고, 왕에게도 편지를 써서 곽재우를 불경죄로 몰아붙였지요. 불경죄로 몰려 곤경에 처한 곽재우도 왕에게 편지를 보냈어요. '김수 장군은 본연의 임무를 내팽개치고 달아났습니다. 소신이 그 일로 김수 장군을 비난하자 소신을 도적이라고 몰아붙였습니다. 소신이 만약 도적질을 해 왔다면 이참에 창을 버리고 물러나겠습니다.'

곽재우는 의병대를 해산하고 낙향하여 은둔 생활을 시작했습니다. 그는 병마절도사 · 삼도 수군통제사 · 한성부 좌윤 등 여러 차례에 걸

서산 대사 휴정(1520~1604년, 국립진주박물관)
조선 중기의 고승이자 승장(僧將)인 휴정은 임진왜란 때 사명당 유정과 함께 승병을 일으켜서 크게 전공을 세웠다. 서산 대사는 호이고, 휴정은 법명이다. 유정을 비롯해 제자가 1,000여 명에 달했다.

처 관직을 제안받았으나 거부하고 낙향을 거듭했어요. 당쟁으로 나라가 날로 어지러워지고, 통제사 이순신이 죄 없이 잡혀 올라오고, 또 절친한 사이인 광주 의병장 김덕령이 반란죄로 몰려 죽자 곽재우는 더 이상 관직 생활에 미련을 두지 않았지요.

전쟁 중에 피난 가기에 급급했던 선조와 겁쟁이 문신들은 자신들의 권위가 손상될까 봐 전쟁 영웅들을 견제했는지도 모릅니다. 논공행상만 제대로 이루어졌어도 관군과 의병은 일사불란하게 왜군을 제압했을 거예요. 어쨌든 전국 각지에서 자발적으로 일어난 의병은 불의의 기습전을 펼쳐 왜군의 활동을 위축시켰습니다. 관군도 점차 전열을 정비해 반격에 나섰지요. 결국 1592년 8월에 평양성 밖에 있는 왜군을 몰아낼 수 있었어요.

왜군은 점점 군사들 간의 연계를 이루지 못하게 되자 8월 말경 황해도 연안성을 공격해 한양과 그 위쪽의 연계를 이루면서 전세를 만회해 보려고 했어요. 하지만 이미 전세가 역전되고 있는 상황에서 연안성의 공격은 실패로 끝납니다. 이순신은 일본과 왜군의 연락을 차단하며 반격을 시도하기 위해 1592년 9월 1일 왜군의 거점인 부산포를 공격해 승리를 이끌어 내지요.

(위로부터) 곽재우의 보검, 정문부의 칼, 이순신 참도와 장검(현충사)
이순신 참도는 이순신의 전공을 기려 명의 제14대 황제인 신종이 내린 것이다. 장검은 길이가 197.5cm인데, 이순신의 친필이 새겨져 있다.

「평양성 탈환도」(국립중앙박물관)
평양성 전투는 임진왜란 당시 1592년에서~1593년에 걸쳐 평양을 둘러싸고 조선과 일본이 네 차례에 걸쳐 벌인 전투다. 3차 전투에서는 조선군이 패했으나 4차 전투에서는 명의 도움을 받아 평양성을 탈환했다. 이 그림은 조선과 명의 연합군이 평양성을 탈환하기 위해 싸우는 장면을 담고 있다.

진주성에서 피리를 연주하다

왜군은 남부 거점을 확보하기 위해 1592년 10월 5일 진주성을 삼면으로 포위했습니다. 진주 목사 김시민이 나서서 싸움을 승리로 이끌었지만, 이마에 적탄을 맞고 전사했어요. 이 싸움이 바로 진주 대첩입니다.

왜군이 진주성을 포위했을 때 고작 3,800여 명이 성안을 지키고 있었어요. 성안에서는 왜군이 성벽 가까이로 다가올 때까지 단 한 발도 쏘지 말라는 엄명이 떨어졌지요. 2만여 명의 왜군이 세 개의 부대로 나뉘어 진주성으로 접근했는데, 그중 1,000명은 조총을 들고 있었어요. 조총 소리가 요란하게 울려 퍼졌지만 진주성은 버려진 성처럼 조

용하기만 했지요.

　다음 날 왜군은 다시 맹렬하게 공격했습니다. 이번에는 조총을 버리고 불화살을 마구 쏘아 대 얼마 지나지 않아 성 외곽의 집들이 잿더미로 변했어요. 그때 김시민은 남문 위에 올라앉아 피리 연주를 듣고 있었습니다. 조선군의 병력이 많아서 걱정거리가 없는 것처럼 태연하게 보이기 위해서였지요. 그러자 왜군은 바짝 긴장하고 공세를 펼 때도 신중하게 행동했어요. 왜군은 대나무와 소나무를 잘라서 성벽 높이에 달하는 사다리를 만들었습니다. 또 날아오는 돌멩이를 막기 위해 짚단을 머리에 이고 움직였지요.

진주 대첩 기록화(전쟁기념관)

1592년 10월 제1차 진주성 전투에서 진주 목사 김시민이 불과 3,800명의 군사로 2만 명이 넘는 왜군을 물리쳤다. 이를 진주 대첩이라고 부르는데, 권율의 행주 대첩, 이순신의 한산도 대첩과 함께 임진왜란 3대 대첩 가운데 하나로 꼽힌다. 다음 해 6월 10만여 명의 왜적이 다시 공격했는데, 치열한 전투 끝에 진주성이 함락되고 7만 명이 목숨을 잃었다.

성안의 관군도 신중한 것은 마찬가지였어요. 짚단 속에 작은 화약 주머니를 묶어서 공격하는 왜군에게 던졌지요. 돌멩이를 쌓아 두고 뜨거운 물동이나 못을 잔뜩 박은 널빤지도 준비했어요. 또 노약자와 부녀자까지 남장을 하게 해 군사의 위용을 보이게 했지요.

왜군은 맹렬한 기세로 공격해 들어왔지만 관군이 던진 널빤지의 못에 찔리고 화약 주머니가 달린 짚단에 맞아 화상을 입었어요. 결국에는 산더미처럼 쌓인 시체를 뒤로 한 채 후퇴하고 맙니다.

행주산성, 첨단 무기의 실습장이 되다

전세가 역전되는 가운데 1593년 1월 8일 평양을 회복하기 위한 싸움이 시작되었어요. 이 전투에는 명의 지원군인 이여송의 군대도 참여했지요. 하지만 평양을 회복하고 난 뒤 도주하는 적을 추격해 남진하던 명의 군대는 그해 1월 말 벽제관 전투에서 패한 후부터 전투에 소극적으로 참여하기 시작했어요.

명이 전쟁에 참여했던 이유는 왜군이 조선을 치고 명의 땅에 들어와 전쟁을 하는 것보다 조선에서 전쟁을 벌이는 것이 더 낫다고 판단

벽제관

경기도 고양시 벽제에 있던 조선 시대의 역관이다. 임진왜란 때 이여송이 이끄는 명의 원군과 왜군이 격전을 벌인 곳인데 현재는 그 터만 남아 있다. 명 군대는 평양에서 승전하자 왜군을 얕잡아 보고 서둘러 진격하다가 벽제관에서 왜군의 맹공격을 받고 패전했다.

했기 때문입니다. 그래서 자신들에게 위협이 되지 않는 한 적극적으로 싸울 필요가 없었고, 왜군을 응징하는 일보다 빨리 화평을 맺는 것이 더욱 중요했던 것이지요.

명의 군대는 사실상 왜군의 세력이 약화되어 붕괴의 조짐이 나타나자 지원에 나섰어요. 하지만 조선은 명의 지원이 없어도 굶주림에 시달리던 왜군을 충분히 격퇴할 수 있는 상황이었지요. 그러나 명군이 진군해 오면서 많은 것이 명의 손에 들어가게 되었고, 명은 이 과정에서 발생하는 모든 이익을 독점했어요. 조선은 안타깝게도 명의 의도대로 끌려가고 있다는 사실조차 깨닫지 못했지요. 심지어 일부 집권층은 명에 의지하면서 안주하는 길을 택하기도 했답니다.

평양에서 쫓겨난 왜군은 한양을 향해 남하할 수밖에 없었습니다. 이때 왜군을 위에서 추격하고 아래에서 공격하면 대파할 수 있었지만 명군은 적극적으로 추격하지 않았어요.

게다가 명군은 조선의 군사 활동까지 제한했습니다. 지원군을 보낸 나라와 합동 작전을 벌일 경우에는 지원군의 지휘와 명령을 받아야 했기 때문이에요. 그래서 결국 한양으로 몰려드는 왜군을 무찌르기 위해 전라도 순찰사 권율이 북쪽의 행주산성에서 홀로 진을 치는 일이 벌어졌지요.

행주 대첩 기록화(전쟁기념관)

행주산성 토성

갑옷과 무기

두석린(豆錫鱗) 갑옷(전쟁기념관)
조선 시대의 대표적인 의장용 갑옷이다.
포형 갑옷 위에 '두석'이라고 불리는
놋쇠로 된 미늘이 빽빽하게 붙어 있다.

왜장 갑옷

조총(전쟁기념관)

일본군이 임진왜란 당시에 사용한 화승총이다. 1560년대에 일본은 교차 사격 전술을 도입하
면서 조총의 연사력에 대한 문제점을 보완했다. 16세기 당시 일본의 총포 기술은 유럽보다
앞서 있었다고 전해진다.

지자총통(보물 제863호, 동아대학교 박물관)

1557년(명종 12년) 4월에 제작된 지자총통은 임진왜란 당시 거북선 등
전선의 주포(主砲)로 사용되었다. 1969년 10월 9일 경상남도 창원에서
발견되었는데, 손잡이 두 개가 원형 그대로 보존되어 있다.

비격진천뢰(보물 제860호, 국립고궁박물관)

화포장이었던 이장손이 발명해 임진왜란 때
사용했던 폭탄이다. 적진에 떨어지면 큰 소리를
내며 폭발하는데, 이때 작은 철 조각이 쏟아져
나오도록 설계되어 있다. 유성룡의 『징비록』에는
'임진왜란 때 비격진천뢰를 이용해 경주성을
탈환했다'는 기록이 나온다.

진주성에 전시된 천자총통

왜군은 행주산성을 빼앗기 위해 1593년 2월 12일 대대적으로 공격했어요. 이에 권율 장군의 지휘 아래 행주산성의 군민들은 힘을 합쳐 성을 지켜 냈어요. 이 싸움이 바로 행주 대첩입니다.

권율은 3,000명의 군사를 이끌고 행주산성으로 들어가 큰 통나무로 진지를 둘러쌌어요. 한양에 머물던 왜군은 이런 행동을 비웃으며 공격을 시작했지요. 왜군은 통나무로 두른 진지에 불을 붙이는 데 성공했지만 곧 조선군이 불길을 잡았어요.

치열한 전투가 계속되던 중 조선군은 화살이 동이 나는 위기에 처하게 되었습니다. 이때 경기 수사 이빈이 2만 개의 화살을 배에 싣고 한강을 건너왔어요. 곧바로 왜군의 후방을 치기 위해 강둑에 진지를 구축하면서 조선군은 위기에서 벗어났고, 왜군은 조금씩 후퇴하기 시작했습니다.

부녀자들은 긴 치마를 잘라서 짧게 만들어 입고 돌을 날라 투석전

을 벌이는 군사들을 도왔어요. 화차를 제작한 변이중은 자신이 직접 만든 화차 40량을 권율에게 보내 승리를 거두는 데 결정적인 기여를 했지요. 이렇듯 행주 대첩은 부녀자들까지 힘을 합해 승리를 거둔 전투이자 첨단 무기의 실습장이기도 했어요. 민간인을 포함한 3,000명의 군사가 3만 명의 왜군을 무찌른 이 싸움은 진주 대첩, 한산도 대첩과 함께 임진왜란의 3대 대첩 중 하나입니다.

권율은 군량미 조달을 시도하는 왜군을 격파하기 위해 많은 소규모 부대를 사방으로 파견했어요. 그래서 한양에 남아 있던 왜군에게 보급되려던 모든 군수 물자가 차단되었지요. 상황이 이렇게 되자 왜군에게 한양은 더 이상 머무를 만한 곳이 아니었습니다. 제해권까지 빼앗겨 돌아갈 길이 막막해지자 왜군은 서둘러 퇴각했어요. 이때에도 명군은 적극적인 추격전을 벌이지 않고 방관하기만 했지요.

결국 왜군은 울산 서생포에서 거제도에 이르는 좁은 지역으로 몰리게 되었어요. 그들은 살아날 방도를 마련하기 위해 화평을 제의했지요. 그러나 일본은 부족한 식량을 확보하고, 담판에서 유리한 조건을 따내기 위해 1593년 6월 12만 3,000명의 대병력을 몰고 진주성을 공격합니다.

이때 진주성에는 수천 명의 병사밖에 없었어요. 하지만 화평 회담을 내세운 명군의 압력에 의해 조선은 군사적 지원도 거의 할 수 없었지요. 진주성의 백성들은 죽기를 각오하고 싸웠으나 엄청난 수에 밀려 결국 진주성은 함락되고 말았어요. 하지만 조선의 수군 진영에서는 1593년 삼도 수군통제사에 오른 이순신이 통제영을 한산도로 옮기고, 전라도와 경상도, 충청도의 수군을 총동원해 왜군을 제압해 나갔지요.

강화 회담에서 조선이 제외되다

1593년 8월 이후에는 휴전에 들어갔어요. 강화 회담에 참여한 사람은 명의 심유경과 일본의 고니시 유키나가였지요. 전쟁의 당사자인 조선은 강화 회담에서 제외된 것입니다.

명이 참전한 지 3개월이 지났을 때, 북부 지방에 머물던 조선 왕실은 그때까지의 전과에 고무되었고, 선조는 한양으로 복귀할 생각을 하기 시작했어요. 이때 왜군은 유성룡에게 편지를 보내 강화 조약을 맺자고 제의하지요. 유성룡은 의무상 이 사실을 평양에 있던 명의 장군 이여송에게 전달해야 했습니다. 이여송은 앞서 심유경을 내려 보내 강화 협상을 수행하게 했어요.

심유경은 한양 인근에 도착해 일본의 두 장수인 고니시와 가토를 용산의 한 가옥으로 불러 회담을 열었습니다. 심유경은 회담을 시작하기에 앞서 그들을 순순히 굴복시키기 위해 과장된 내용을 섞어 가

충효당(보물 제414호) 선조 때의 문신 유성룡의 종택이다. 솟을대문을 들어서면 'ㅡ' 자형으로 왼쪽부터 사랑방, 대청, 마루방이 이어진다.

며 다음과 같이 말했어요.

"이여송 장군은 현재 30만 명의 군사를 이끌고 이리로 내려오고 있다. 유일한 탈출로를 알려 줄 테니 그대들은 조선의 두 왕자를 놓아주어야 한다. 그리고 당장 한양을 떠나 경상도 쪽 해안으로 가야 한다. 그래야 강화 조약을 체결할 수 있고, 우리 황제께서 일본의 왕을 속국의 왕으로 인정할 것이다."

전쟁에서 패한 일본 장수들은 4월 19일 한양을 빠져나온 37명의 장수 이름으로 이 명령에 따르기로 약속했어요. 추가로 왜군은 철수할 때 관아의 곡물 창고에 보관 중이던 2만 가마의 곡식을 건드리지 않기로 약속하고, 조선의 두 왕자는 왜군이 데리고 있다가 부산에 도착할 때 조선에 넘기기로 했지요.

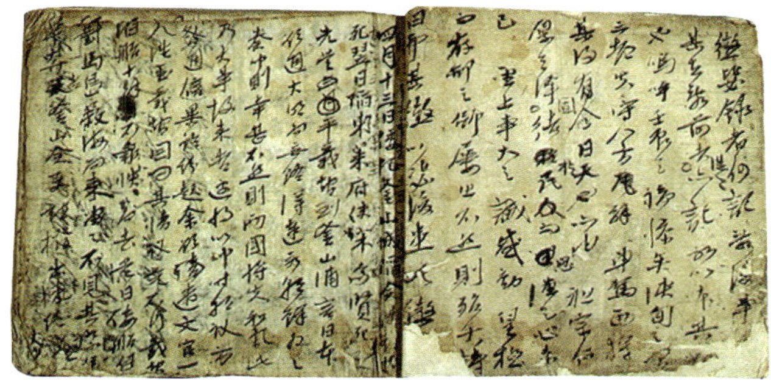

「징비록」(국보 제132호)
유성룡이 선조 25년(1592년)부터 31년(1598년)까지 7년에 걸쳐 일어났던 임진왜란의 원인과 전황을 기록한 책이다. '징비'는 「시경」의 '미리 징계해 후환을 경계한다'는 구절에서 따온 것이다.

명군, 뇌물을 받고 추격을 멈추다

왜군은 약속한 날짜가 되자 한양에서 철수하기 시작했습니다. 이여송은 왜군이 철수한 다음 날 한양에 입성했는데, 그가 목격한 한양의 모습은 말로 표현할 수 없을 정도로 엉망이었어요. 종묘와 세 개의 궁궐은 이미 불에 타 버리고 침략군이 본부로 사용했던 경복궁의 남쪽 궁장(宮牆, 궁궐을 둘러싼 성벽)만 온전했지요. 사방의 모든 땅이 불모지로 변했고, 백성들은 참혹한 기근에 시달리고 있었어요.

조정에서는 1,000가마의 쌀을 풀어 솔잎을 넣고 죽을 만들어 수천 명의 굶주린 백성들 가운데 일부에게만 먹였지요.

굶주린 사내들은 서로 싸우다 상대방을 죽이고는 시체에서 골수를 빼먹으며 목숨을 겨우 이어갔습니다. 심지어 술에 취한 명의 병사가 길에서 토하자, 굶주림 때문에 거의 죽어 가던 사내들이 기어와 토사물을 서로 차지하려고 아귀다툼을 벌였다는 말도 떠돌았어요. 이런 사태로 인해 발진 티푸스의 일종인 전염병이 퍼지게 되었고, 이 병으로 죽은 사람이 길거리에 가득했습니다. 한양과 외곽의 시체를 모두 거두어 수구문(水口門, 광희문)바깥에 쌓았는데, 시체 더미의 높이가 담장 위로 3m 이상 올라갔다고 해요. 이런 참상은 유성룡의 『징비록』에 기록되어 있습니다.

이여송이 왜군을 추격하지 않자 유성룡은 왜군이 도주하고 있으므로 서둘러 그들을 뒤쫓아 격파하는 게 좋겠다고 건의했어요. 이여송은 마지못해 이 건의를 받아들이고는 동생인 이여백에게 1만 명의 병사를 주어 그 임무를 맡겼지요. 그러나 이여백은 다리가 아프다며 이틀 만에 되돌아오고 말았어요. 그러자 권율이 즉시 왜군을 추격해야 한다고 재촉했습니다. 하지만 이여송은 이유는 설명하지 않은 채 추격 작전을 중지시켰어요. 조선 사람들 사이에서는 이여송이 추격 작전이 불가능하도록 몰래 병사들을 보내 한강에 있던 배들을 모조리 파괴했다는 말까지 떠돌았습니다.

한편 평양에 머물던 명의 장수 송응창이 왜군에 대한 추격 명령을 내리는 편지를 보내왔습니다. 하지만 조선 사람들은 이것이 한낱 수작에 불과한 것이라고 생각했어요. 왜군이 퇴각한 지 20일이나 지났는데 다시 추격 작전을 벌인다는 것은 말도 안 되는 소리였기 때문이지요. 조선 사람들은 왜군이 한양을 떠나기 전에 평양에 있던 이여송과 송응창에게 많은 뇌물을 보내 무사히 달아날 수 있었다며 명군을 강하게 비난했어요.

"유능한 장군을 왕좌에 앉혀야 한다"

고종의 밀사였던 호머 헐버트의 『한국사, 드라마가 되다』에 따르면 명 황제는 일본의 조선 침략에 대해 제대로 대응하지 못한 책임을 물어 선조의 폐위를 검토했어요.

명 장군들은 황제 앞에서 조선 왕의 나약한 심성과 사치를 비난하면서 조선의 장군들 중 가장 유능한 자를 왕좌에 앉혀야 한다고 건의했다. 그러나 조선에 우호적이었던 병부시랑 석성 장군만은 "조선 왕에게 사치를 질책하고 그것이 일본군의 조선 침략을 성공케 한 원인임을 지적하는 칙서를 보내는 선에서 사태를 마무리하는 것이 좋겠습니다."라고 황제를 설득했다. 이 칙서는 유능한 군대를 육성하고 왜군을 조선에서 쫓아내는 임무를 완수하라는 등 전반적으로 왕에게 분발을 촉구하는 내용으로 마무리되어 있다.

여기서 조선의 장군들 중 가장 유능한 자는 바로 이순신 장군을 말합니다. 명이 조선의 왕을 폐위하고 세우는 일을 좌우한다는 것 자체가 바로 조선이 건국 과정에서 자주성을 상실한 것을 의미하지요. 그래서 명 군대의 핍박에도 아무 소리를 못했던 거예요.

황제의 칙서를 가지고 간 명의 사신은 파주에서 유성룡의 영접을 받았습니다. 명 사신은 자신이 한양에 도착하면 매우 중대한 사건이 일어날 것이라고 유성룡에게 말했어요. 유성룡과 석성은 이 문제를 상의한 끝에 어떤 일이 있어도 왕이 퇴위하는 사태를 막아야 한다는 데 뜻을 모았지요. 그들이 관직을 유지할 수 있는 것은 전적으로 왕이 현

석성(국립진주박물관)
중국 명의 장군이다. 임진왜란 때 명의 여러 장군들은 황제에게 조선의 장군들 중 가장 유능한 자를 왕좌에 앉혀야 한다고 건의했다. 이때 석성 장군이 조선 왕의 나태함이 일본군의 침략을 성공케 한 원인임을 지적하는 칙서를 보내는 선에서 마무리할 것을 황제에게 건의했다고 한다.

재의 왕위를 유지하고 있었기 때문이었습니다.

그들은 자신들의 생각을 명 사신에게 알리고 협조를 구했어요. 혹시라도 왕이 칙서를 읽고 퇴위를 선언하는 경우, 사신이 즉각 나서서 왕의 퇴위는 황제에게 서한을 보내 허락을 얻기 전까지는 불가하다는 반대 입장을 밝히도록 하기 위해서였어요.

'왕의 폐위와 유능한 장군의 옹립'에 관한 내용은 『한국사, 드라마가 되다』에 실려 있었으나 최근에야 번역이 되어 알려지게 됐어요. 헐버트가 미국인이었기에 이런 내용을 가감 없이 실을 수 있었을 것입니다.

조선, 힘을 강화하다

조선에서는 병사들의 훈련을 강화하고 군비를 확충하며 침략군을 응징할 준비를 차근차근 해 나갔습니다. 1594년 2월 용병제의 개념을 토대로 훈련도감을 설치해 군대의 편제를 개편하고 훈련 방법도 개선했어요. 고정된 지휘관이 고정된 병사를 지휘하는 속오법도 도입했지요. 나아가 화포를 개량하고 조총도 제작해 무기의 약점을 보완했어요.

지방군 편제도 개편했습니다. 조선 초에 실시된 진관 체제는 일정

지역을 작전 단위로 삼아 독자적인 작전권을 수행하는 체제여서 많은 외적의 침입에 대항할 수 없었어요. 그래서 16세기 후반에는 각 지역의 병력을 동원해 중앙에서 파견한 장수가 지휘하는 방어 체제가 수립되었지요. 이를 제승방략(制勝方略) 체제라고 하는데, 임진왜란 중에 큰 효과를 거두지는 못했어요. 군사적 문란으로 군사를 동원하기 어려웠고, 지휘관이 도착하기도 전에 왜군이 먼저 쳐들어오는 경우도 있었기 때문이지요. 그러자 다시 진관을 복구하고, 속오법에 따라 군대를 편제하는 속오군 체제를 정비하게 되었어요.

속오군은 양반에서부터 노비에 이르기까지 편제되었습니다. 평상시에는 생업에 종사하면서 향촌 사회를 지키다가 적이 침입해 오면 전투에 동원되었어요. 그러나 갈수록 양반이 노비와 함께 속오군에 편제되는 것을 회피함에 따라 상민과 노비만 남게 되었지요.

중앙군이 직업 군인으로 이루어지고 지방군도 속오법에 따라 생업에 종사하면서 농한기에 훈련을 받았어요. 그래서 농민은 5군영, 속오군 체제에서 정병으로 복무하는 대신 군포를 납부하는 것으로 군역 의무를 이행할 수 있게 되었지요.

이 시기에 무엇보다 중요한 것은 수군의 강화였습니다. 조선의 수군이 제해권을 장악하기는 했지만 군사와 함선의 부족으로 왜군이 본국과 연계하는 것을 완전히 가로막을 수는 없었어요. 이를 위해 이순신 장군은 강력한 수군을 육성했고 조선의 함선도 200척이 넘게 되었지요. 여기에는 제해권을 완벽히 장악해 본국과의 연계를 차단하고, 새로 쳐들어온 적을 수장시킬 수 있는 기반을 마련해 조선 땅에 주둔하고 있는 왜적을 모조리 무찌르려는 뜻이 담겨져 있었어요.

일본, 다시 침입하다 – 정유재란

일본은 화평을 제의하면서도 협상을 통해 어떻게든 자신들의 욕심을 채우려고 했어요. 일본은 명의 황녀를 일본의 후비로 삼고, 조선의 8도 중 4도를 할양하라는 터무니없는 요구 조건을 내세웠습니다. 도요토미를 일본의 왕으로 책봉하는 선에서 마무리하려고 했던 조선과 명은 일본의 제안을 받아들일 수가 없었어요. 결국 지루하게 오가던 협상은 1596년 말에 결렬되고 맙니다.

상황이 이렇게 되자 일본은 1597년 1월에 조선을 다시 침략해 정유재란을 일으킵니다. 재침을 한 일본은 조선에 이순신 장군이 있는 한 제해권을 확보할 수 없고 전쟁에서 이기기 힘들다는 사실을 알고 있었어요. 그래서 첩자를 시켜 가토 기요마사가 바다를 건 올 것이라는 거짓 정보를 흘려 이순신을 제거할 음모를 꾸몄지요.

이를 의심 없이 받아들인 조정은 이순신을 불러 1597년 1월 24일 가토 기요마사가 조선을 침략할 것이니 수군을 이끌고 그를 잡아 오라는 명을 내렸어요. 하지만 이순신은 그 정보가 거짓이라는 사실을 알아차렸습니다. 적장이 정보를 제공했으므로 신뢰할 수 없었고, 그 정보가 사실이라 하더라도 적장 하나를 잡기 위해 조선의 수군을 움직일 수는 없다고 생각했지요. 그래서 이순신은 조정의 명을 거부하고 출동하지 않았어요. 이 사건을 계기로 이순신은 1597년 2월 2일 모함을 받아 파직당하고 사형에 처해질 위기를 맞게 되었습니다.

조정에서는 왜 이렇게 이순신을 엄벌하려고 했을까요? 그것은 자신들의 비열한 행위와 이순신의 영웅적인 행위가 대비되었기 때문이에요. 조정은 자신들의 치부를 감추고 싶었을 것이고, 이제는 이순신이 없어도 된다고 생각한 것이지요. 명이 이순신을 왕을 대신할 '유능한 장군'으로 여기고 있는 것도 부담스러웠을 거예요. 그리고 명의 원조로 전쟁에서 승리했고 자신들이 그 지원을 받아냈으니, 자신들이야말로 승전의 공로자라고 주장해 체면을 세우려고 했던 것입니다.

이순신은 우의정 정탁의 변호로 간신히 죽음을 면하고 도원수 권율의 밑에서 백의종군하게 되었습니다. 삼도 수군통제사에는 원균이 임명되었어요. 원균은 명을 받고 1597년 7월 15일 무모하게 부산 쪽으로 진격하다가 칠천량 해전에서 조선 수군 대부분을 잃어버린 채 전사하고 말았어요.

이로 인해 제해권은 다시 왜군이 장악하게 되었습니다. 왜군은 8월부터 수륙 양면으로 총공격을 시작해 남원성이 함락되고 전주까지 점령되었어요. 하지만 충청도 직산의 소사평 전투에서 조선군이 승리를 거두어 왜군은 더 이상 북진할 수 없었지요.

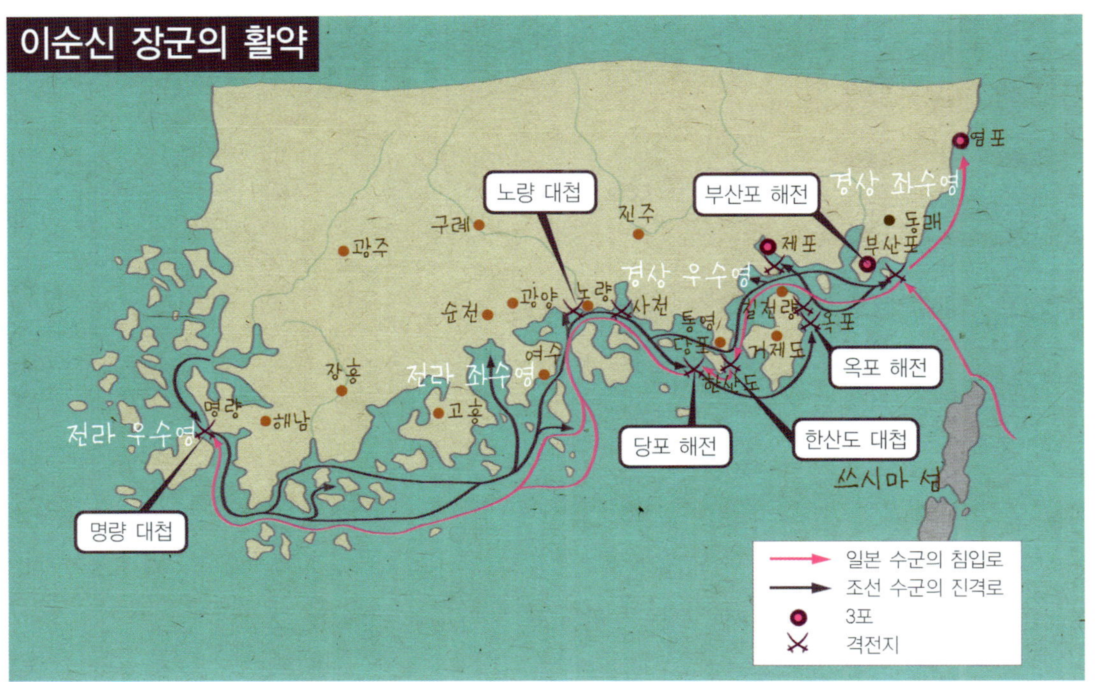

"신에게는 12척의 배가 있습니다"

1597년 7월 23일 삼도 수군통제사로 다시 임명된 이순신은 수군의 진영을 갖추는 일에 총력을 기울였어요. 그때 이순신에게는 12척의 함선과 얼마 남지 않은 군사뿐이었지요. 하지만 이순신은 1597년 9월 16일 12척의 함선으로 133척의 왜선과 대적해 31척을 격침시키고 대승을 거두었어요. 이 전투가 바로 세계 전쟁사에서도 유례를 찾아볼 수 없는 명량 대첩입니다.

이순신은 12척의 함선을 진도의 한 야산 밑에 정박시키고 배 한 척을 보내 적의 동태를 살피게 했어요. 정찰을 나갔던 병사들은 왜군이 접근하고 있다고 보고했지요. 밤이 깊어지자 조선 함대는 완전한 어둠에 가려졌어요. 잠시 후 왜선이 한 줄로 접근하기 시작했습니다. 이순신은 함선을 한 줄로 길게 배열한 뒤 일제히 함성을 지르며 조준 사

울돌목

울돌목(명량 해협)은 전라남도 해남의 화원 반도와 진도 사이에 있는 좁은 해협이다. 밀물 때는 남해의 바닷물이 한꺼번에 이곳을 통과해 서해로 빠져나가서 조류가 매우 빠르다. 정유재란 당시 명량 대첩에서 이순신 장군이 울돌목의 조류를 이용해 일본군을 상대로 대승을 거두었다.

격을 가하라는 명을 내렸어요. 그러자 왜군은 예측과 달리 강력한 조선 수군에게 걸렸다고 생각하고 뿔뿔이 흩어져 달아나기 시작했지요.

다음 날 왜군은 130척이 넘는 배를 이끌고 다시 나타났습니다. 이순신은 왜군의 수많은 함선을 보고 당황하는 조선 수군들의 사기를 북돋우며 왜군을 향해 곧장 진격했어요. 조선 함대는 왜군에 포위되었지만, 이순신의 지휘로 곧 포위망에서 벗어나 31척의 왜선을 격침시켰지요. 이 해전에서 적장인 구루시마 미치후사가 전사하자 왜군은 전세의 불리함을 깨닫고 배를 돌려 달아나기 시작했어요.

'용인의 달인' 이순신, 전공을 진린에게 돌리다

명의 수사 제독이었던 진린은 정유재란 때 조선을 돕기 위해 5,000명의 군사를 이끌고 온 장수예요. 이순신이 장렬히 전사한 노량 해전에서 이순신을 도와 왜군을 무찌르는 데 큰 공을 세웠지요. 처음에는 이순신과 불화를 겪었지만 이순신이 진린에게 수급을 양보하는 등 공을 세우도록 도와주자 점차 감복해 진심으로 이순신을 존경하게 되었습니다.

진린이 명의 원군을 이끌고 남하할 때 이순신은 전라도 연안의 고금도에 있었어요. 이순신은 위기에 처한 나라를 구하려면 명의 장수를 우리 편으로 만들어야 한다고 생각했지요. 그래서 많은 음식과 여흥 거리, 술을 마련해 명의 함대를 맞이했어요. 진린과 명의 장수들은 조선의 환대를 받으며 우호적인 태도를 보이기 시작했지요.

이후 이순신은 왜군 20여 명의 목을 벤 공을 진린에게 돌렸습니다. 진린은 이순신의 뛰어난 인품과 과감한 결단력, 수군을 이끄는 탁월한 지도력에 감복해 이순신을 따르게 되었어요.

뛰어난 용장이었던 이순신은 조선에서 적을 몰아내고 나라를 구할
수만 있다면 자신의 공 따위는 남이 독차지해도 상관이 없다고 생각
했습니다. 그리고 공을 다른 사람에게 돌림으로써 음해 세력으로부
터 자신을 보호할 수 있었지요. 결국 이순신은 명의 장수를 유능한 사
람으로 돋보이게 해 명의 사기를 높이고, 조선에 필요한 것을 얻으려
했던 것입니다.

이순신은 진린 곁을 한시도 떠나지 않으면서 그가 큰 실수를 저지
르지 않도록 도왔어요. 파병 초기에 명의 병사들이 귀금속을 훔치고,
조선 백성들에게 상해를 입히며 난폭하게 굴자 이순신은 군기를 자
신에게 맡겨 달라고 청한 다음 사소한 규칙 위반에도 엄한 처벌을 내
려 군대의 기강을 바로 세웠답니다.

이순신, 죽음을 선택했나

왜군은 조선과 명의 연합군 때문에 전세가 불리하게 되자 1598년 울
산과 사천, 순천 등으로 내몰렸어요. 그리고 그해 8월에 도요토미 히
데요시가 죽자 명의 장수들을 뇌물로 매수해 철군을 보장받으려고
했지요.

이때 뇌물을 받은 진린은 이순신에게 퇴로라도 열어 주는 게 좋겠
다고 주장했어요. 그러나 이순신은 조선 땅을 피로 물들인 자들을 살
려 보낼 수 없다고 단호히 거절했지요. 진린은 더 이상 말을 잇지 못
하고 이순신의 뜻에 따라 왜군의 퇴로를 막기 시작했어요.

왜군은 1598년 11월 18일 전선 500여 척을 노량 앞바다에 집결시
켰어요. 그러자 이순신은 총공격을 감행해 400여 척의 전선을 격파해
버렸지요. 왜군의 남은 전선이 남해 방면으로 도망치자 이순신은 이

노량 해협

경상남도 남해군 설천면과 하동군 금남면 사이에 있는 해협이다. 임진왜란의 마지막 해전인 노량 해전이 일어난 곳이다. 1598년(선조 31년) 이순신 장군이 노량 해협에서 명의 장군 진린과 함께 왜군을 크게 무찔렀지만, 결국 의문사했다. 남해군청 사진 제공

들을 필사적으로 추격하다가 안타깝게도 흉탄에 맞아 전사하고 말았어요. 하지만 자신의 죽음이 전쟁에 미칠 영향을 염려해 알리지 말라고 유언했지요. 조선의 수군은 다시 50여 척의 전선을 격파시켰고, 왜군은 겨우 남은 50여 척의 전선을 이끌고 도망쳤어요. 이로써 7년 동안 벌어졌던 임진왜란은 끝이 나게 되었습니다.

이순신의 죽음은 전쟁에서 승리하고 난 이후에야 알려졌습니다. 그런데 이순신이 스스로 죽음을 택한 것이 아니냐는 말이 나돌았어요. 이는 이순신이 노량 해전에서 '투구를 벗고 선봉에 나섰다'는 이야기가 전해지면서 시작되었지요. 7년 동안 위태로운 전투를 수없이 치르면서도 패배를 모르던 이순신이 자신의 몸을 보호하려 했다면 이런 일이 일어나지 않았을 거라는 생각에서 나온 거예요.

이순신은 전쟁이 끝난 후 자신을 시기하고 음해하는 자들의 제물이 되는 것을 원하지 않았던 것은 아닐까요?

일본과 다시 교류하다

임진왜란으로 큰 피해를 입은 조선은 당연히 일본과의 외교 관계를 단절했습니다. 그러나 일본은 사정이 달랐어요. 에도 막부는 전쟁 후의 경제적인 어려움을 해결하고 선진 문물을 받아들이기 위해 대마도 도주를 통해 국교를 재개하자고 요청했지요. 그러자 조선은 막부의 사정을 알아보기 위해 1604년 사명 대사를 일본에 파견해 일본과 강화하고 조선인 포로 3,500여 명을 데려왔어요. 그러고는 1609년 일본과 기유조약을 맺어 동래부의 부산포에 다시 왜관을 설치하고 제한된 범위 안에서 교섭을 허용했어요.

일본은 에도 막부의 쇼군이 바뀔 때마다 국제적으로 권위를 인정받고 조선의 선진 문화를 받아들이기 위해 사절을 파견해 달라고 요청해 왔습니다. 이에 조선은 1607년부터 1811년까지 12번에 걸쳐 통신사라는 이름으로 사절을 파견했어요. 통신사는 적을 때는 300여 명,

많을 때는 400~500명이나 되었답니다.

　이렇듯 임진왜란은 문화 후진국이었던 일본이 크게 발전할 수 있는 계기를 마련해 주었어요. 일본은 조선에서 문화재를 약탈하고 학자와 기술자를 데려가 문화 발전의 토대로 삼았는데, 특히 이황 계통의 성리학인 퇴계학과 도자기 문화를 크게 발달시켰습니다. 그래서 일본에서는 임진왜란을 도자기 전쟁이라고 부르기도 하지요.

　임진왜란 때 끌려간 이삼평은 백자의 원료가 되는 흙을 발견해 일본에서는 처음으로 자기를 빚었습니다. 그는 지금도 도조(陶祖)로 추앙받고 있어요. 기술을 천시하던 조선에서 천민 대접을 받았던 도공들은 일본에서 자신의 명의로 된 도자기를 빚기 시작하면서 예술가로 대접을 받았지요. 임진왜란은 동아시아의 형세도 크게 변화시켰어요. 명과 조선, 일본이 전쟁을 벌이는 동안 북방의 여진족이 급속히 성장했지요. 이들이 훗날 병자호란을 일으키게 됩니다.

사명 대사 유정(1544~1610년)
임진왜란 당시 승병을 이끌고
왜군과 싸워 큰 공을 세웠다.
1604년에는 일본에 건너가 전란
때 포로로 잡혀간 3,500여 명의
조선인을 구해서 돌아왔다.

비변사의 기능이 강화되다

비변사는 16세기 중종 때 여진족과 왜구에 대비해 임시 기구로 설치되었다가 명종 때 을묘왜변을 계기로 상설 기구가 되었습니다. 임진왜란이 일어나자 국난을 수습하기 위해서는 재상 합의 기구인 의정부에만 의존하기보다는 문무 고위 관리들의 지혜를 하나로 모을 필요성이 제기되었어요. 그래서 군사 문제를 처리하는 비변사가 주목을 받게 되었지요. 비변사에서 군사 외에 국정 사무도 함께 논의하게 된 거예요. 또 붕당이 상호 비판적으로 공존하는 상황에서 붕당 간의 이해관계를 조정하기 위해서라도 고위 관리들이 한자리에 모일 필요성이 있었지요.

조선 후기의 합의 기구로 자리 잡은 비변사에는 삼정승, 5조의 판서와 참판(공조는 제외), 5군영의 대장, 유수(수도 이외의 요긴한 곳을 맡아 다스리던 정이품의 외관), 대제학(홍문관과 예문관의 으뜸 벼슬) 등이 모여 외교와 내정의 주요 문제를 관장했어요. 점점 구성과 기능이 강화된 비변사는 19세기에는 세도 정치의 중심 기구로 타락해 고려 말의 도평의사사처럼 되었다가 흥선 대원군의 개혁으로 폐지되었지요.

비변사의 기능이 강화되어 의정부와 6조의 행정 체계는 유명무실해졌습니다. 왕은 이전에는 세 명의 재상을 설득해 동의를 얻으면 자신의 의도대로 국정을 운영할 수 있었지만 비변사 체제로 바뀐 뒤에는 온갖 관리들의 동의를 얻어야 했어요. 비변사를 강화한 이유는 집권 붕당

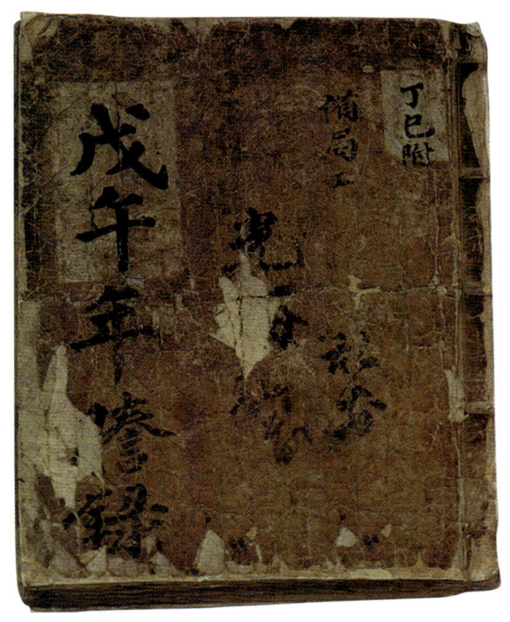

『비변사등록』(국보 제152호, 서울대학교 규장각)

임진왜란 이후 국가 최고 회의 기관이었던 비변사에서 논의된 사항을 기록한 책이다. 『승정원일기』, 『일성록』과 함께 중요한 역사 자료로 평가된다. 선조 이전의 등록은 전하지 않고 광해군 9년(1617년)에서 고종 29년(1892년)까지 276년간 등록된 273책이 전한다.

과 상대 붕당이 모두 모여 공론을 도출하기 위한 것이었으므로 왕이 비변사를 상대하는 것은 양반 모두를 상대하는 것이나 다를 바 없었지요.

이렇듯 고위 관리들은 비변사를 통해 국정을 운영했고, 3사와 전랑이 동원되는 붕당 간의 대립도 나타났어요. 양반층의 단합은 비변사로, 경쟁은 3사의 언론 기능과 전랑으로 나타난 것입니다. 이에 영조와 정조는 붕당 정치의 폐해를 바로잡기 위해 탕평책을 썼고, 3사와 전랑의 기능은 혁파되었어요.

독도는 물론 대마도도 우리 땅이었다

울릉도와 독도는 삼국 시대 이래로 우리의 영토였으나 일본 어민이 자주 침범해 충돌이 일어났어요. 그러자 숙종은 안용복을 울릉도에 보내 일본 어민들을 쫓아내게 했습니다. 안용복은 직접 일본에 건너가 울릉도와 독도가 조선의 영토임을 확인받고 돌아왔어요. 실학자 이익은 안용복을 다음과 같이 칭찬했습니다.

"안용복은 뛰어난 영웅이다. 일개 미천한 병사로서 죽음을 무릅쓴 계책을 세워 나라를 위해 간사스러운 싹을 잘라 논란거리를 해결하고 한 고을의 땅을 되찾았으니 걸출한 자가 아니면 하기 어려운 일이 아닌가."

하지만 조정의 생각은 달랐어요. 나라의 허락도 없이 국경을 넘나들었으며 관리의 옷을 입고 관리인 체했으니 그 죄가 죽어도 마땅하다고 여긴 것이지요. 다행히 안용복은 영의정 남구만의 도움으로 사형을 면하고 대신 귀양을 가게 되었어요.

그러나 이후에도 일본 어민의 침범이 계속되자, 19세기 말 조선은

국토의 막내, 독도

울릉도에서 87.4㎞ 떨어진 해상에 있는데, 맑은 날에는 맨눈으로도 볼 수 있다. 조선 초기에 편찬된 『세종
실록지리지』(1432년)에도 '우산과 무릉 두 섬은 날씨가 맑은 날 서로 바라볼 수 있다'고 기록되어 있다.
『삼국사기』에는 '512년(지증왕 13년) 이사부가 울릉도를 중심으로 한 해상 왕국 우산국을 정벌할 때 독도가
우산도(于山島)로 불렸다'는 기록이 있다. 1905년 일본은 독도를 다케시마라 칭하고 일방적으로 시마네 현에
편입한 뒤 영유권을 주장하고 있다. 독도박물관 사진 제공

주민의 울릉도 이주를 장려했습니다. 울릉도에 군을 설치하고 관리를 파견해 독도까지 관할하게 했지요.

고려 말에 박위가 대마도를 정벌한 적이 있었어요. 그 뒤 조선의 정치가들은 대마도를 조선의 영토로 여겼지요. 지리적으로도 대마도는 일본보다 조선에 더 가까워요. 심지어 부산의 해운대에서는 날씨가 맑으면 어렴풋하게나마 대마도가 보인답니다. 조선은 대마도 도주에게 일본과의 외교와 무역을 맡기고, 쌀과 콩 같은 곡식을 주었어요. 이런 이유로 대마도를 우리 땅이라고 주장하는 사람이 있는 것입니다.

호머 헐버트도 『한국사, 드라마가 되다』에서 대마도가 신라에 속했

음을 밝히고 있어요.

신라가 대마도를 정복했는지의 여부는 분명하지 않지만, 대마도는 땅이 척박했기 때문에 해마다 신라의 지원을 받았던 것은 사실이에요. 일본이 대마도를 차지하고 일본인을 섬에 이주시킨 때는 기원후 500년 무렵이었습니다. 이때부터 대마도는 한반도에 종속되지 않았지만 둘의 관계는 매우 가까웠어요. 지속적으로 교역을 했고 외교적으로도 활발한 교류가 이루어졌지요. 대마도의 다이묘가 한반도 인근의 해안 지역을 지배했다는 증거는 어디에도 없습니다.

5-4 임진왜란과 정유재란

1 임진왜란(1592년)

- **임진왜란 직전 상황** 삼포왜란(1510년, 부산포, 염포(울산), 제포(진해)를 폐쇄하고 국교 단절) → 을묘왜변(1555년 왜구들의 행패에 대한 제재로 무역을 제한하자 왜구가 70여 척의 배를 몰고 전라남도 연안 지방을 습격) → 비변사(국방 문제를 담당하던 임시 기구에서 상설 기구로 바뀜) 설치, 일본에 사신을 보내 정세 파악

- **일본의 정세** 도요토미 히데요시가 100여 년에 걸친 전국 시대의 혼란을 수습해 일본을 통일한 후 불평 세력의 관심을 밖으로 돌리게 하고 대륙 진출의 야욕을 펴기 위해 조선을 침략

- **임진왜란 초기** 정발 · 송상현의 분전에도 불구하고 부산진 · 동래성 함락 → 한양 함락 → 선조가 의주로 피난, 명에 원군 요청

- **수군 승리** 이순신이 옥포 해전 · 한산도 대첩 승리, 남해 제해권 장악 → 곡창 지대인 전라도와 서해 연안 수송로를 지킴

- **의병 항전** 경상도에서 곽재우가 처음 일으킨 후 조헌 · 고경명 · 정문부 · 유정 등이 왜군과 싸움. 향토 지리에 알맞은 전술과 전략 구사 → 의병 부대의 관군 편입 → 관군의 전투 능력 향상

- **전란의 장기화** 조선과 명의 연합군이 평양성 탈환 → 권율의 행주 대첩 → 경상도 해안으로 밀려난 왜군과 명 사이에 휴전 협상

- **전열 정비** 훈련도감(포수 · 사수 · 살수 삼수군으로 편제, 직업 군인) 설치, 속오법(양반부터 노비까지 속오군 편성, 평상시에는 생업에 종사하다 전시에 동원) 실시, 지방군 편제 개편, 성곽 · 무기 강화(화포 개량, 조총 제작), 비변사 기능 강화

- **정유재란(1597년)** 명과 일본의 협상이 깨지면서 일본이 재침함 → 직산 전투 승리 → 이순신의 명량 대첩 → 노량 해전(1598년 11월)에서 이순신 전사 → 도요토미 히데요시가 죽자 왜군 철수

2 임진왜란 3대 대첩

- **한산도 대첩(1592년 7월, 이순신)** 옥포 해전(5월 7일)에서 첫 전투를 승리로 장식 → 사천 해전(5월 말)에서 처음으로 거북선을 등장시켜 전투를 승리로 이끎 → 한산도 대첩으로 조선의 수군이 제해권을 장악

- **진주 대첩(1592년 10월, 김시민)** 1차(1592년 10월)는 승리를 거둠(진주 대첩), 2차(1593년 6월)는 외부의 지원을 받지 못하는 가운데 수적 열세로 진주성이 함락

- **행주 대첩(1593년 2월, 권율)** 부녀자들도 치마에 돌을 날라 투석전을 벌이는 군사들을 도움, 변이중이 화

차를 제작해 40량을 권율에게 보냄 → 민간인을 포함한 3,000명의 군사가 3만 명의 일본군을 무찌름

3 임진왜란의 결과
- **조선의 피해** 7년간의 전쟁은 조선의 승리로 끝났지만 조선이 가장 큰 피해를 봄. 경작지가 전쟁 전에 비해 3분의 1이하로 줄어듦. 수많은 사람들이 일본에 포로로 잡혀가고 일부는 포르투갈 상인에 의해 유럽 등지에 노예로 팔려 감. 불국사·사고 등이 불타고 활자·서적·도자기·그림 등 많은 문화재를 약탈당함
- **일본과 중국의 피해** 일본은 에도 막부로 정권이 바뀌었고, 명도 국력이 약해져 여진족(청)에게 중국의 주도권을 내줌

4 일본과의 교류
- **국교 재개** 에도 막부는 대마도 도주를 통해 조선에 국교 재개 요청→유정(사명 대사)을 파견해 일본과 강화하고 조선인 포로 3,500여 명을 데려옴(1604년) → 기유약조(1609년)를 맺어 동래부의 부산포에 다시 왜관을 설치하고 제한된 범위 내에서 교섭을 허용
- **사절의 파견** 일본의 요청에 따라 1607년부터 1811년까지 12번이나 통신사라는 이름으로 사절을 파견, 일본의 문화 발전에 공헌
- **울릉도 정벌** 숙종 때 안용복이 울릉도에 출몰하는 일본 어민들을 쫓아내고 일본에 건너가 울릉도와 독도가 조선의 영토임을 확인받고 돌아옴

임진왜란 때 명에 지원군을 요청한 일을 어떻게 평가할 수 있을까요?

외침을 받아 나라가 위기에 처하면 어쩔 수 없이 다른 나라에게 군사적 지원을 받는 경우가 많습니다. 하지만 지원군이 일으키는 폐해도 만만치 않았어요. 임진왜란 때 조선은 명의 지원을 받았는데, '왜군은 얼레빗이고 명군은 참빗'이라는 말이 나온 걸 보면 폐해가 결코 적지 않았음을 짐작할 수 있지요. 명군이 지나가면 사람이든 짐승이든 남아나는 것이 없었기 때문에 나온 말이랍니다.

임진왜란 당시 조선의 조정에서도 명에 원병을 청하는 문제를 놓고 의견이 분분했어요. 명군이 주둔할 경우 폐해가 클 것을 예상했기 때문이었지요. 하지만 지원군에 따른 폐해를 잘 알았다면 미리 전쟁을 준비하는 것이 옳지 않았을까요? 자주 국방은 말이나 생각으로만 이룰 수 있는 것이 아니에요. 부단한 노력을 회피한다면 큰 고통을 당하는 것은 당연한 이치이지요.

나라가 위기에 처하면 다른 나라의 힘을 빌리는 게 옳은 일이고, 전쟁이 끝난 후에는 지원군을 철수하면 된다고 생각하기 쉽습니다. 하지만 선의만으로 지원병을 보내 주는 나라는 없어요. 거기에는 자국의 이익이 숨어 있어서 반드시 그 대가가 따르게 마련이지요.

명이 조선에 원병을 파견한 이유도 자국의 영토 안에서 왜군과 싸우기보다 조선에서 싸움을 끝내는 것이 이익이라고 판단했기 때문이에요. 하지만 명 군사의 군비는 조선의 몫이었지요. 조선을 위해서 싸우는 것이니 여기까지는 이해할 수 있습니다. 그러나 재물을 약탈하고 여성들을 겁탈하며 백성들을 못살게 군 행동은 납득하기 힘들어요. 겉으로만 지원군일 뿐 침략군과 다를 바가 없었기 때문이지요.

지원군을 보내 준 것이 어떤 측면에서는 도움이 되지 않았느냐고 생각할 수도 있습니다. 하지만 지원국의 이익과 맞아떨어졌을 때만 그럴 뿐 그렇지 않을 경우에는 도리어 방해만 될 수도 있어요. 이 사실은 명군을 통해 확인할 수 있습니다.

명군은 평양성 전투에 이어 치러진 벽제관 전투에서 패한 이후부터 매우 소극적으로

조선은 국력을 키워 자국의 힘으로
전쟁에 대응해야 했어요.

전투에 임했어요. 뿐만 아니라 화평 회담을 한다면서 왜군을 빨리 몰아내려는 조선군의 공격까지 방해했지요. 강화 회담 때에는 전쟁의 당사자인 조선은 아예 제외되었어요. 명의 입장에서는 조선이 자신들의 영토가 아니니 화평 관계만 유지하면 그만이었을 것입니다.

하지만 조선의 입장에서는 왜군이 주둔하고 있다는 사실 자체가 고통이었지요. 그래서 하루빨리 왜군을 몰아내려고 했지만 명이 화평 회담에 방해가 된다며 조선의 군사 활동까지 제약한 것입니다. 명군의 행태를 보면, 일본이 패망한 이래 한반도 남쪽을 지배한 미군정이 우리 손으로 강력하게 응징해야 할 일본군 처리 문제를 방해한 것을 떠올리게 됩니다. 결국 일본은 임진왜란은 물론 일제 강점기에도 침략자로서 온갖 범죄를 저질렀지만 책임을 지기는커녕 제대로 사과조차 하지 않았어요.

이런 점에서 보면 지원군이라고 하더라도 우리의 영토 밖에서 서로 협력해 싸우는 것이 아니라면 우리 땅에 들여놓지 않는 게 현명한 일이에요. 그러나 이런 모든 일에 앞서 가장 중요한 사실은 최선을 다해 자국의 힘으로 나라를 지키는 것이랍니다.

5 싸울 것이냐, 항복할 것이냐 |
인조반정과 병자호란

임진왜란 이후 명은 쇠하고 일본에서는 도쿠가와 이에야스가 1603년에 에도 막부를 열었어요. 1616년 여진족의 누르하치는 통일 제국을 이루고, 후금의 태종은 1636년에 국호를 청으로 바꾸었지요. 선조의 뒤를 이어 1608년 왕위에 오른 광해군은 경기도에 대동법을 시행하고, 1611년 양전 사업에 착수했어요. 그리고 탄력적인 외교 정책을 실시해 임진왜란 이후의 정국을 수습했지요. 하지만 서인 세력은 광해군의 정책에 반대하며 친명배금 정책과 패륜을 명분으로 1623년 인조반정을 일으켰어요. 이로 인해 후금의 침입을 받아 1627년 정묘호란이 일어났고, 1636년 12월 병자호란을 겪게 됩니다. 인조는 1637년 1월 항복을 결정하고 삼전도에서 청 태종 앞에 무릎을 꿇고 군신의 예를 행하기로 한 강화를 맺었어요. 이후 청 태종의 강요로 공덕비인 삼전도비까지 세우게 되었지요.

- **1623년** 인조반정이 일어나다. 서인 세력이 광해군을 몰아내고 인조를 즉위시키다.
- **1627년** 정묘호란이 일어나다. 서인 정권이 친명배금 정책을 추진하자 후금이 조선을 침략하다.
- **1636년** 병자호란이 일어나다. 청에서 요구한 군신 관계에 응하지 않자 청이 조선을 침략하다
- **1645년** 병자호란 때 청에 인질로 끌려갔던 소현 세자가 급사하다.

명분과 실리 사이에서

역사를 공부하다 보면 명분론이나 실리론이라는 말을 접하게 돼요. 이 말들만 놓고 보면 명분론은 대의명분을 지키기 위해 일정한 손해를 감수한다는 말 같고, 실리론은 고리타분한 명분에 얽매이기보다 실질적인 이익을 추구한다는 뜻 같습니다. 여러 가지 국가 정책을 추진하다 보면 이런 상황이 발생할 수도 있지요.

하지만 역사의 큰 맥락에서 보면 이것은 사실상 의미가 없습니다. 명분을 지키는 것은 결국 훗날에 이익을 얻기 위해서이고, 실리를 추구하는 것 역시 이익을 위한 것으로 보면 하나의 명분이 될 수 있으니까요. 그러므로 명분과 실리가 누구의 입장에서 나온 것인지 살펴보는 것이 중요해요. 명분이나 실리를 내세우는 이유가 몇몇 사람을 위한 것이라면 그것은 잘못된 것이지요.

전체적인 역사의 맥락에서 보면 명분과 실리는 하나로 연결되어 있어요. 민족 전체의 이익을 명분으로 삼아 다른 나라와 힘겨루기를 할 때 유연하게 대응해서 실질적인 이익을 얻어야 하는 것이지요. 결국 나라 전체의 이익을 추구하지 않는 명분은 진실한 명분이라고 할 수 없습니다.

그런데도 흔히 사람들은 실리를 추구하면 명분을 지킬 수 없다고 생각해요. 그리고 은연중에 실리를 추구하는 사람은 속된 사람이고, 명분을 지키는 사람은 고상한 사람이라고 생각하기 쉽지요. 이것은 실리를 추구하는 사람들이 당장 눈앞에 보이는 이익만 챙기려고 해서 생긴 일이라고 할 수 있어요.

눈앞의 이익에 집착해 더 중요한 이익을 놓치는 실리 추구는 민족의 이익을 위한 것이 아닙니다. 그러므로 진정한 실리 추구는 민족의

「항해조천도」(국립중앙박물관)
인조의 즉위를 알리기 위해 명에 파견된 이덕형 일행의 사신 행차 길을 담은 그림이다. 당시 사신 행차에 동행했던 화원이 그린 것으로 추정되는데, 모두 25점으로 되어 있다. 그림의 오른쪽 상단에 '바닷길을 이용해 중국으로 가는 사신들이 참고하도록 만들었다'는 이덕형의 글이 적혀 있다.

이익을 견지하는 것이고, 이것이 진정한 명분이지요. 대표적인 사례로 광해군의 외교 정책을 들 수 있어요.

이와 달리 명분이나 실리 추구를 잘 모르는 사람들이 정변을 일으켰는데, 그것이 바로 인조반정이에요. 물론 반정을 일으킨 그들에게도 명분과 실리가 있었습니다. 하지만 그것은 민족 전체의 이익이 아니라 그들만의 명분과 실리였을 뿐이에요. 그래서 임진왜란 이후의 정국과 민생을 제대로 수습하기도 전에 정묘호란과 병자호란이라는 참화가 일어난 것이지요.

광해군, 중립 외교로 전쟁을 피하다

임진왜란이 끝난 후 선조의 뒤를 이어 1608년 2월에 광해군이 왕위에 올랐어요. 광해군은 즉위하자마자 정국의 혼란을 수습하기 위해 여러 정책을 실시했는데, 그중 하나가 대동법입니다. 대동법은 소유한 토지를 기준으로 누진세를 적용해서 백성들에게는 유리했지만 양반들에게는 불리했어요. 이에 양반들이 반대하자 우선 경기도에 한

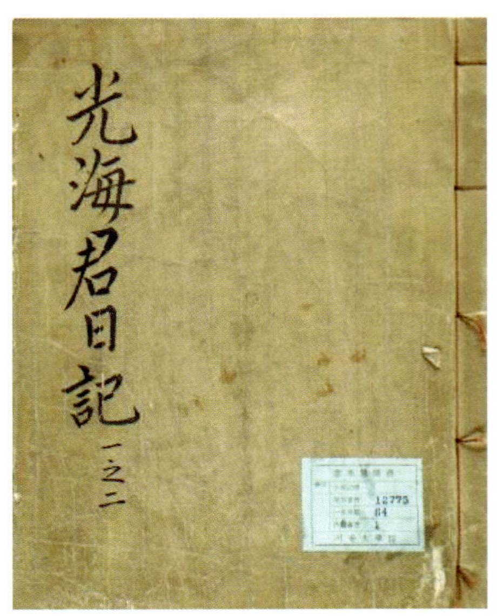

『**광해군 일기**』**(일괄 국보 제151호)**

조선 인조 2년(1624년)에 펴낸 광해군 재위 15년간의 실록이다. 조선 시대 왕의 실록 가운데 유일하게 활자로 간행되지 못하고 필사본으로 남아 있다. 광해군이 폐위되었기 때문에 실록이 아닌 일기로 불린다.

해 실시했지요. 1611년에는 전란으로 토지가 황폐해지자 다시 토지를 측량해 정비하는 양전 사업을 실시했습니다. 이로써 경작지를 늘리고 국가 재정을 확충해 나갔지요. 또한 광해군은 전란으로 소실된 서적을 간행하고 1619년 경희궁과 1621년 인경궁을 중건했어요. 이렇듯 광해군은 전란의 상처를 치유하고 안정적인 정치를 수행하려고 노력했습니다.

당시 동북아시아의 정세는 크게 변하고 있었어요. 명은 쇠퇴하고 있었지만 1616년 누르하치가 만주에서 흥기하던 여진족을 복속시킨 뒤 나라를 세워 국호를 후금이라 칭하고 왕위에 올랐지요. 누르하치는 1618년에 푸순(撫順)을 점령하고 명에 선전 포고를 했어요. 그러자 명은 요동 정벌을 위해 조선군의 징병을 요구했고, 조선의 조정에서는 논란이 벌어졌습니다. 임진왜란 때 명의 지원을 받은 적이 있으므로 그냥 받아들일 수도 있었을 텐데 조선에서는 왜 논란이 벌어진 것일까요? 명에 원병을 보냈다가 강성해진 후금과의 관계가 악화되면 다시 후금과 일전을 치러야 할 수도 있었어요. 조선은 임진왜란 이후의 정국을 정비하는 것이 급선무여서 또다시 전쟁을 벌일 상황이 아니었지요.

게다가 또 다른 이유가 있었어요. 조선은 명의 지원을 받았지만 명의 군사들이 저지른 토색질이 조선 땅을 너무 피폐하게 만들었지요. 전쟁 중에는 물론이고 1600년 11월 이후 군대를 철수한 다음에도 명은 조선에 대한 지배를 강화했고 토색질까지 계속 저질렀어요.

1602년 명의 황태자 책봉 사실을 반포하려고 조선에 왔던 고천준의 탐욕에 대해 실록에는 "의주에서 서울에 이르는 수천 리에 은과 인삼이 한 줌도 남지 았고, 조선 전체가 전쟁을 치르는 것 같았다."라고 기록되었을 정도였어요. 이에 질린 조선 조정은 광해군의 왕세자 책봉까지도 연기해 달라고 요청했지요. 책봉한다는 명목으로 와서 또 얼마나 토색질을 벌일지 걱정되었던 거예요.

하지만 조정의 몇몇 무리들은 재조번방지은(再造藩邦之恩)을 강조했습니다. 이 말은 황제의 나라가 제후국인 조선을 구원하고 재건해 준 은혜라는 뜻이에요. 그 무리들은 임진왜란 때 조선을 지킨 주체가 명의 지원병이 아니라 조선의 백성이었다는 사실을 잊은 거예요.

결국 광해군은 1618년 7월 출정군을 구성하기로 결정하고 1619년 2월 압록강을 건너 명의 군사와 합류했어요. 그리고 1619년 3월 명과 후금이 동북아시아의 주도권을 놓고 다투는 살이호 전투가 시작되었지요. 이 전투에서 명이 패배했는데, 조선의 원병을 이끌었던 강홍립은 후금과 싸우지 않고 투항했어요. 이것은 광해군의 명에 의한 것인지, 아니면 독자적인 판단에 의한 것인지 정확히 확인할 수는 없습니다. 그러나 정황을 살펴보면 대체적으로 광해군의 뜻과 일치했다고 볼 수 있어요.

이렇듯 광해군은 명과 후금의 싸움에서 어느 한편에 서지 않으려고 했습니다. 명과 후금이 벌이는 전쟁의 소용돌이에 빠지지 않으면서 국가 체제를 먼저 정비하려고 했지요. 이후에도 광해군은 명백히 명의 입장에 동조하지 않았어요. 이 사실은 명의 장수인 모문룡을 처리하는 과정에서

1619년 명이 후금의 침입에 대항하기 위해 조선군과 여진족을 참전시킨 전투다. 이 전투에서 명이 크게 패하고, 후금은 만주 지역을 차지했다. 강홍립의 조선군은 광해군의 중립 정책에 따라 후금에 투항했다.

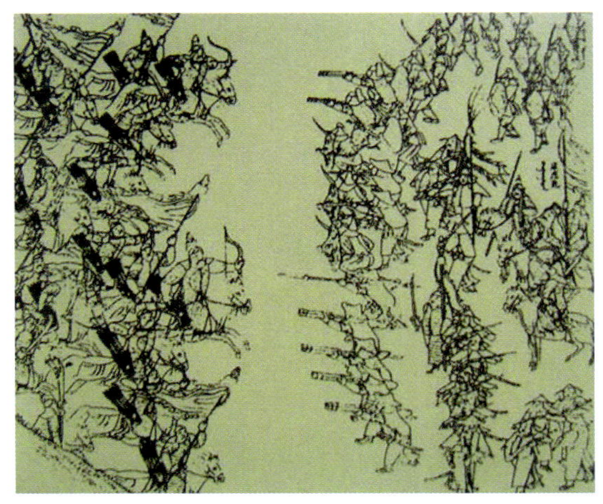

도 엿볼 수 있습니다. 요동 도사였던 모문룡은 후금의 공격으로 요동을 빼앗기자 수많은 피난민들을 데리고 조선 땅인 평안도로 근거지를 옮겼어요. 조선의 입장에서는 명과의 관계를 생각한다면 그들을 소홀히 대할 수 없었지만 후금과의 관계를 고려했을 때에는 그대로 둘 수도 없었습니다. 후금이 모문룡을 치겠다며 조선의 영토를 침략할 수 있었으니까요.

그런데 더욱 문제가 된 것은 패잔병이었던 모문룡이 조선에서 토색질을 했다는 것입니다. 그래서 광해군은 1622년 11월 모문룡의 군사를 평안도 철산 앞바다에 있는 가도로 옮기게 했어요. 이는 명과 후금의 관계를 고려하면서 조선 땅에서 전쟁이 일어나는 것을 막고, 조선에서 토색질을 못하도록 막기 위한 조치였지요.

병자호란의 불씨, 인조반정

명을 떠받들어야 한다고 주장한 세력들은 광해군의 조치에 대해 트집을 잡아 1623년 3월에 인조반정을 일으켰습니다. 이들이 내건 명분 중 하나는 광해군이 명에 대한 사대를 저버렸으니 그것을 바로잡는다는 친명배금이었고, 또 다른 하나는 광해군이 선조의 정비인 인목 대비를 유폐하고 그의 소생인 영창 대군을 살해해 인륜을 어겼다는 것이었어요.

인조반정을 일으킨 세력들의 명분이 '배금'에 있었다면 인정할 수 있을 텐데, 명에 사대하기 위한 '친명'이 명분이었다면 어떻게 이해해야 할까요? 후금이든 명이든 다른 나라를 숭상한다는 점에서 사대주의는 다 똑같아요. 그렇다면 광해군은 후금을 섬긴 것일까요? 만약 그렇다면 서로 비긴 것으로 넘어갈 수도 있을 거예요. 하지만 앞에서 살펴보았듯이 광해군은 명과 후금 사이에서 전쟁에 휩쓸리지 않으려고 부단히 노력했습니다. 이것은 민족의 이익을 지키고 백성들의 삶을 안착시키기 위한 행동이었지요. 그러므로 친명배금은 명분도 없고 실리도 없는 주장이었어요.

광해군이 인륜을 어겼다는 주장 또한 설득력이 부족합니다. 광해군은 왕위에 오르기까지 여러 가지 일들을 겪었어요. 여기에는 선조의 책임이 크다고 할 수 있어요. 선조는 세자인 광해군이 왕위를 잇는 것에 동의하면서도 광해군에게 맞서는 영의정 유영경 등에게 영창 대군을 맡기고 눈을 감았어요. 선위 교지를 광해군에게 내리면서도 그것을 유영경에게 전달하게 해 광해군을 지지하는 대북파와 영창 대군을 지지하는 소북파가 반목하게 되는 빌미를 제공한 것이지요.

우여곡절 끝에 광해군이 왕좌를 차지했지만 이로 인해 대북파는 소북파를 하나씩 제거합니다. 성균관 학유였던 김직재·김백함 부자는 '김직재의 옥'을 통해 처형되고, 1613년 '칠서의 옥'을 빌미로 인목 대비의 아버지인 김제남을 사사하면서 선조의 유명을 받든 일곱 명의 신하들을 모두 제거했어요. 심지어 대북파는 여덟 살에 불과했던 영창 대군을 죽이고 1615년 능창군을 추대하는 사건이 벌어지자 능창군마저 사사하고 맙니다. 또한 인목 대비를 폐한 후 서궁에 유폐시키고, 폐모론에 반대하는 신하들을 유배에 처했어요. 이 모든 사건을 주도한 것은 광해군이 아니라 대북파였습니다. 이는 어쩌면 왕좌를 지키기 위한 기본적인 절차였는지도 모릅니다.

이 사건은 대북파와 소북파의 권력 투쟁에서 소북파가 패해서 생긴 결과예요. 그러므로 이를 근거로 광해군을 패륜아라고 몰아붙이기는 어렵습니다. 이 사실은 인조반정에서 핵심 역할을 한 이서가 반정 직후에 "광해군은 연산군처럼 자신의 향락을 위해 백성들을 희생시킨 임금이 아니다. 오히려 백성들을 위해 대동법 같은 개혁을 실시한 애민 군주였다."라고 한 말에서도 확인할 수 있어요.

인조는 경운궁 즉조당에서 즉위했다. 석어당은 임진왜란 때 피난을 갔다가 돌아온 선조가 승하할 때까지 거처한 곳이자 선조의 계비인 인목 대비가 광해군에 의해 유폐된 장소다. 준명당은 한때 고종이 거처하며 외국 사신을 접견하던 곳이다. 고종은 덕혜 옹주를 위해 준명당에 유치원을 만들어 주기도 했다.

정변을 일으킨 세력은 권력을 잡고 난 뒤에 친명배금의 일환으로 백성들을 못살게 굴었던 모문룡에게 온갖 편의를 제공했어요. 모문룡에게 지원한 군량만 해도 한 해에 10만 석이 넘었지요. 이것은 당시 전체 국가 경비의 3분의 1에 해당할 정도로 엄청난 양이었어요. 그런데도 명의 인정을 쉽게 받지 못했지요. 명이 거의 2년이 다 지나도록 책봉에 성의를 보이지 않았던 것입니다.

그들에게는 애초부터 나라와 백성을 위한 새로운 기치가 없었어요. 그래서 반정에 성공한 뒤에도 '이괄의 난'이라는 자중지란을 일으켰지요. 이괄은 인조반정 때 큰 공을 세운 인물이었는데, 1624년 1월 논공행상에 불만을 품고 영변에서 반란을 일으킨 뒤 19일 만에 한양까지 쳐들어와 도성까지 점령했어요. 변방에서 난을 일으킨 지 19일 만에 도성까지 점령해 버릴 정도로 조정의 상황은 허술했습니다. 결국 인조는 1625년 명의 책봉을 받게 돼요. 당시 조선에 들어왔던 명의 사신 왕민정과 호양보는 1만 냥의 은을 요구했고, 심지어 행차할 때 다리가 없으면 무교가(無橋價)라는 명목으로 돈을 받았다고 합니다.

인조, 세 번 절하고 아홉 번 조아리다

이 무렵 동북아시아의 정세는 숨 가쁘게 흘러가고 있었어요. 1626년 후금에서는 누르하치의 여덟 번째 아들인 홍타이지가 즉위했습니다. 후금은 중원 제압을 앞두고 배후에서 협공당하지 않기 위해 먼저 조선을 칠 준비를 하고 있었어요. 때마침 반란을 일으켰다가 후금으로 달아난 이괄의 잔당들이 광해군이 부당하게 폐위되었다고 호소하고, 조선의 군세가 약하니 속히 조선을 칠 것을 종용했어요. 결국 1627년 1월 후금은 군사 3만 명을 이끌고 조선을 침략했습니다. 이것이 바로 정묘호란이에요.

이때 정봉수와 이립은 의병을 일으켜 관군과 합세해 적과 싸웠습니다. 특히 정봉수는 용골산성에서 큰 전과를 거두었어요. 결국 후금의 군대는 조선의 결사 항전으로 보급로가 끊기자 강화를 제의해 화의가 이루어졌지요.

이후 후금의 태종은 1636년 4월 국호를 청으로 고치고 황제 즉위식을 거행했는데, 이는 명을 칠 준비가 갖추어졌다는 사실을 대대적으로 공언한 것과 다름없었어요. 황제라는 칭호가 바로 이런 의미였지요.

청 태종은 1636년 11월 고압적인 자세로 조선의 왕자와 척화론자들을 내어 줄 것을 요구했습니다. 조선이 요구에 응하지 않자 청 태종은 12월 2일 조선을

서울 삼전도비(사적 제101호, 서울시 송파구)
병자호란 때 승리한 청 태종이 자신의 공덕을 새긴 기념비를 세우도록 조선에 강요해 1639년(인조 17년)에 세워진 석비다. 몽골 글자, 만주 글자, 한자로 쓰여 있어 만주어와 몽골어를 연구하는 데도 중요한 자료다.

침략해 병자호란을 일으켰어요. 청의 선봉 부대는 6일 만에 안주, 평양을 거쳐 황주에 이르러 12월 14일에는 영서역(서울 은평구)에 다다랐지요. 인조는 강화도가 아닌 남한산성으로 피신했어요. 남한산성에서는 청과 싸우자는 척화파와 강화를 맺자는 주화파가 팽팽하게 맞섰습니다. 척화파의 대표인 김상헌은 주화파의 대표인 최명길에게 오랑캐에 빌붙어 살려는 간신이라고 비난했고, 최명길은 김상헌에게 현실을 무시하고 명분만 좇다가 나라를 망치는 사람이라고 비난했어요.

결국 주화파의 주장이 받아들여져 인조는 45일 만에 남한산성 밖으로 나와 청에 항복했습니다. 인조는 항복하는 의식으로 삼전도에서 청 태종에게 세 번 절하고 머리를 아홉 번 조아리는 삼배구고(三拜九叩)를 행했어요. 치욕의 삼전도비도 이때 세워졌지요.

남한산성(사적 제57호, 1626년, 경기도 광주시)
북한산성과 함께 수도 한양을 지키던 조선 시대의 산성이다. 병자호란 때 인조가 남한산성으로
피신해 45일을 버텼으나 식량이 떨어져 세자와 함께 성문을 열고 삼전도(지금의 송파구)에서
치욕적인 항복을 했다. 남한산성은 백제의 시조인 온조왕의 성터였다고도 한다. 사진은
남한산성 남문의 모습이다. 경기문화재단 사진 제공

남한산성 행궁

못다 핀 선구자, 소현 세자

삼학사로 불리는 홍익한, 윤집, 오달제는 척화의 주모자라는 죄목으로 중국 선양에 끌려갔습니다. 이들은 선양에서 모진 고문과 회유를 당하면서도 끝내 척화의 뜻을 굽히지 않다가 결국 참형을 당했어요. 또한 50만 명이나 되는 조선의 부녀자들도 공녀로 끌려갔습니다. 아무런 명분도 없이 권력에 눈이 먼 인조반정파로 인해 이런 참화가 닥친 거예요. 인조반정파가 내건 친명배금은 동북아시아의 정세를 제대로 파악하지 못해 명분도 잃고 실리도 놓치는 결과를 낳고 말았지요.

인조가 청 태종에게 항복하고 9일이 지난 후 인조의 맏아들인 소현 세자는 부인과 동생인 봉림 대군 부부와 함께 인질이 되어 청으로 끌려갔습니다. 청에 간 소현 세자는 조선이 믿어 왔던 명이 맥없이 무지는 것을 보았어요. 그리고 조선이 오랑캐라고 부르면서 멸시하던 청이 수준 높은 문화를 갖춘 강대국이라는 사실도 알게 되었지요. 조선이 목숨을 걸고 지키려 했던 친명배금이 민족의 자존에는 아무런 쓸모가 없음을 깨달은 거예요.

소현 세자는 북경에서 아담 샬이라는 독일인 신부를 알게 되었습니다. 과학자이기도 한 아담 샬은 소현 세자에게 천주교와 서양의 과학을 소개해 주고 서양의 천문학 책과 지구의, 천주상(天主像)을 선물로 주었어요.

난생 처음 서양 문물을 접한 소현 세자는 큰 충격을 받았습니다. 지금까지 그는 성리학이 세상에서 유일한 사상이라고 철석같이 믿고 있었어요. 당시 조선에는 서양의 과학 기술과 종교가 거의 알려지지 않은 상태였지요.

소현 세자는 청에서 인질 생활을 한 지 8년 만에 서른넷

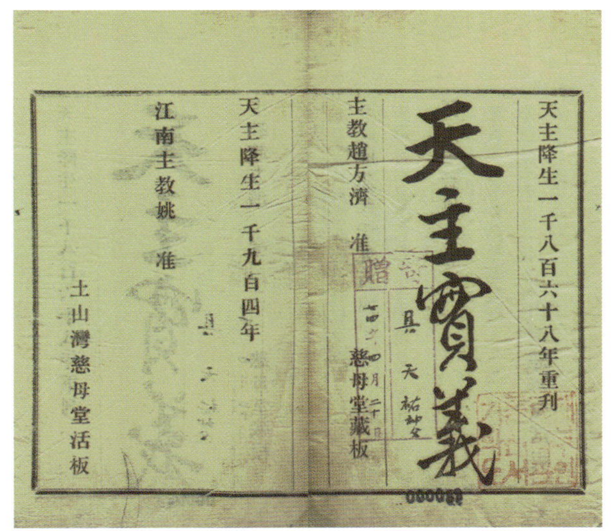

의 나이로 귀국하게 되었어요. 인조는 소현 세자가 청에서 가져온 천문학 책과 지구의 등을 보여 주자 화를 내며 벼루로 세자를 내리쳤다고 합니다.

그러던 어느 날 소현 세자가 갑자기 병을 앓게 되었어요. 의관은 소현 세자가 학질에 걸렸다고 진단하고 침을 놓았는데, 결국 사흘 만에 세상을 떠나고 말았지요. 당시만 해도 학질은 충분히 치료가 가능한 병이었어요. 소현 세자의 시신을 염습하는 데 참여한 친척 한 사람은 소현 세자가 독살당했다고 증언했습니다. 그 이유는 온몸이 검은빛을 띠었고, 이목구비의 일곱 구멍에서 피가 흘러나왔기 때문이에요.

하지만 인조는 소현 세자의 의문사에 대해 조사할 생각조차 하지 않았어요. 세자빈 강씨도 시아버지인 인조의 수라상에 독을 넣었다는 죄목으로 사약을 받고 죽지요. 결국 왕위 계승권도 소현 세자의 장자가 아닌 동생 봉림 대군(효종)에게 돌아가고 말았어요.

명과 청 사이에서 중립 외교를 펼치던 광해군을 인조반정으로 몰아낸 서인은 소현 세자를 몹시 못마땅하게 생각하고 있었어요. 인조도 청 태종이 자신을 퇴위시키고 소현 세자를 즉위시키려 한다는 의심을 품었지요. 청 왕실은 물론 청의 실력자들과 교분을 맺었던 소현 세자가 일정한 정치적 역할을 부여받고 왕의 권한을 미리 행사하기도 했으니 청과 맞섰던 인조가 두려움을 느꼈을 수도 있습니다.

서양 문명에 처음으로 눈을 뜬 소현 세자가 왕위를 이어받았다면 조선의 근대화는 훨씬 더 빨라졌을 것이고, 우리나라의 역사도 크게 달라졌을 거예요. 그리고 소현 세자가 일본에 앞서 서양의 과학 문물을 도입했다면, 구한말에 외세에 휘둘려 나라를 빼앗기는 일은 없었을지도 모릅니다.

북벌을 위해 키운 군대로 청을 돕다

병자호란 이후 조선은 청과 겉으로는 사대 관계를 맺었지만 속으로는 적개심이 가득해 북벌 정책을 추진하기도 했어요. 북벌론은 청에게 당한 굴욕의 수치를 씻고, 임진왜란 때 조선을 도와준 명에 대한 의리를 지키자는 주장입니다.

인조는 서인 중 일부 소장파의 척화 주전론이 청의 침략을 불러들였다고 생각해 남인을 일부 등용했어요. 이에 서인들은 북벌론을 주장하면서 견제했지요. 그렇다고 정통 성리학자들의 붕당인 남인이 북벌론을 반대한 것은 아니에요. 북벌 자체를 반대했다기보다 집권 서인을 견제했다고 봐야겠지요.

결국 북벌론은 서인의 정권 유지를 위해 이용되었고, 서인은 청과의 항쟁에 필요하다면서 군영을 창설해 자신들의 군사적 기반으로 삼았어요.

　인조의 뒤를 이어 즉위한 효종은 친청파인 김자점을 제거했습니다. 그리고 청에 강력히 반대했던 송시열, 송준길, 이완 등을 등용해 군대를 양성하고 성곽을 수리하는 등 북벌 준비를 해 나갔어요.

　효종은 북벌에 의욕을 보였으나 당시의 상황은 뜻대로 전개되지 않았습니다. 조선은 두 차례의 전란이 남긴 후유증에서 아직 벗어나지 못했고, 청은 이미 명의 잔여 세력을 소탕하고 안정기에 접어들었기 때문이지요. 상황이 이러하자 효종 말년에는 송시열도 군비 확충에 반대하는 입장에 섰어요. 결국 1659년 효종이 죽자 북벌론은 무산되고 말았지요.

　숙종 때에도 청의 내부에서 혼란이 일어난 것을 틈타 남인인 윤휴를 중심으로 북벌론이 제기되었습니다. 그러나 청이 곧 안정을 되찾고 윤휴가 실각함에 따라 실천으로 옮기지는 못했어요.

청을 정벌하기 위해 양성된 조선의 군대가 오히려 청을 돕는 데 쓰이기도 했습니다. 나선 정벌이 바로 그것이지요. 나선은 '러시안(Russian)'을 한자음으로 옮긴 말이에요. 청은 17세기 표트르 1세 때부터 시베리아를 경략해 온 러시아와 충돌하자 조선에 원병을 요청했습니다. 이에 조선은 북벌론에 대한 의심을 피하기 위해 어쩔 수 없이 출병해 러시아 군을 격퇴했어요.

청은 중국 대륙을 장악한 뒤 서양의 문물을 받아들여 강대국으로서의 면모를 갖추어 나가기 시작했습니다. 조선 사신은 귀국한 뒤 기행문이나 보고서를 통해 변화하는 청의 사정을 전하고 새로운 문물을 소개했어요. 이후 청을 배척만 할 것이 아니라 우리에게 필요한 것은 적극적으로 받아들이자는 북학론도 제기되었지요.

청은 중국 대륙을 차지한 뒤에도 자신들의 근거지였던 만주 지방을 성역화했습니다. 그런데 몇몇 조선인이 두만강을 건너가 인삼을 캐거나 사냥을 해서 청과의 국경 분쟁이 자주 일어났지요. 이에 조선과 청은 백두산 일대를 답사하고 서쪽으로는 압록강, 동쪽으로는 토문강을 경계로 확정해 1712년 백두산정계비를 세웠어요.

백두산정계비는 190여 년이 지난 대한 제국 때 간도의 영유권 문제를 일으키는 발단이 됩니다. 18세기 초 정계비를 건립할 때는 동쪽의 경계선인 토문강의 위치에 대해 이견이 없었지만 대한 제국 때는 양국 사이의 의견이 갈라진 것이지요.

5-5 인조반정과 병자호란

1 인조반정과 병자호란

- **배경** 임진왜란의 여파로 명은 쇠퇴해 가고 일본에서는 1603년 도쿠가와 이에야스가 에도 막부를 세움, 만주에서는 여진족이 1616년 누르하치에 의해 통일됨, 후금의 태종은 1636년에 국호를 청으로 바꿈
- **광해군의 중립 외교** 1608년 2월 왕위에 오른 광해군은 대동법 시행(1608년, 경기도), 양전 사업 실시(1611년) 등을 통해 임진왜란 뒤의 정국 수습에 나섬. 명과 후금 사이에서 실리를 꾀하는 중립 외교 추진
- **인조반정(1623년)** 광해군의 중립 외교와 폐모살제(인목 대비를 유폐시키고 영창 대군을 죽임)를 빌미로 친명배금을 내세운 서인 세력이 광해군을 축출
- **정묘호란(1627년)** 인조가 서인 정권의 친명배금 정책을 추진해 후금을 자극. 이괄이 이등 공신이 된 것에 불만을 품고 난을 일으켰으나 실패하자 후금으로 도망해 조선 침략을 종용. 후금의 침입으로 형제 관계를 맺음
- **병자호란(1636년)** 청이 군신 관계 요구 → 주화파(최명길)와 척화파(김상헌)의 대립 → 척화파 우세 → 청의 조선 침입 → 인조는 남한산성에서 45일간 항전 → 삼전도에서 굴욕적인 강화를 맺음, 청과 군신 관계 체결

2 전후 처리와 북벌론의 대두

- **치욕의 전후 처리** 조선 시대 한강의 나루터였던 삼전도(지금의 서울시 송파구 삼전동)에 삼전도비가 세워짐, 삼학사로 불리는 홍익한 · 윤집 · 오달제는 척화의 주모자로 중국 선양에 끌려가서 참형을 당함, 소현세자와 봉림 대군이 인질로 청에 끌려감, 50만 명이나 되는 조선의 부녀자들도 공녀로 청에 끌려감
- **소현 세자의 친청** 북경에 와 있던 아담 샬로부터 천주교와 서양의 과학을 배우고 천문학 책, 지구의, 천주상을 가져옴 → 서인에 의한 독살설
- **봉림 대군의 반청** 인조에 이어 왕위에 오른 효종(봉림 대군)은 친청파인 김자점을 제거하고 청에 강력히 반대했던 송시열, 송준길, 이완 등을 등용해 북벌을 준비→효종이 죽자 실행에 옮기지 못함

청에 끌려갔다가 돌아온 환향녀를 어떻게 봐야할까요?

'화냥년'의 어원은 '고향으로 돌아온 여인'이란 의미를 지닌 환향녀(還鄉女)에서 찾을 수 있어요. 환향녀는 임진왜란과 병자호란 이후 절개를 잃고 고향으로 돌아온 여성을 말합니다. 조선 시대 환향녀들은 정절을 잃었다는 이유로 남편들로부터 공개적으로 이혼 청구를 받았어요. 그러나 남자들이 이혼을 청구할 경우에는 먼저 왕의 허락을 받아야 했습니다.

청은 병자호란 직후에 약 50만 명의 조선 부녀자들을 끌고 갔어요. 이유는 돈과 부녀자를 맞바꾸기 위해서였지요. 정묘호란 때에도 서북 지방의 조선인을 강제로 납치해 이들을 돌려보내는 대가로 큰돈을 챙겼어요. 그래서 병자호란 때에도 돈을 많이 받을 수 있는 사대부 집안의 여자를 대대적으로 끌고 갔지요.

하지만 돈을 마련하느라 시간이 지체되면서 가난한 집안의 여자들은 끝내 돌아오지 못했고, 그나마 돈이 있는 집안에서는 비싼 값을 치르고 여자들을 돌아오게 했습니다. 이렇게 돌아온 환향녀들은 점점 사회적인 문제가 되었어요. 청군에게 끌려가 정절을 잃고 돌아와서 남편에게 버림을 받거나 가문에서 축출되었던 것이지요.

결국 국가가 나서서 불가피하게 절개를 지키지 못하는 경우에는 아내를 함부로 버리지 못하게 했습니다. 하지만 유교적 질서를 중시하는 양반들은 국가의 명을 따르지 않고 환향녀를 가문에서 축출하는 경우가 많았어요. 양반 체면에 주위의 이목이 두렵기도 하고, 또 그렇게 해야 자신의 가문이 살아남을 수 있다고 생각했기 때문이지요.

강화도에서 청군에 붙잡혀 끌려간 영의정 장유의 며느리는 절개를 지키지 못했다는 이유로 시부모로부터 이혼 청구를 당했습니다. 물론 처음에는 인조의 허락을 받지 못했어요. 장유가 죽은 후 장유의 아내 김씨는 환향녀라는 이유로는 며느리를 내쫓을 수 없게 되자 시부모에게 불손하다는 이유로 허락을 받아 이혼을 성사시켰어요.

엄밀히 따지면 이런 현상이 벌어진 것은 개인의 잘못이 아니라 환향녀를 제대로 지키지 못한 국가의 책임입니다. 전쟁 포로가 되었다가 풀려난 병사에게 용감하게 싸우다

환향녀들을 비난하기에 앞서 이런 상황을 만든
사람들을 먼저 비난해야 해요.

죽지 못했다고 비난하는 사람은 없을 거예요. 또 살아남기 위해 치욕적인 행동을 참아
낸 사람에게 비겁한 사람이라는 꼬리표를 붙이는 일도 없겠지요.

환향녀도 마찬가지입니다. 환향녀들의 상처가 크면 클수록 더욱 큰 배려가 필요한 것
은 당연해요. 정절을 지키지 못했다는 이유로 환향녀들을 비난하기에 앞서 이런 상황
을 만든 사람들을 먼저 비난해야 합니다.

모두가 본분을 지켰다면 환향녀 같은 불행한 일은 생기지 않았을 거예요. 다른 사람을
비난하기에 앞서 제 역할을 다했는지 스스로 돌아봐야 합니다. 그래야 개개인이 겪은
설움과 고통을 진심으로 이해하고 다시는 그런 고통을 겪지 않도록 노력할 수 있을 거
예요.

6 시대의 부침을 안고 있는 궁궐들 |
조선의 건축과 미술

궁궐이란 왕이 정무를 보는 청사나 왕과 왕족이 거주하는 주택, 그리고 그에 따른 부속 건물들을 총칭해서 이르는 말입니다. 조선의 5대 궁궐로는 경복궁, 창덕궁, 창경궁, 덕수궁(경운궁), 경희궁(경덕궁)을 꼽을 수 있어요. 궁궐의 배치 순서는 좌묘우사(左廟右社)에 따라 궁궐에서 앞쪽(남쪽)을 바라보았을 때 왼쪽에는 역대 왕과 왕비의 위패를 모셔 놓고 제사를 지내는 종묘를 두고, 오른쪽에는 토지와 곡식의 신에게 제사를 지내는 사직단을 두었습니다. 궁궐 내부에는 전조후침(前朝後寢)에 따라 성처럼 둘러진 담과 성루, 성문 등이 있고, 그 안에 국가의 큰 행사나 신하의 조례를 받는 정전과 왕이 일상적인 집무를 보는 편전, 그리고 왕과 왕비의 침전과 휴식 공간인 후원 등이 순서대로 배치되었어요.

- **1394년** 태조 이성계가 수도를 한양으로 옮기다.
- **1395년** 경복궁이 창건되다. 1405년(태종 5년)에는 창덕궁이, 1483년(성종 14년)에는 창경궁이 창건되다.
- **1611년** 월산 대군(성종의 형)의 저택이었던 정릉동 행궁에 '경운궁'이라는 정식 궁호가 붙다.
- **1623년** 1617년(광해군 9년)부터 짓기 시작한 경덕궁(경희궁)이 완성되다.

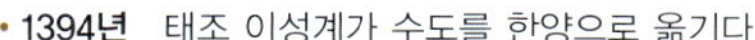

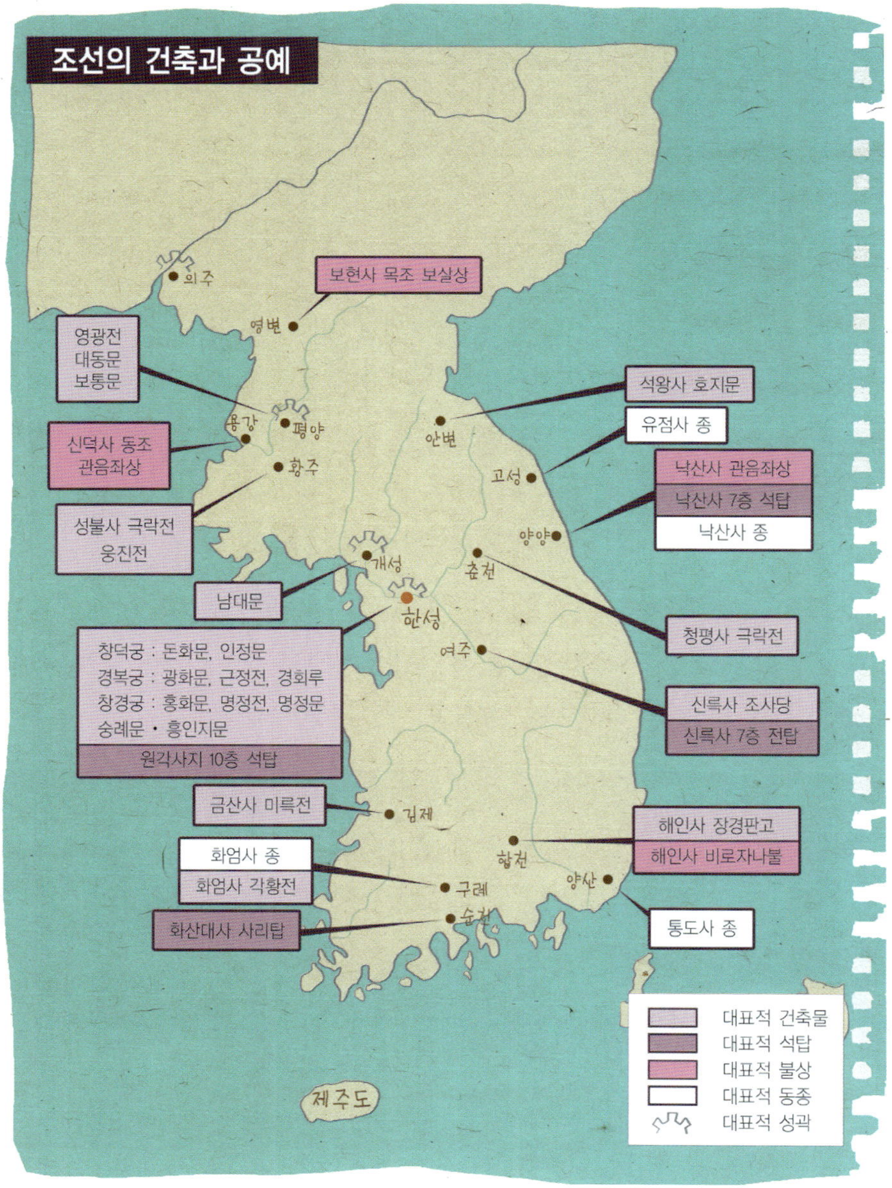

조선의 궁궐이 다섯 곳이나 되는 이유

궁궐이라고 하면 임금이 화려하게 꾸며 놓고 사는 곳을 떠올리기 쉽습니다. 하지만 한 국가의 최고 통치자가 살았다는 이유만으로 궁궐은 시대적 부침(浮沈)을 안고 있는 공간이자 종합 예술이라고 할 수 있어요. 따라서 궁궐을 잘 살피면 역사를 이해하는 데 많은 도움을 받을 수 있답니다. 하지만 안타깝게도 조선 시대 이전의 궁궐은 현존하는 건물이 없어요.

조선 시대에는 5대 궁궐 외에도 수많은 궁이 있었습니다. 왕이 거처했던 곳인 만큼 수요에 따라 계속 지었기 때문이에요. 예를 들어 고종이 왕이 되기 전에 거처했던 잠저이자 흥선 대원군의 사저였던 곳은 운현궁이 되었고, 정조가 궁궐을 벗어나 머물렀던 수원의 화성은 화성 행궁이 되었지요.

궁궐은 용도와 성격에 따라 법궁(法宮), 이궁(離宮), 별궁(別宮) 등으로 나뉩니다. 법궁은 왕이 늘 거처하는 중심 궁궐로서 흔히 정궁(正宮)이라고도 하지요. 조선 초의 법궁은 경복궁이라고 할 수 있어요. 그런데 왕이 정상적인 업무 수행을 할 때 또 다른 궁이 필요하거나 다른 곳에서 업무를 보고 싶을 때 제2의 궁궐을 축성했는데, 이것을 이

(왼쪽부터) **경복궁, 창덕궁, 덕수궁, 창경궁**
사진작가 서헌강 제공

궁이라고 했지요. 한 예로 태종은 경복궁이 있었지만 1405년 이궁으로 창덕궁을 지었어요. 별궁은 왕실의 필요에 따라 별도로 지은 궁궐을 말합니다. 태종은 1418년 세종에게 왕위를 물려주었어요. 이때 세종은 고려 시대 남경의 궁궐 자리에 상왕인 태종이 거처할 궁을 별도로 짓고 수강궁이라고 했습니다. 이 수강궁은 성종 때 다시 확장되면서 창경궁이라는 이름이 붙었지요.

그렇다면 창경궁은 왜 크게 지었을까요? 세조는 조카인 단종을 몰아내고 권력을 찬탈하기 위해 쿠데타를 일으켰어요. 사육신은 창덕궁에서 당시 상왕으로 물러나 있던 단종과 세조가 모두 참여한 가운데 명의 책명사를 맞이하는 연회를 베풀었습니다. 이 기회를 이용해 세조를 죽이려 했던 사육신은 결국 실패하면서 참형을 당하고 말았어요. 자신의 피가 묻은 경복궁과 창덕궁이 싫었던 세조는 수강궁으로 와서 죽었지요.

성종 때의 대왕대비도 이런 흔적이 남아 있는 창덕궁이 싫어 수강궁으로 가려고 했습니다. 이에 성종은 수강궁을 크게 확장해 창경궁의 면모를 갖추어 나갔던 거예요. 이때의 건물들은 임진왜란 때 불타 버렸고, 지금 남아 있는 것은 광해군 때 중건된 것이랍니다.

　덕수궁(경운궁)과 경희궁도 시대적 사연을 안고 있습니다. 두 궁궐은 임진왜란 때 경복궁과 창덕궁, 창경궁이 불타 버린 상황에서 조성되었지요. 덕수궁은 선조가 한양으로 돌아와 화재를 면한 곳을 찾다가 성종의 형인 월산 대군의 저택이었던 곳을 행궁으로 삼으면서 비롯되었어요. 하지만 덕수궁이 왕궁으로서의 규모를 갖춘 것은 고종 때였어요. 명성 황후가 경복궁의 건청궁에서 시해를 당하자, 고종은 러시아 공사관으로 옮겨 머무르게 됩니다. 이 아관 파천 때 러시아 공사관 옆에 있던 경운궁을 수리해 확장한 거예요.

　경희궁(경덕궁)은 광해군과 밀접한 관련이 있습니다. 광해군은 임진왜란 때 훼손된 창덕궁과 창경궁을 복구하면서 인경궁과 경덕궁을 창건하려고 했어요. 단종과 연산군이 쫓겨났던 창덕궁이 싫었던 거지요. 그래서 경운궁을 확장하면서 인왕산 밑에 새로 인경궁을 지었어요.

　그런데 후궁 소생으로 왕위에 오른 광해군의 귀에 거슬리는 소문이 떠돌았습니다. 인조의 아버지인 정원군(원종)의 집에 왕기가 서려 있다는 말이었어요. 그래서 광해군은 그곳을 빼앗아 경덕궁을 지어서 소문을 잠재우려고 했지요. 하지만 결국 광해군은 경덕궁으로 옮겨 가기도 전에 인조반정으로 내쫓기고 맙니다.

(왼쪽부터) 경희궁, 화성 행궁, 강화 행궁, 광주부 행궁

　　인조가 왕위에 오른 뒤 일어난 이괄의 난 때 창덕궁과 창경궁이 훼손되면서 경덕궁이 궁궐 역할을 하게 되었어요. 영조 때에는 경덕궁의 '경덕'이라는 이름이 인조의 아버지인 원종의 시호인 경덕(敬德)과 음이 같다고 해서 경희궁으로 고쳐 부르게 되었지요.

　　이처럼 궁궐의 축성과 복구 과정에 시대적 배경과 정치적 상황 등이 반영되어 있는 것처럼 궁궐의 구성과 배치에도 당시의 정치적 지향과 이념적 배경이 담겨 있습니다. 이 사실은 경복궁에서 잘 확인할 수 있어요. 정치적 의도로 기획되어 축성된 대표적인 궁궐이 경복궁이기 때문이지요. 이궁과 별궁, 행궁으로 출발한 다른 궁궐은 경복궁과 똑같을 수는 없지만 기본적으로는 경복궁의 형태를 따르고 있어요.

　　행궁은 왕이 휴양이나 능원(陵園) 참배, 전란 등으로 서울이 아닌 지방에 머무를 때 임시 거처로 쓰인 궁궐로, 용도에 따라 크게 세 가지로 구분할 수 있습니다. 먼저 온양 행궁처럼 휴양을 위해 설치한 행궁이 있고, 화성 행궁과 같이 지방의 능원 참배를 위해 머물던 행궁이 있으며, 강화 행궁이나 의주 행궁, 남한산성 내의 광주부 행궁 등과 같이 비상시에 위험을 피하기 위해 마련된 행궁이 있어요. 이 중 규모나 기능 면에서 으뜸인 행궁은 바로 화성 행궁입니다.

궁궐 건물에는 어떤 의미가 담겨 있을까?

경복궁을 보면 조선 사회가 철저하게 유교적 이념에 의해 통치되고 지배되었다는 사실을 알 수 있습니다. 신분 질서 가운데 가장 높은 지위를 차지하는 왕의 권위를 내세우고 통치를 정당화하기 위한 방식으로 지어진 것이지요.

먼저 경복궁에 지어진 여러 건물의 이름을 살펴볼까요? 조선 개국의 일등 공신이었던 정도전은 경복궁의 이름을 『시경』 「대아」편의 한 구절인 '군자만년개이경복(君子萬年介爾景福, 우리 임금 만년토록 큰 복을 누리소서)'에서 따와 지었어요. 정전의 이름도 백성들을 부지런히 다스리기를 바라는 뜻으로 근정전이라고 했고, 편전에도 왕의 사려 깊은 통치를 바란다는 뜻으로 사정전이라는 이름을 붙였지요. 또 왕의 오복을 비는 뜻에서 침전에는 강녕전이라는 이름을 붙였고, 왕비의 침전에는 엄중히 교접해 큰 자식을 얻어 왕조가 창창하게 이어지기를 바란다는 뜻에서 교태전이라는 이름을 붙였어요.

이는 창덕궁과 창경궁 등에도 적용되었습니다. 창덕궁의 정전인 인정전은 어진 정치를 펴라는 뜻이고, 편전인 선정전은 선정을 베풀라는 뜻이며, 왕비의 침전인 대조전은 큰 인물이 탄생되기를 바란다는 뜻이에요. 창경궁의 전 이름인 수강궁은 만수무강을 빈다는 뜻이지요. 이 밖에도 창경궁의 정전을 명정전, 편전을 문정전, 왕비의 침전을 통명전이라고 불렀는데, 여기에는 왕실의 번창과 함께 유학의 이념에 근거해 통치하고자 하는 바람이 담겨 있어요.

당시의 정치적 의도로 볼 때 이런 명칭들은

경복궁의 정문인 광화문 앞에는 악한 사람을 물리치는 상상의 동물인 해태가 놓여 있다. 머리에 뿔이 하나 달려 있다고 전해지는 해태는 해치라고 불리는데, 서울시의 상징물로 정해졌다. 관악산의 불기운을 막기 위해 물을 상징하는 해태를 세워 놓았다고 한다. 사진작가 서헌강 제공

불타는 숭례문

숭례문의 현판은 불의 기운을
누르기 위해 세로로 되어 있다.
숭례문의 '숭(崇)'은 불에 타는
형상을, '례(禮)'는 화(火)를 뜻한
다. 즉 관악산의 불기운을 맞불
을 놓아 막고자 한 것이다. 그러
나 숭례문은 2008년 2월 10일
불에 타고 말았다.

아주 작은 부분에 불과합니다. 궁궐의 축성 구조는 처음부터 끝까지
왕의 권위와 왕실의 번창을 기원하고 있기 때문이에요. 경복궁의 축
성도 이런 방향으로 진행되었습니다. 왕궁의 위치를 놓고 무학 대사
와 정도전, 정도전과 하륜 등이 풍수지리에 입각해 여러 논쟁을 벌였
던 거예요. 결국 북악산을 주산으로 하여 남쪽을 향해야 한다는 정도
전의 주장이 채택되었습니다. 그래서 역대 왕의 신주를 모시는 종묘
를 왼쪽(동쪽)에 배치하고, 토지와 곡식의 신에게 제사를 지낼 사직단
을 오른쪽(서쪽)에 배치한 후 경복궁이 축성되었어요.

궁궐의 구성과 배치도 축성 동기에 따랐습니다. 우선 궁궐은 성처

럼 담으로 둘러쳐져 있는데, 이는 외부 세계와 단절된 세계, 즉 백성

들의 삶과 전혀 다른 통치자의 지위와 권위를 상징해요. 하지만 축성

의 배치 과정을 보면 단순히 통치자의 권위나 신변 안전의 차원이 아

니라는 사실을 알 수 있습니다. 이것은 광화문에서 홍례문을 지나 근

정문에 들어가기 전에 영제교를 지나도록 배치한 것에서도 알 수 있

어요. 지금은 일제에 의해 홍례문이 없어지고 영제교도 근정전의 동

쪽으로 옮겨졌지만 원래 위치에 따르면 그렇다는 것이지요. 그런데

근정문으로 들어가는 곳에 왜 물이 흐르게 하고 영제교를 설치했을

까요?

　이에 대해 화마를 다스리기 위해 일부러 물이 흐르게 만들었다는

풍수학적 해석이 있지만 궁궐의 세계는 속세와는 전혀 다른 천상의

세계가 펼쳐지는 곳이라는 상징적 의미가 담겨 있어요. 왕이 거처하는 땅은 백성이 사는 땅과 확실히 구분되는 신성한 지역이라는 뜻이 담겨 있는 것이지요. 또한 벽사와 길상을 상징하는 동물인 서수(瑞獸)를 조각해 다른 이물질의 침범, 즉 왕실에 대한 도전을 막으면서 영원토록 왕실이 번창하기를 바라는 마음이 담겨 있는 것입니다.

경복궁만 그런 것이 아니에요. 창덕궁에서도 정문 역할을 하는 돈화문에서 인정문으로 들어가려면 금천교라는 돌다리를 지나야 합니다. 다리 위에는 해태가 앉아 있어요. 마찬가지로 창경궁의 정문인 홍화문에서 명정문을 들어서기 전에도 무지개다리로 유명한 옥천교를 지나야 하지요. 옥천교의 난간 기둥 위에도 역시 해태가 앉아 있답니다.

각각의 건물에도 왕의 권위를 나타내기 위해 치장을 했습니다. 근정전은 위엄 있게 보이기 위해 지붕에 용마루를 올렸고, 내부의 어좌 뒤에는 「일월오봉도」 병풍을 놓았으며, 천장 중앙에는 왕을 상징하는 황룡을 조각했어요.

하지만 궁궐에 정치적 의도만 담겨 있는 것은 아니에요. 궁궐은 종합적인 건축물로서 예술성도 마음껏 뽐내었지요. 조선 최고의 기술을 가진 장인들이 모여 민족의 정서를 담아 혼신의 힘으로 완성했기 때문이에요. 따라서 궁궐에는 당시의 사상과 감정, 그리고 예술적 특징이 담겨 있습니다.

궁궐은 역사의 기록이자 한 시대를 대표하는 종합 예술로서 훌륭한 민족 자산이라고 할 수 있습니다. 궁궐을 감상할 때 이런 시각으로 살펴본다면 예전에 느끼지 못했던 새로운 것들을 많이 발견할 수 있을 거예요.

광화문 수난사

임진왜란 때 소실된 광화문은 흥선 대원군 때 재건됐지만 일제에 의해 경복궁의 동문인 건춘문
북쪽으로 옮겨졌다. 이마저도 6·25 전쟁으로 소실됐다. 지금의 광화문은 조선 총독부 건물을
없애고 원래 자리에 세운 것이다.

광화문 육조 관아 거리

1927년 일제에 의해 옮겨지기 직전의 광화문 전경이다. 사진 왼쪽에는 중추원이 있었고 오른쪽에는 의정부가 있었다. 한일 합병 전에는 위엄이 서려 있던 육조 관아 거리가 아이들의 놀이터로 전락해 버렸다. 해태 상의 머리 위에 올라서 있는 아이를 누구도 제지하지 않고 있다.

광화문 원형의 측면(1900년)

927년 일제가 광화문을 건춘문 쪽으로 이전하기 전의 모습이다. 측면에 초소와 월대가 보인다. 이 사진을 보면 광화문의 지붕
서, 월대의 길이와 기둥의 개수, 초소, 담장, 기와 등이 현재 복원된 광화문과는 다소 다르다는 것을 알 수 있다.

경복궁(사적 제117호)
태조 3년(1394년) 한양으로 수도를 옮긴 후 세워졌다. 궁궐의 이름은 조선 개국 공신인 정도전이
『시경』「대아」편의 한 구절인 '군자만년개이경복(君子萬年介爾景福, 우리 임금 만년토록 큰 복을
누리소서)'에서 큰 복을 빈다는 뜻의 '경복(景福)'이라는 두 글자를 따서 지었다. 임진왜란으로
창덕궁·창경궁과 함께 전소된 것을 1867년 흥선 대원군이 중건했다. 그 뒤 1910년 일본인들이
건물을 헐고, 근정전 앞에 총독부 청사를 지으면서 옛 모습을 거의 잃었다. 사진작가 서헌강 제공

광화문 입구

광화문

서울시 종로구 세종로에 있는 경복궁의 남쪽 정문이다. 임진왜란 때 소실되었다가 1864년(고종 1년) 흥선
대원군이 경복궁을 중건하면서 다시 세워졌다. 한일 합병 후 1927년 조선 총독부가 경복궁 동문인
건춘문 북쪽에 이전시켰고, 그 후 6·25 전쟁으로 소실된 것을 1968년에 철근 콘크리트 구조로
복원시켰다. 2010년 8월에 광화문 복원 및 이전 공사가 완료되었다. 사진작가 서헌강 제공

근정문(보물 제812호) 근정전의 정문인 근정문은 우진각 지붕의 다포식 건물이다.

근정전(국보 제223호)
역대 국왕의 즉위식이나 대례 등을 거행하고 외국 사신을 맞이하던 경복궁의 정전이다. 1395년(태조 4년)에 지은 것은 임진왜란 때 불타고, 1867년(고종 4년) 11월에 흥선 대원군이 중건했다. 정도전이 지어 올린 '근정(勤政)'이라는 이름은 천하의 일은 부지런하면 잘 다스려진다는 뜻이다. 근정전에서 근정문에 이르는 길 좌우에는 정승들의 지위를 표시하는 품계석이 차례로 놓여 있다. 근정전 앞마당이 바로 문무백관이 조회를 한 조정이다.

경복궁 경회루(국보 제224호)
나라에 경사가 있거나 사신이 왔을 때 연회를 베풀던 누각이다. 처음에는 규모가 작은 누각이었으나 1412년(태종 12년)에 연못을 넓히면서 중건되었다. 우리나라에서 단일 평면으로는 규모가 가장 크고 연못과 건물이 멋진 조화를 이루고 있다. 사진작가 서헌강 제공

교태전 왕비의 침전인 교태전은 경복궁과 더불어 창건되었으나 화재로 소실되었고 그 뒤 1555년(명종 10년) 8월에 다시 지었으나 이것 역시 임진왜란 때 병화로 소실되었다. 지금의 건물은 1869년(고종 6년)에 새로 지은 것이다.

강령전 왕의 침전인 강령전의 가운데에는 대청마루가 있고 그 양옆으로는 온돌방인 동온돌, 서온돌이 있다. 온돌방은 우물 정 자(井) 모양처럼 9개의 방으로 나뉘는데, 왕이 드는 방은 가운데에 있다. 나머지 방에는 왕을 수발하는 상궁들이 드나들었다. 사진작가 서헌강 제공

경복궁 아미산의 굴뚝(보물 제811호) 아미산은 경회루를 세울 때 연못에서 파낸 흙으로 만든 교태전의 뒷동산이다. 붉은 벽돌을 쌓아 육각형 모양으로 만든 아미산의 굴뚝은 교태전 온돌방 밑을 통과해 연기가 나가는 구조로 만들어져 있다. 박쥐, 봉황, 소나무, 매화, 국화, 불로초, 바위, 새, 사슴 등으로 벽면을 장식했다.

경복궁 자경전 십장생 무늬 굴뚝(보물 제810호) 대왕대비가 거처하던 자경전의 뒤뜰 꽃무늬담에 설치된 굴뚝이다. 각 방과 연결되는 열 개의 굴뚝을 하나로 모아 만든 굴뚝 벽에는 십장생이 새겨져 있다. 십장생은 늙지 않고 오래 산다고 하는 해, 산, 물, 돌, 소나무, 구름(또는 달), 거북, 학, 사슴, 불로초 열 가지를 일컫는다.

경복궁 향원정
경복궁 후원의 넓은 연못 한가운데에 있는 2층 규모의 기와지붕 건물이다. 왕과 그의 가족들이 휴식을
취하던 공간이었다. 향원정이란 이름은 중국 북송의 유학자 주돈이가 지은 「애련설」 중
'향원익청(香遠益淸, 향기가 멀리 갈수록 더 맑다)'이라는 구절에서 유래한다. 향원정을 잇는 취향교는
원래 북쪽에 있었는데, 6·25 전쟁 때 파괴된 것을 1953년 재건할 때 남쪽에 설치했다.

창덕궁
1405년 경복궁의 이궁으로 지은 궁궐이다. 경복궁의 동쪽에 있어 창경궁과 더불어 동궐이라
불렸다. 임진왜란 때 소실된 이후 광해군 때 다시 지었는데, 고종 때 경복궁이 중건되기까지 정궁
역할을 했다. 비원으로 잘 알려진 창덕궁 후원에는 다양한 정자, 연못, 수목, 괴석 등이 멋진
조화를 이루고 있다. 1997년 유네스코 세계 문화유산으로 등록되었다.
사진작가 서헌강 제공

동궐인 창덕궁과 창경궁의 전경을 조감도식으로 그린 두 점의 궁궐 배치도다. 16첩 병풍으로 이루어진 「동궐도」에는 산과 언덕에 둘러싸인 두 궁궐의 전각, 다리, 담장 연꽃, 괴석 등이 실제와 같은 모습으로 세밀하게 묘사되어 있다. 산과 언덕은 중국 남종화의 기법에 따라 묘사하고, 건물의 원근은 서양화 기법에 따라 처리한 듯하다. 조선 왕궁의 건물 배치나 조원 연구 등에 귀중한 자료로 평가받고 있다.

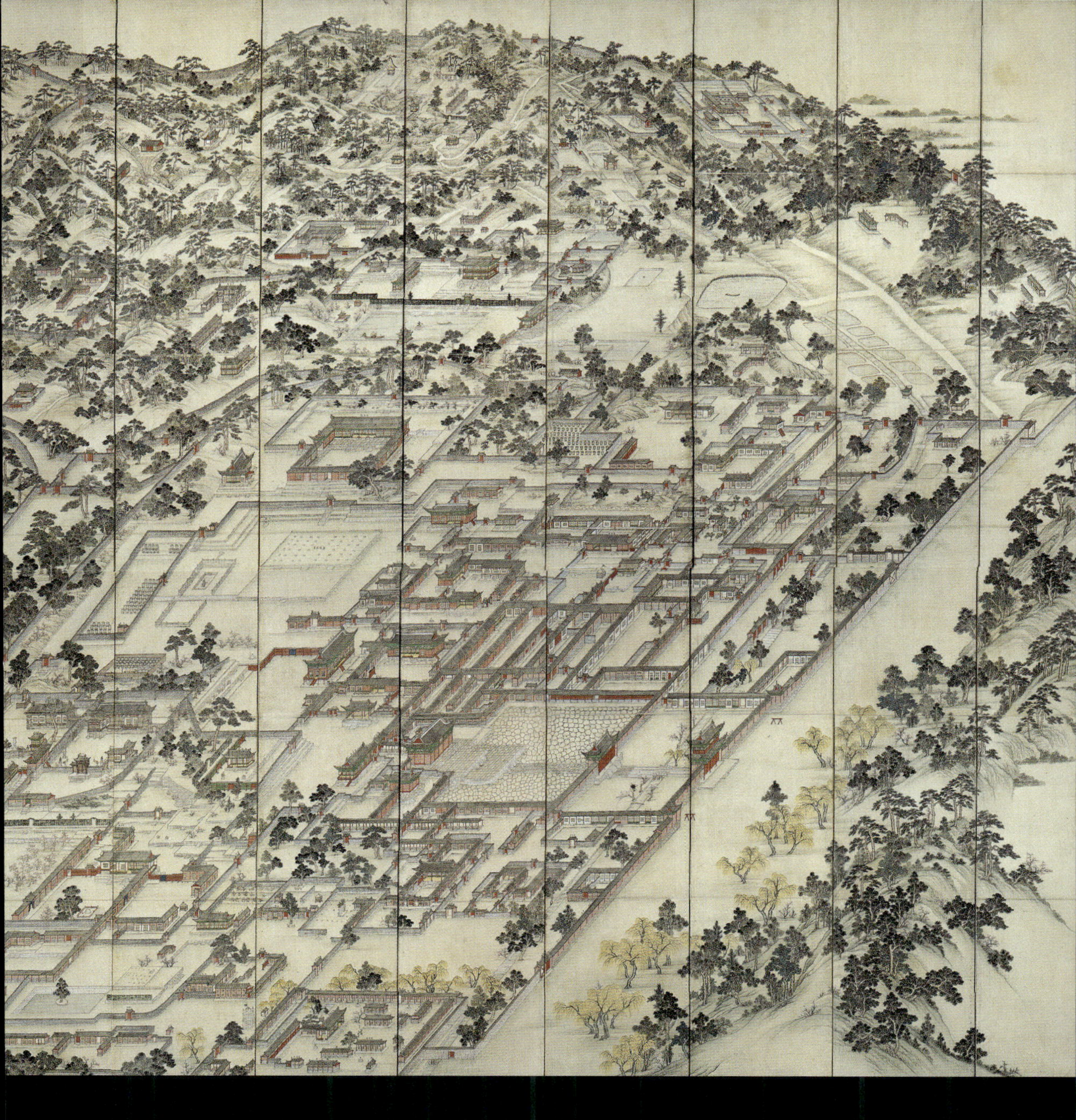

돈화문(보물 제383호, 창덕궁)

창덕궁의 정문인 돈화문은 1412년(태종 12년)에 처음 세웠으나 임진왜란 때 소실되었다. 광해군 1년(1608년)에 창덕궁을 다시 지으면서 문도 함께 세웠다. 창경궁의 정문인 홍화문과 함께 새로운 문루 양식을 보여 주는 조선 중기의 중요 건축물이다.

인정문(보물 제813호, 창덕궁)

인정전의 정문인 인정문은 효종, 현종, 영조 등 조선 왕조의 왕이 즉위식을 거행하고 왕위에 오른 유서 깊은 문이다. 조선 영조 20년(1744년)에 불탄 것을 복구했다.

인정전(국보 제225호)

왕위 즉위식, 왕과 신하들의 조회, 외국 사신 접견 등 중요한 행사를 열던 창덕궁의 정전이다. 왕세자나 세자빈의 책봉 등 국가의 커다란 경사가 있을 때에도 왕이 인정전에서 신하들의 축하를 받았다. 1910년 한일 합병 조약이 체결된 곳이기도 하다. 태종 때 처음 지었는데, 지금의 건물은 1804년에 다시 지은 것이다.

「헌종가례도병」(보물 제733호, 115.7×51.5cm, 동아대학교 박물관)
헌종이 효정 왕후 홍씨와 혼인하는 모습을 그린 8폭의 병풍이다. 제1폭에는 예식을 맡아보는 예문제장 조병구가 쓴 축하의 글이 실려 있고
제8폭에는 선전관청에 있는 사람들의 관등, 성명, 본관 등이 기록되어 있다. 제3~7폭에는 혼례를 치르는 장면과 창덕궁 인정전을 비롯한 궁궐
내부의 모습이 그려져 있다. 140여 년 전의 궁중 혼례 모습을 그대로 담고 있어 사료적 가치가 높다.

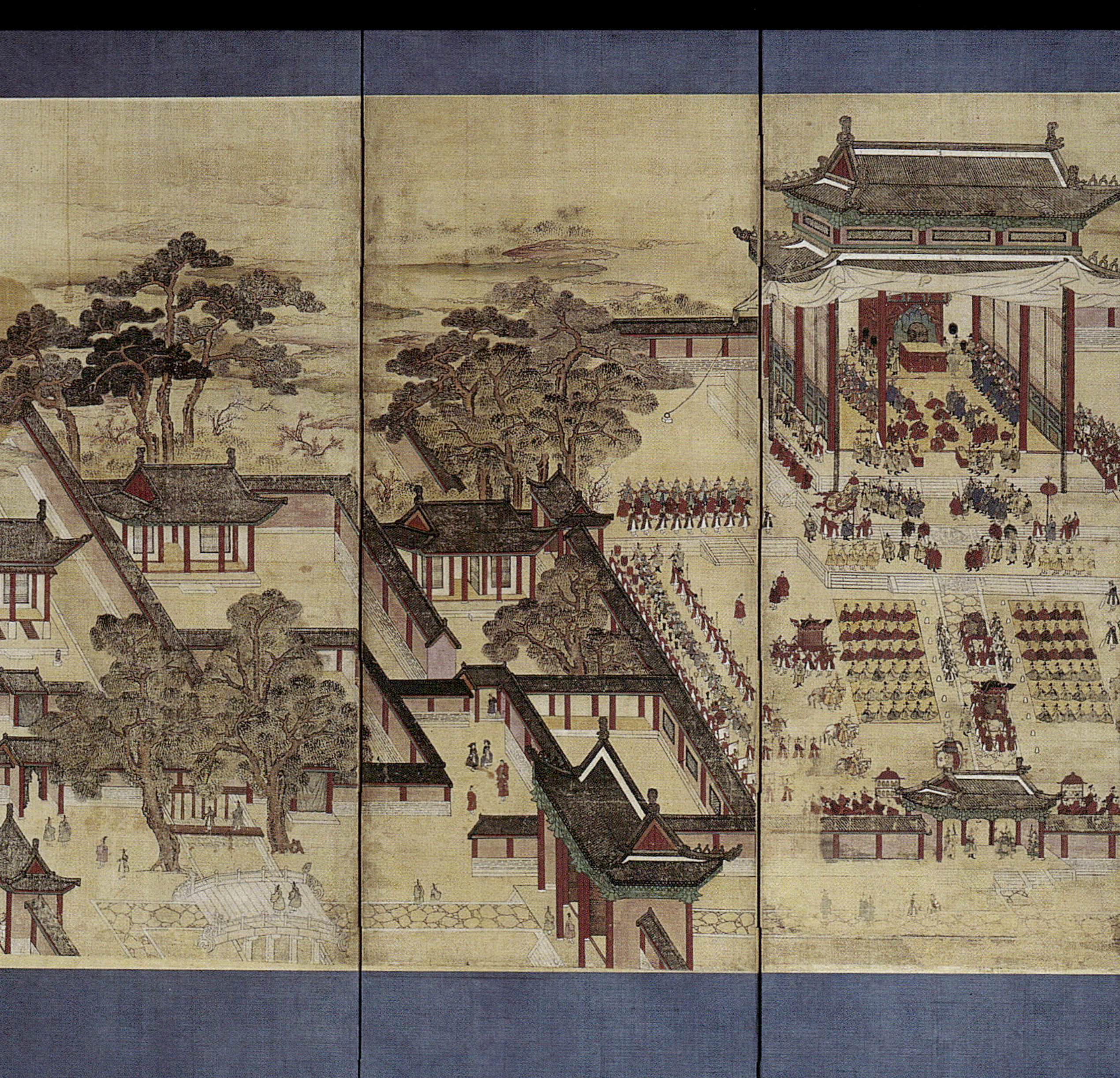

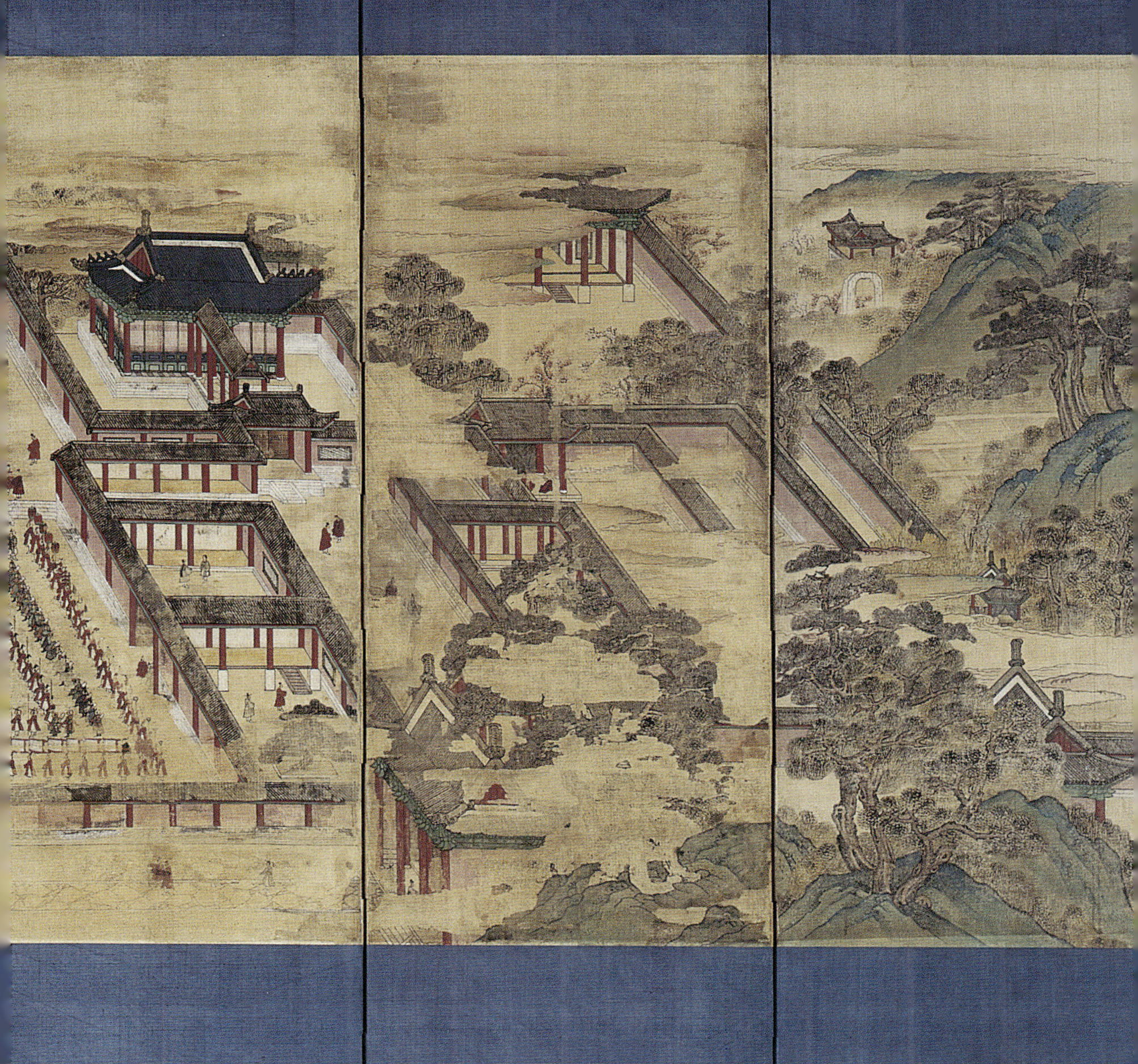

(왼쪽) 선정전(보물 제814호, 창덕궁)과 (오른쪽) 희정당 입구

왕이 평상시에 거처하던 일상적인 업무 공간이다. 선정전에서 왕과 신하들이 국사를 의논하고 왕비와 함께 크고 작은 행사를 치렀다.

조선 후기에 희정당이 편전으로 사용되면서 별로 활용되지 못했다.

대조전(보물 제816호, 창덕궁)

왕비의 생활 공간이다. 1917년 불에 타 없어지자 1920년 일제가 경복궁의 교태전을 뜯어 와 새로 지었다.

희정당(보물 제815호, 창덕궁)

원래 침전으로 사용했으나 조선 후기부터 왕의 집무실로 사용했다. 1917년 창덕궁 화재로 불에 타 없어지자 1920년 일제가 경복궁의 강녕전 건물을 뜯어다 새로 지었다. 한식 건물에 서양식 실내 장식을 하고 있다.

선원전(보물 제817호, 창덕궁)

조선 시대 역대 왕과 왕후의 초상을 봉안하고 제사를 지냈던 곳이다. 궁궐 밖으로는 종묘를 두었고, 궁 안에는 선원전을 두었다고 한다.

낙선재

헌종 13년(1847년)에 건립되었고, 후사를 위해서 후궁 경빈 김씨를 간택해 보금자리로 마련한 곳이다. 이후 국상을 당한 왕후와 후궁들이 주로 거주했다. 대한 제국의 마지막 황태자 영친왕이 이곳에서 사망했다. 상중에 왕후들이 기거하던 곳이라 하여 단청도 하지 않아 마치 여염집 같은 여유로움이 엿보인다.

부용정

창덕궁 후원에 조성된 인공 연못인 부용지에 세워진 정자다. 부용(芙蓉)은 연꽃을 뜻한다. 부용정에서 왕이 과거에 급제한 선비들에게 주연을 베풀어 주었다. 정조 16년(1792년)에 숙종 33년(1707년)에 지은 택수재를 고쳐 짓고 부용정이라 불렀다고 한다.

주합루

1층은 왕실의 책을 보관하는 규장각이고, 2층은 도서관 열람실인 주합루다. 1777년 정조가 즉위한 해에 세워진 주합루에는 다산 정약용을 비롯해 박제가, 유득공 등 문신들의 발자취가 서려 있다. 누각 맞은편에 부용지와 부용정이 있다. 주합루에서 바라보는 부용지는 창덕궁 후원의 백미라 할 수 있다.

창경궁(사적 제123호)

성종 14년(1483년)에 태종이 거처하던 옛 수강궁터에 세운 궁궐이다. 임진왜란 때 모두 불타 버려서 광해군 때인 1616년에 다시 지었다. 조선 시대 궁궐 가운데 유일하게 동쪽을 향해 지어진 창경궁은 왕이 기거했던 곳은 아니다. 창덕궁의 공간이 부족해 왕의 어머니인 대비를 위해 별도로 만든 공간이다. 순종이 즉위한 후 일제가 1909년 궁궐 안의 전각들을 헐어 버리고 동물원과 식물원을 설치한 뒤 창경원으로 이름을 낮추기도 했다. 1984년 궁궐 복원 사업을 시행해 원래의 이름인 창경궁을 되찾았다. 사진작가 서헌강 제공

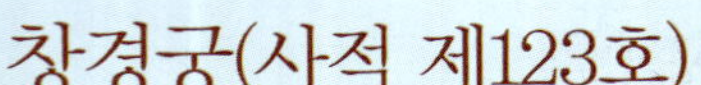

홍화문(보물 제384호, 창경궁) 성종 15년(1484년)에 지은 창경궁의 정문이다. 임진왜란 때 불에 타 광해군 8년(1616년)에 다시 지었고,
지금 있는 건물은 그 뒤 여러 차례 수리했다.

명정전(국보 제226호, 창경궁) 창경궁의 정전인 명정전은 신하들이 왕에게 새해 인사를 드리거나 국가의 큰 행사를 치렀던 곳이다.
성종 15년(1484년)에 지어졌고 임진왜란 때 불탔던 것을 광해군 8년(1616년)에 다시 지었다.

옥천교(보물 제386호, 창경궁) 홍화문 앞을 흐르는 옥류천에 가로질러 놓은 다리이다. 성종 15년(1484년)에 조성되었다. 홍예가 연결되는 중앙에는 악귀를 물리치기 위해 귀면이라는 짐승 얼굴을 조각해 놓았다. 다리 가운데에 귀면이 보인다.

통명전(보물 제818호, 창경궁) 창경궁 내 왕의 침전인 통명전은 연회 장소로도 사용되었다. 지금의 건물은 순조 34년(1834년) 창경궁을 고쳐 세울 때 지어졌다. 궁궐 안 내전 중 가장 큰 건물이다.

덕수궁

외세의 시련을 겪는 과정에서 조선 후기의 정식 궁궐로 자리 잡았는데, 이곳에서 주로 생활했던 왕은 고종이다. 고종은 나라의 이름을 대한 제국으로 바꾸고 자주 정책을 펼쳤지만 외세의 압력에 시달렸다. 일제 침략 이전에 덕수궁은 미국 대사관저 앞에서 신문로에 이르는 길, 정동극장에서 경향신문사에 이르는 정동길 일대까지 연결되어 있었다. 사진작가 서헌강 제공

대한문

덕수궁의 정문이었던 인화문은 정전인 덕수궁 중화전의 앞(서울시청 별관 건물 자리)에 있었으나 앞이 막혀 있어 대로에 접해 있는 동쪽의 대안문을 정문처럼 사용하게 되었다. 1906년 대안문을 수리한 후 이름도 대한문으로 고치고 정문으로 삼았다. 대한문이 원래 덕수궁의 정문이 아니었기 때문에 다른 궁궐의 정문처럼 이름 가운데에 화(火) 자가 들어가지 않는다.

덕수궁 중화전 및 중화문(보물 제819호)

덕수궁 함녕전(보물 제820호)

(왼쪽) 석조전

대한 제국 황제의 집무 공간으로 사용하기 위해 덕수궁 내에 지은 근대식 3층 석조 건물이다.
1900년(광무 4년)에 공사를 시작해 1910년(융희 3년)에 완성했다. 1층은 거실, 2층은 접견실 및 홀, 3층은
황제와 황후의 침실 · 거실 · 욕실 등으로 사용되었다. 기둥 윗부분은 이오니아식, 실내는 로코코 풍으로
장식한 석조전은 당시에 건축된 서양식 건물 가운데 규모가 가장 크다.

(오른쪽) 중화전(보물 제819호)

왕이 하례를 받거나 국가 행사를 거행하던 조선의 마지막 정전이다. 1902년(광무 6년) 창건 당시에는 2층
건물이었는데, 1904년 불에 타 없어진 후 1906년에 단층으로 고쳐 지었다. 중화전이 있어 덕수궁이 정식
궁전에 포함되었다고 해도 지나치지 않을 정도로 중요한 건물이다. 건물의 규모가 아주 크거나 화려하지
않다는 것은 당시 조선의 국력이 어떠했는지를 잘 보여 준다.

경희궁

광해군 8년(1616년)에 세웠을 때는 경덕궁이었는데, 영조 36년(1760년)에 경희궁으로 이름을 고쳤다. 경복궁의 서쪽에 있다고 해서 서궐이라고 불리기도 한다. 1624년 이괄의 난으로 창덕궁과 창경궁이 크게 불타자 인조가 이곳에서 9년간 지내기도 했다. 많은 부속 건물이 있었으나 1829년(순조 29년) 화재로 대부분 소실되었다. 사진작가 서헌강 제공

신의 정원 조선 왕릉

1392년 고려 멸망 후부터 조선 왕조가 멸망한 1910년까지 519년 동안 지속된 조선 시대 왕들의
무덤이다. 왕과 왕비들의 무덤이 함께 보존되어 있다. 조선 왕실의 장례와 제례 문화를 보여 주는
소중한 문화재다. 2009년 6월 27일 유네스코 세계 문화유산으로 지정되었다.

선릉

조선 제9대 왕인 성종과 계비 정현 왕후의 능이다. 왕릉과 왕비릉을 같은 능역 안의 각각 다른
언덕에 조성한 동원이강릉(同原異岡陵) 형식을 따랐다. 성종은 25년간 왕위에 있다가 창덕궁
대조전에서 38세의 나이로 승하했다.

왕릉의 구조와 모습

왕릉 가까운 곳에는 제례를 준비하는 재실이 있다. 재실을 지나면 홍살문(왕릉이 신성한 영역임을 상징하는 붉은 문)을 만나게 된다. 참도(참배하러 가는 길)를 지나면 정자각(왕의 신위를 봉안하고 제례를 올리는 곳)이 나오고 그 뒤편으로 시신을 안치한 봉분이 있다. 봉분 앞에는 문인석(문관 조각상), 무인석(무인 조각상), 석마(돌로 만든 말) 등 다양한 석물이 배치되어 있다.

헌릉

조선 제3대 왕인 태종과 원경 왕후 민씨의 능이다. 두 개의 능이 같은 언덕에 조성된 쌍릉인데, 조선 태조의 건원릉 형식을 따랐다. 두 능은 12칸의 난간석이 둘러싸고 있다. 정자각 근처에 있는 소전대(燒錢臺, 제례의 마지막 절차인 지방을 태우는 곳)는 건원릉과 헌릉에서만 볼 수 있는 조선 초기의 석물이다.

세조 13년(1467년)에 세운 대리석 사리탑이다. 3단의 기단부에 10층의 탑신부와 상륜부로 구성되어 있다. 전체적인 형태나 세부 구조가 고려 시대의 경천사지 10층 석탑과 매우 비슷하다. 탑이 있는 지금의 탑골 공원에는 원각사라는 절이 있었지만 16세기 때 없어졌다.

조선의 건축과 미술

조선 초에는 사원 위주의 고려 건축과는 달리 궁궐, 관아, 성문, 학교 등이 건축의 중심을 이루었어요. 이런 건물은 주인의 신분에 따라 크기와 장식에 일정한 제한을 두었지요. 『경국대전』에 따르면 품계에 따라 칸수가 정해져 있었는데, 아무리 높은 신하라도 100칸을 넘지는 못했어요.

건국 초기에는 도성을 건설하고 경복궁을 지었으며, 곧이어 창덕궁과 창경궁을 세웠어요. 창경궁의 명정전과 창덕궁의 돈화문은 지금도 당시의 모습을 간직하고 있지요. 도성의 정문인 숭례문은 우리의 부주의로 안타깝게도 불타고 말았지만, 고려의 건축 기법과는 다른 방식을 채택해 조선 전기의 건축을 대표하고 있습니다.

조선은 유교 국가였지만 왕실의 후원을 받은 불교 건축물도 많았어요. 무위사 극락전은 검박하면서도 단정한 특징이 있고, 팔만대장경을 보관하고 있는 해인사 장경판전은 당시의 과학과 기술을 집약하고 있지요. 세조 때 대리석으로 만든 원각사지 10층 석탑은 이 시기의 대표적인 석탑입니다.

조선 후기에 불교가 어느 정도 자리를 잡고 정치적·경제적인 변화가 나타나면서 건축에도 새로운 변화가 나타났어요. 양반과 신흥 부농, 성공한 상공업 계층 등의 지원 아래 많은 사원이 세워진 것이지요.

17세기의 건축으로는 금산사 미륵전, 화엄사 각황전, 법주사 팔상전 등을 꼽을 수 있어요. 이 건축물들은 모두 양반 지주층의 경제적 성장과 지원으로 불교의 지위가 향상되었다는 것을 말해 줍니다. 모두 규모가 큰 다층 건물이고, 내부는 하나로 통하는 구조로 되어 있어요.

18세기에는 신흥 부농과 상공인의 지원을 받아 장식성이 강한 사원이 많이 세워졌습니다. 대표적으로 논산 쌍계사, 부안 개암사, 안성 석남사 등을 꼽을 수 있어요. 19세기의 건축으로는 흥선 대원군이 왕의 권위를 높일 목적으로 재건한 경복궁의 근정전과 경회루가 화려하고 장중한 건물로 유명합니다.

조선 전기에 궁중이나 관청에서는 금이나 은으로 만든 그릇 대신에 백자나 분청사기를 널리 사용했어요. 고려 말에 나타난 분청사기는 청자에 백토의 분을 칠한 것으로 안정된 모양과 소박한 무늬가 어우러져 구김살 없는 우리의 멋을 잘 보여 주지요. 분청사기는 16세기부터 세련된 백자가 본격적으로 생산되면서 점차 생산이 줄어들었어요. 조선의 백자는 고상함을 풍겨 선비의 취향과 어울렸기 때문에 널리 사용되었지요.

15세기 그림은 도화서에 소속된 화원의 그림과 관료이자 문인인 선비의 그림으로 나눌 수 있습니다. 이 시기의 가장 유명한 화가로는 안견과 강희안을 꼽을 수 있어요. 화원 출신인 안견은 역대 화가들의 기법을 체득해 독자적인 경지를 개척했습니다. 안견의 대표작인 「몽유도원도」는 두루마리 그림과 달리 그림의 줄거리가 왼편 하단부에서 오른편 상단부로 전개되고 있어요. 이 작품은 왼편의 현실 세계와 오른편의 이상 세계를 대각선의 운동감을 활용해 조화롭게 구현한 걸작이지요.

문인 화가인 강희안은 시적 정서가 넘치는 낭만적인 그림을 주로 그렸어요. 대표작인 「고사관수도」는 간결하고 과감한 필치로 인물의 내면 세계를 표현했지요.

보은 법주사 팔상전(국보 제55호, 높이 22.7m, 충청북도 보은군)
우리나라에 남아 있는 유일한 조선 시대 이전의 목조탑이다. 벽면에 부처의 일생을 여덟 장면으로 나누어
그린 「팔상도(八相圖)」가 그려져 있어 팔상전이라는 이름이 붙었다. 전체적인 형태는 돌로 만든 2단 기단부
위에 목조로 5층 탑신부를 쌓고 맨 위에는 철제로 만든 상륜부를 두고 있다.

노비 출신으로 화원에 발탁된 이상좌는 색다른 분위기의 그림을 그렸습니다. 대표작인 「송하보월도」는 바위틈에 뿌리박고 모진 비바람을 이겨 내고 있는 노송을 통해 굳센 기개를 표현했어요.

조선 후기의 그림에서 가장 두드러진 경향은 진경산수화와 풍속화의 유행입니다. 진경산수화는 중국의 남종과 북종 화법을 고루 수용해 우리의 고유한 자연과 풍속에 맞게 창안한 것이에요. 18세기에 활약한 정선은 서울 근교와 강원도의 명승지를 두루 답사하고 사실적인 그림을 그렸습니다. 대표작인 「인왕제색도」와 「금강전도」에서 바위산은 선으로 묘사하고 흙산은 묵으로 묘사하는 기법을 사용해 산수화의 새로운 경지를 이룩했지요.

정선의 뒤를 이어 등장한 김홍도는 풍속화와 산수화, 기록화, 신선도 등을 많이 그렸습니다. 김홍도는 논이나 들판, 씨름판, 서당 등에서 자신의 일에 몰두하는 사람들의 특징을 포착해 익살스럽게 그렸어요. 이런 그림에는 18세기 후반의 생활상이 생생하게 담겨 있지요.

도화서의 화원이었던 김홍도는 정조의 총애를 받아 신분의 한계를 뛰어넘어 현풍 현감에 임명되기도 했어요. 김홍도는 당대 최고의 미술 평론가라고 할 수 있는 강세황의 후원을 받으면서 마음껏 자신의 재능을 발휘했습니다.

강세황은 서양화 기법을 반영해 사물을 실감나게 표현했어요. 강세황이 송도(개성) 지방의 명승고적을 여행하면서 그린 『송도기행첩』 중의 하나인 「영통동구도(靈通洞口圖)」에는 선비 화가가 포착한 격조 높은 풍경이 개성 있게 표현되어 있어요.

김홍도와 함께 풍속화의 쌍벽을 이룬 신윤복은 주로 양

강세황 초상(보물 제590호, 국립중앙박물관)
조선 최고의 초상화가 이명기의 작품이다. 당대 최고의 미술 평론가로 꼽히는 강세황은 새로운 서양화 기법을 수용하는 데 기여했다.

반과 부녀자의 생활과 유흥, 남녀 사이의 애정 등을 해학적으로 묘사했어요. 낭만적인 분위기를 효과적으로 나타내기 위해 섬세하고 유려한 필선과 아름다운 채색을 즐겨 사용했지요. 신윤복의 대표작으로는 「연당야유도」, 「미인도」 등이 있습니다.

19세기에 이르러 장승업은 강렬한 필법과 채색으로 뛰어난 기량을 발휘했어요. 장지연의 『일사유사』 「장승업전」에는 비교적 자세하게 장승업에 관한 기록이 적혀 있습니다. 고아로 자란 장승업은 중인들이 몰려 사는 수표교 부근의 이응헌의 집에서 살면서 주인 아들의 어깨 너머로 글과 그림을 배웠어요. 술과 여인을 몹시 좋아해 술자리에서 여인이 술을 따라 주면 그 자리에서 그림을 그려 주었다고 합니다. 장승업은 중국의 남종화법과 북종화법을 모두 소화했고, 청 말의 근대화풍과 음영법을 수용하는 등 우리나라 근대 회화의 토대를 마련한 인물이에요. 평생 독신으로 살았던 장승업은 안견, 김홍도와 함께 조선의 3대 거장으로 꼽힙니다.

진경산수화와 풍속화는 김정희 등 문인화의 부활로 침체되었다가 한말에 새로운 모습으로 다시 나타났습니다. 김정희는 고금의 필법을 두루 연구해 굳센 기운과 다양한 조형성을 가진 추사체를 창안함으로써 서예의 새로운 경지를 열었어요.

또한 김정희는 금석문에 관한 저서인 『금석과안록』에서 북한산 비봉에 있는 석비는 조선을 건국할 때 무학 대사가 세운 것이 아니라 진흥왕 순수비이며, '진흥'이라는 칭호도 왕의 생전에 사용한 것임을 밝혔습니다.

김홍도 초상화(조선중앙력사박물관)
강세황의 후원과 정조의 총애에 힘입어 김홍도는 풍속화, 산수화, 기록화 등 다양한 그림을 그렸다.

일제가 의도적으로 바꾼 이름들

덕수궁, 창경원, 석굴암, 사직 공원, 북한산 …… 모두 우리에게 친숙한 이름들입니다. 그런데 이 이름들은 일제 강점기 때 일본이 의도적으로 개명한 것들이라는 데 문제가 있습니다.

1484년 성종은 세 왕후의 거처를 위해 창경궁을 지었어요. 창경궁은 중종이 대장금의 진료를 받았던 곳이고, 영조와 사도 세자의 '뒤주 비극'이 일어난 장소이기도 해요. 정조가 어머니 혜경궁 홍씨의 회갑 기념으로 가난한 백성에게 쌀을 나눠 준 곳 역시 창경궁이지요. 수많은 왕과 왕비, 왕자, 공주가 태어나고 늙고 병들어 죽은 곳이 바로 창경궁입니다.

수백 년이 흐른 1909년 일제는 조선 왕조의 혼이 깃든 창경궁의 전각들을 헐고 동물원과 식물원을 만들었어요. 한일 합병 뒤엔 궁(宮)을 원(苑)으로 격하시켰지요. 그것도 모자라 창경궁과 종묘를 잇는 산허리를 깎아 도로를 냈습니다.

궁 안에는 벗나무 수천 그루를 심어 밤 벚꽃 놀이를 했어요. 창경궁이 궁의 위엄을 잃고 창경원으로 지낸 70여 년 동안 우리는 창경원 벚꽃 놀이에 빠져 있었지요. 1983년 복원 계획에 따라 창경궁이라는 이름을 되찾기까지 무려 74년이나 걸렸어요.

덕수궁도 격하된 명칭이에요. 순종이 일제의 권고에 못 이겨 고종이 있던 경운궁에 '덕수'라는 궁호를 내렸기 때문이지요. 임진왜란 직후 선조는 세조의 큰 손자인 월산 대군의 사저였던 경운궁을 임시 행궁으로 사용했습니다. 1608년 선조가 승하한 후 광해군이 이 궁에서 즉위하면서 경운궁이라는 이름을 붙였어요. 일본 통감부는 고종 황제를 강제로 퇴위시키고 순종을 창덕궁으로 옮기게 하면서 경운궁을

덕수(德壽)
덕수는 '선왕의 덕과 장수를 기린다'는 뜻이다. 국가 통치를 위한 궁에 왕의 장수 정도를 기리는 의미를 부여하는 것은 격에 맞지 않다. '나라 운을 기린다'는 '경운(慶運)'의 의미가 퇴색될 수밖에 없다.

덕수궁으로 바꿨습니다.

고종은 아관 파천을 단행하고 1년 넘게 러시아 공사관에 머물다 경운궁으로 환궁했지요. 대한 제국 시기에 고종 황제와 함께한 경운궁에는 자주독립의 정신까지 깃들어 있어요.

창경궁과 경운궁만 수난을 당한 게 아닙니다. 조선 왕조의 사당이 있던 사직단(社稷壇)도 일제가 제사를 폐지하고 '사직 공원'으로 격하시켰어요. 사직 공원은 나중에 원래 지위와 모습을 되찾아 다시 사직단이 되었지요.

경주 불국사의 부속 암자로 알려진 석굴암은 8세기경에 김대성이 창건할 당시 이름은 석불사(石佛寺)였습니다. 『삼국유사』에는 김대성이 현세의 부모를 위해 불국사를 세우고, 전생의 부모를 위해 석불사를 세웠다는 기록이 있어요. 석불사는 일제가 '사찰'을 '암자'로 격하시켰지요.

북한산은 원래 삼각산으로 불렸어요. 삼각산이란 명칭은 주봉인 백운대를 중심으로 북쪽에 인수봉, 남쪽에 만경대의 세 봉우리가 삼각형으로 놓여 있는 데서 유래합니다. 북한산이란 명칭은 일제 강점기 때 일본 학자가 삼각산을 폄하하기 위해 1900년대 초부터 사용한 거예요. 1711년 숙종이 만든 북한산성을 염두에 두고 남한산(성)과 대비해 '한강 북쪽에 있는 산'이란 뜻을 담고 있지요.

일제는 삼각산에 동네 뒷산 정도로 치부하는 북한산이란 명칭을 부여하고 쇠 말뚝까지 박아 산의 기운을 누르려고 했어요. 1983년 북한산 국립 공원이 지정되면서 북한산이란 명칭이 굳어졌지요.

이름에는 기운이 서려 있고, 이름은 이미지를 결정합니다. 원래의 의미 있는 이름을 되찾아야 하는 이유이지요.

「**몽유도원도**」(1447년, 38.7×106.5cm, 일본 덴리대 도서관)
조선 전기의 화가 안견이 1447년(세종 29년) 안평 대군의 꿈 이야기를 듣고 그린 산수화다. 현실 세계에서 출발해 이상향인 도원에 이르는 과정을 장중하게 표현한 대작이다. 몽유도원(夢遊桃源)은 '꿈속에서 무릉도원을 노닐다'라는 뜻이다.

「고사관수도」(15세기, 23.4×15.7cm, 국립중앙박물관)
시·글씨·그림에 모두 뛰어나 안견·최경과 함께 삼절(三絶)로 칭송되었던 강희안(1418~1465년)의 작품이다. 바위에 기대 물을 바라보며 사색에 잠긴 선비의 모습을 그린 문인화다. 배경을 간단하게 처리하고 먹의 농담을 과감하게 표현했다.

「금강전도」(국보 제217호, 1734년, 94.5×130.8㎝, 삼성미술관 리움)
겸재 정선(1676~1759년)이 영조 10년(1734년)에 내금강의 모습을 그린 것이다. 정선은 조선 후기 진경산수
(우리나라에 실재하는 산수를 묘사하는 화풍)라는 독자적인 화풍을 이룩한 화가다. 이 그림은 특이하게도 금강산의
모습을 원형으로 표현했고 산봉우리를 길쭉하게 그렸다. 좌우가 부드러움과 거침, 흑색과 백색의 대비를
이루어 태극 무늬를 연상시킨다.

「**인왕제색도**」(국보 제216호, 1751년, 138.2×79.2cm, 삼성미술관 리움)

조선 후기의 화가인 정선이 비 온 뒤 인왕산의 모습을 그린 것이다. 짙은 소나무 사이사이에 피어오르는 물안개를 사실적으로 표현해 장엄한 분위기를 연출했다. 영조 27년(1751년)에 그린 이 작품은 정선이 남긴 400여 점의 유작 가운데 규모가 가장 크고 정선의 화법이 잘 나타나 있어 조선 후기 진경산수화의 걸작으로 평가받는다.

김홍도(1745~?)의 『단원풍속도첩』에 들어 있는 작품 중 하나다. 「무동」에는 서민들의 구수하고도 익살스러운 흥겨움이 넘쳐난다. 풍악의 가락이 고조되어 가는 가운데 무동(舞童)의 옷자락에는 신바람이 일고 있고, 피리 부는 사나이의 볼은 한껏 부풀어 올라 있다.

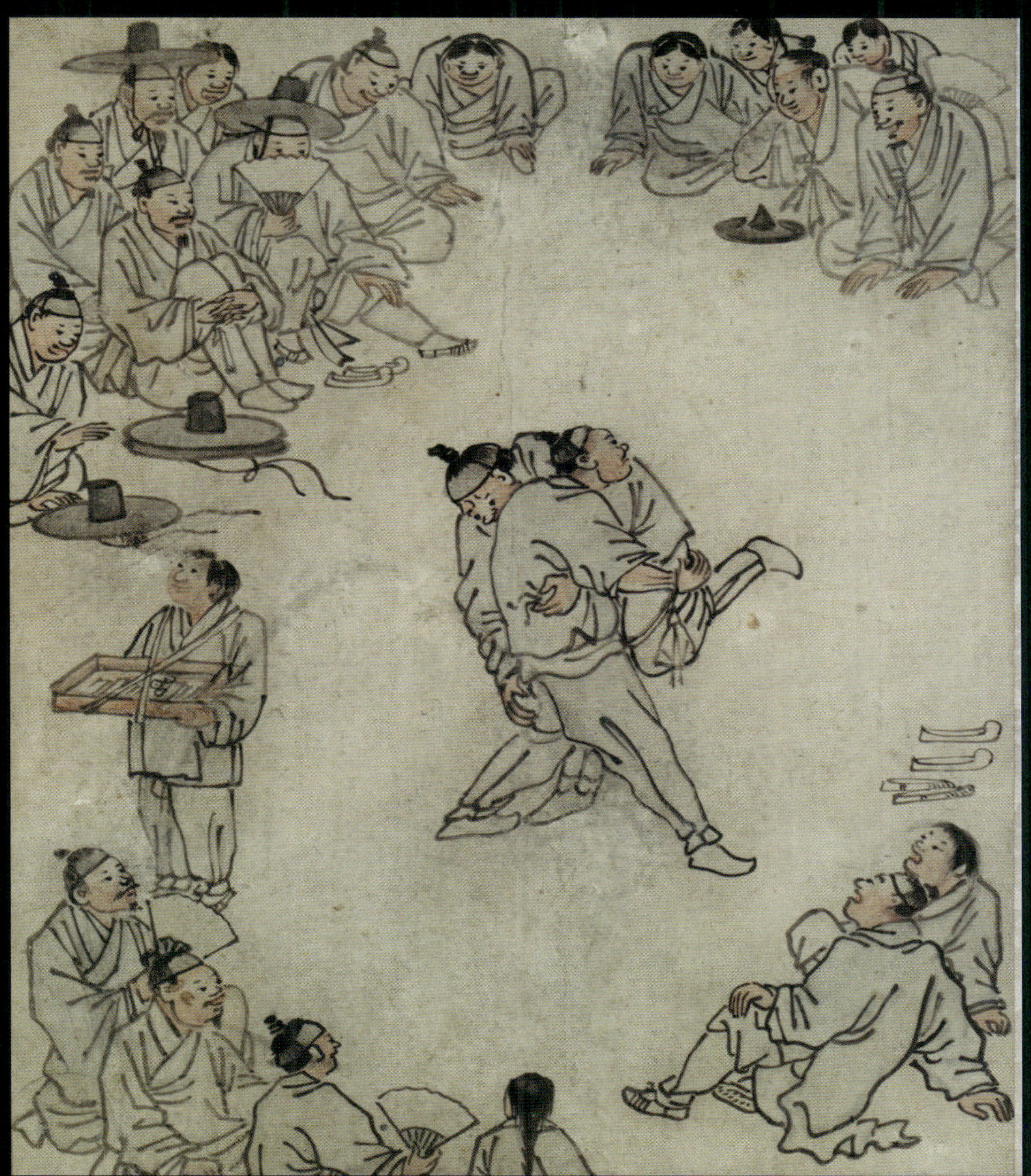

맞붙은 씨름꾼을 중심부에 배치한 원형 구도의 그림이다. 고조된 분위기에도 아랑곳하지 않는 엿장수와 벗어 놓은 신발짝으로 빈 공간을 메워 놓아 안정감을 높였다. 씨름꾼이나 구경꾼들의 표정에 박진감이 나타나 있어 작품에 역동성을 더하고 있다.

「행려풍속도병」(90.9×42.7cm, 8폭, 국립중앙박물관)

선비가 지방을 유람하면서 풍속을 직접 둘러보고 있는 모습을 담은 김홍도의 풍속화다. 많은 미술사가들은 비단 위에

세밀한 선으로 기품 있게 표현한 이 작품을 장지에 속필로 그린 『단원풍속도첩』보다 더욱 높게 평가하기도 한다.

「송하보월도」(16세기,
82.3×190.6cm,
국립중앙박물관)
시동을 데리고 산책 나온
선비가 달빛에 비친
소나무를 바라보고 있는
이상좌의 그림이다. 화면을
압도하는 키 큰 소나무가
선비, 아이, 먼 산과
대조적인 모습을 보여 준다.
대각선 구도의 화면은 마치
소나무가 바람에 나부끼는
듯 생동감을 더한다.

「미인도」
(45.7×114.2cm, 간송미술관)
김홍도·김득신과 함께 조선의 3대 풍속
화가로 꼽히는 혜원 신윤복(1758~?)의
작품이다. 이 그림을 통해 당시의 미인은
쌍꺼풀이 없고 작고 가녀린 눈을
지녔음을 알 수 있다. 가슴의 노리개를
만지작거리는 모습에서 여인의 청초함이
느껴진다.

「단오도」(28×35cm, 간송미술관)

신윤복의 풍속화다. 화면 상단의 강렬한 색채와 그네 뛰는 여인을 중심으로 화면이 펼쳐져 있다. 해학적인 멋을 빈틈없는 구도로

처리해 신윤복의 풍속화 가운데 백미라 할 수 있다. 여인들을 훔쳐보는 남자들의 표정이 재미있다.

「월하정인」(간송미술관)

국보 제135호인 『혜원풍속도첩』에 수록되어 있다. 은은한 달빛 아래 남녀가 은밀하게 만나는 장면을 그린 작품이다. 재미있는 것은
달의 볼록한 모양이 위로 향하고 있다는 사실이다. 이는 달이 지구 그림자에 가려지는 월식일 경우에만 가능하다. 또 월식은
보름달이 뜰 때 일어나는데. 밤 12시 전후인 자시 무렵에 가장 높이 뜬다. 천문학적 정보를 토대로 분석했을 때 그림 속의 남녀는
1793년 8월 21일 자정에 만난 것으로 추정된다.

「영통동구도」(53.4×32.8㎝, 국립중앙박물관)

조선 후기의 화가 강세황(1713~1791년)이 그린 진경산수화다. 대담한 필치와 채색의 농담으로 바위와 산의 모습을 처리한 점이 돋보인다. 이 작품은 개성 일대를 여행한 후에 그린 16점의 그림을 담은 『송도기행첩』 가운데 하나다.

조선 후기의 화가 이인문(1745~1821년)이 그린 산수화. 사계절의 경관을 환상적으로 묘사해 놓은 이 작품은 9m에 이르는 거대한 화폭에 대자연과 다양한 인간사를 파노라마처럼 펼쳐 놓은 대작이다. 강산무진(江山無盡)은 '끝이 없는 강산'을 의미한다.

조선 후기의 문신이자 서화가인 추사 김정희(1786~1856년)가 1844년 제주도 유배지에서의 심경을 표현한 그림이다. 북경에서 귀한 책들을 구해다 준 제자인 이상적의 인품을 소나무와 잣나무에 비유해 이 그림을 그렸다. 언뜻 보면 단조로운 그림처럼 보이지만 상징적 의미를 담고 있다. 늙은 소나무는 김정희 자신을, 그 옆의 곧은 소나무는 젊은 이상적을, 푸른 소나무는 선비의 절개를 의미한다.

歲寒圖
藕船是賞
阮堂

「방황자구법산수도」(31×151.2cm, 호암미술관)
조선 후기의 화가(1843~1897년)인 오원 장승업이 중국의 다양한 필법을 소화해 능숙한 필치로 거침없이 그린 작품이다. 장승업은
일찍 부모를 여의고 이응헌의 집에서 살면서 그 집에 소장되어 있는 원·명대의 그림을 접했다. 그러던 어느 날 갑자기 신이
들린 듯 그림을 그리게 되었는데, 술에 취해야만 좋은 그림이 나왔다고 한다.

「초충도 수병」(보물 제595호, 18세기, 동아대학교 박물관)

검은 비단에 풀과 나비, 잠자리 같은 곤충을 수놓아 만든 병풍 그림이다. 구도나
기법이 독특할 뿐 아니라 자연의 아름다움을 사실적으로 세밀하게 묘사했다.
5만 원 권 지폐에 이 병풍의 일곱 번째 폭에 있는 가지 그림이 사용되었다.

5만 원 권에 그려진 「초충도 수병」과 신사임당

조선의 초상화

조선의 초상화는 현대의 극
사실주의 화풍에 비견될 만
큼 사실적으로 표현되었다.
인물의 눈썹 한 올, 작은 반
점까지 놓치지 않고 그려 초
상화의 주인공이 어떤 병을
앓았는지까지 짐작할 수 있
을 정도다. 전통적인 초상화
관에 따라 '터럭 한 올이라
도 다르면 그 사람이 아니다
(一毫不似 便是他人)'라고 믿
었다.

윤두서 자화상(국보 제240호, 1710년)
겸재 정선, 현재 심사정과 더불어 조선의
3재로 불리던 윤두서가 그린 자화상이다.
생동감 넘치는 필력을 보여 주는 초상화
최고의 명품으로 꼽힌다. 정면을 향한 눈
과 꽉 다문 두툼한 입술이 강인한 인상을
준다. 이렇게 자신과 마치 대결하는 듯한
느낌의 초상화는 우리나라 초상화에서
그 유례를 찾을 수 없다.

서직수 초상(보물 제1487호, 국립중앙 박물관)

김홍도와 이명기가 함께 그린 조선 후기 초상화의 걸작이다. 1796년에 얼굴 부분은 이명기가 그렸고, 몸 부분은 김홍도가 그렸다. 얼굴의 반점이 인상적이다. 사대부상 가운데 대표적인 작품인데, 우리나라 초상화에서는 드물게도 서 있는 모습 전체를 그린 전신입상(全身笠像)이다. 그림의 주인공인 서직수(1735~?)는 1765년 진사시에 합격한 뒤 평생 서화를 벗하며 지냈다.

한복 입은 남자(폴 게티 미술관)

바로크 미술의 거장인 피터 폴 루벤스(1577~1640년)의 작품이다. 안토니오 코레아로 알려진 이 인물은 임진왜란 때 일본에 포로로 잡혀 갔다가 이탈리아의 상인을 따라 로마에 가서 정착한 것으로 알려져 있다.

조선의 초상화

수양 대군에 의해 죽임을 당한 안평 대군(1418~1453년)은 서예와 시문, 그림, 가야금 등에 능했다. 김구, 양사언, 한호(한석봉)와 더불어 조선 전기 4대 명필로 꼽힌다.『훈민정음 해례본』의 서문과 『묘법연화경』 등에 안평 대군의 글씨가 남아 있다.

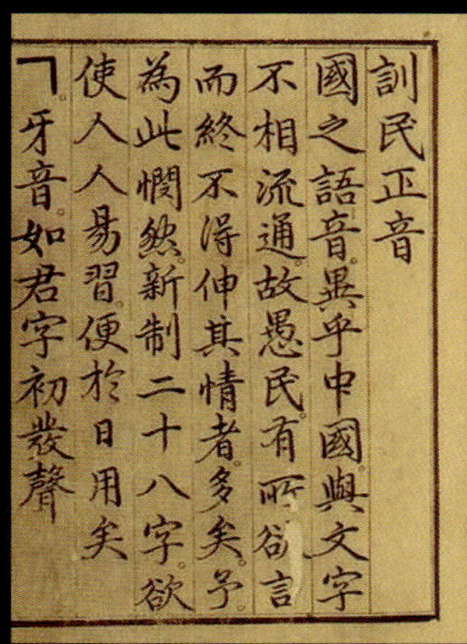

『훈민정음 해례본』 서문

지장경 금니사경
하버드대학교에서 발견되었고, 안평 대군의 친필로 추정된다.

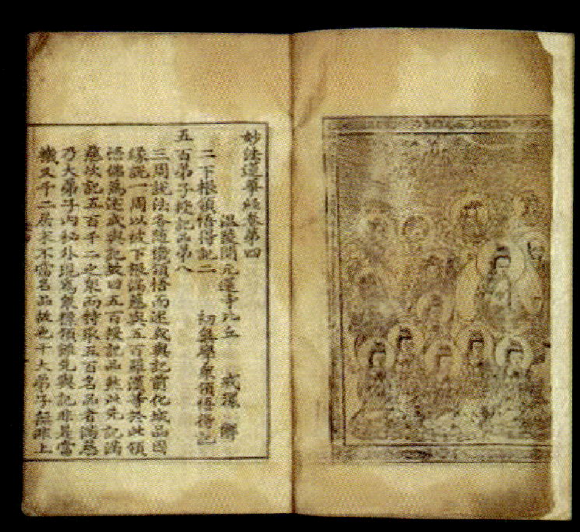

『묘법연화경』(보물 제693호)
우리나라 천태종의 근본 경전이다. 휴대하기 편리하도록 작게 만들었다. 우리나라에서 유통된 불교 경전 가운데 가장 많이 간행되었다.

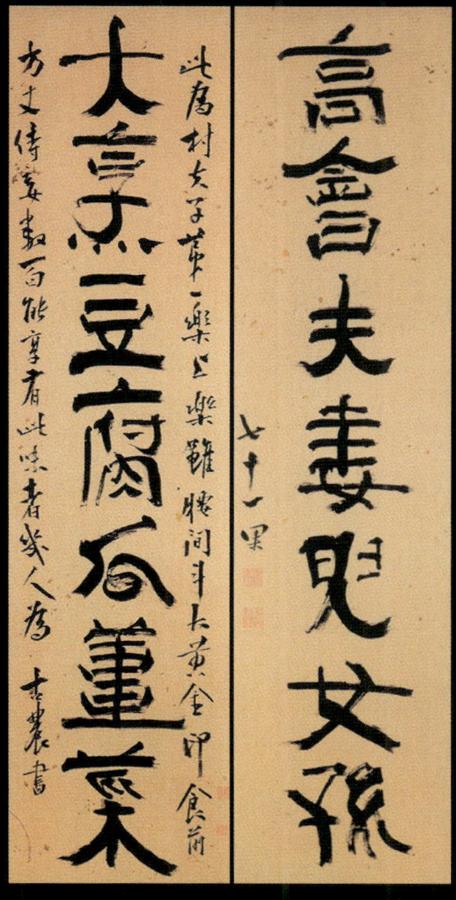

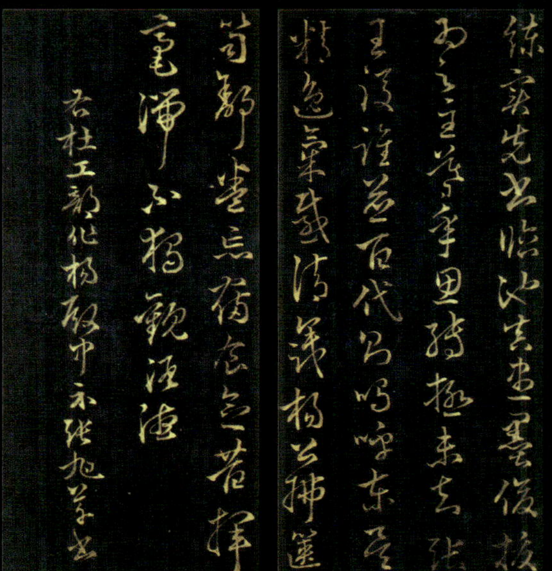

(위 왼쪽) 봉래 양사언 선생이 쓴 시구 글씨
서체의 무게 중심을 윗부분에 두어 다소 과감하게
표현했다. 시조로 잘 알려진 양사언은 조선 중기의
대표적인 서예가이기도 하다. 벼슬을 하면서도 틈틈이
자연과 더불어 여가를 즐기며 느낀 감흥을 큰 글자의
초서로 남기곤 했다.

(위 오른쪽) 김정희(1786~1856년)의 추사체
조선 후기의 대표적인 서예가인 김정희가 한국과 중국의
옛 비문을 보고 만든 추사체다.

(왼쪽) 한호가 쓴 두보시(16세기)
강하고 굳센 필획의 석봉체는 오늘날까지도 전해 내려온다.
선조가 한호의 글씨체로 천자문을 만들어 널리 보급했을
정도로 석봉체는 조선의 표준 서체로 자리 잡았다.

순백의 멋, 조선 백자

고려청자처럼 화려하지도, 분청사기처럼 대담하지도
않다. 선비들의 고결한 정신과 절제의 미덕을 담고 있기
때문이다. 맑고 청아한 백자의 흰색은 조선의 유교
정신을 상징한다.

백자매화대나무 무늬 항아리
(백자철화매죽문대호,
국보 제166호, 국립중앙박물관)

백자철화포도문호
(국보 제93호,
국립중앙박물관)

청화백자매조죽문호
(국보 제170호,
국립중앙박물관)

백자진사매국문병
(국보 제168호, 국립중앙박물관)

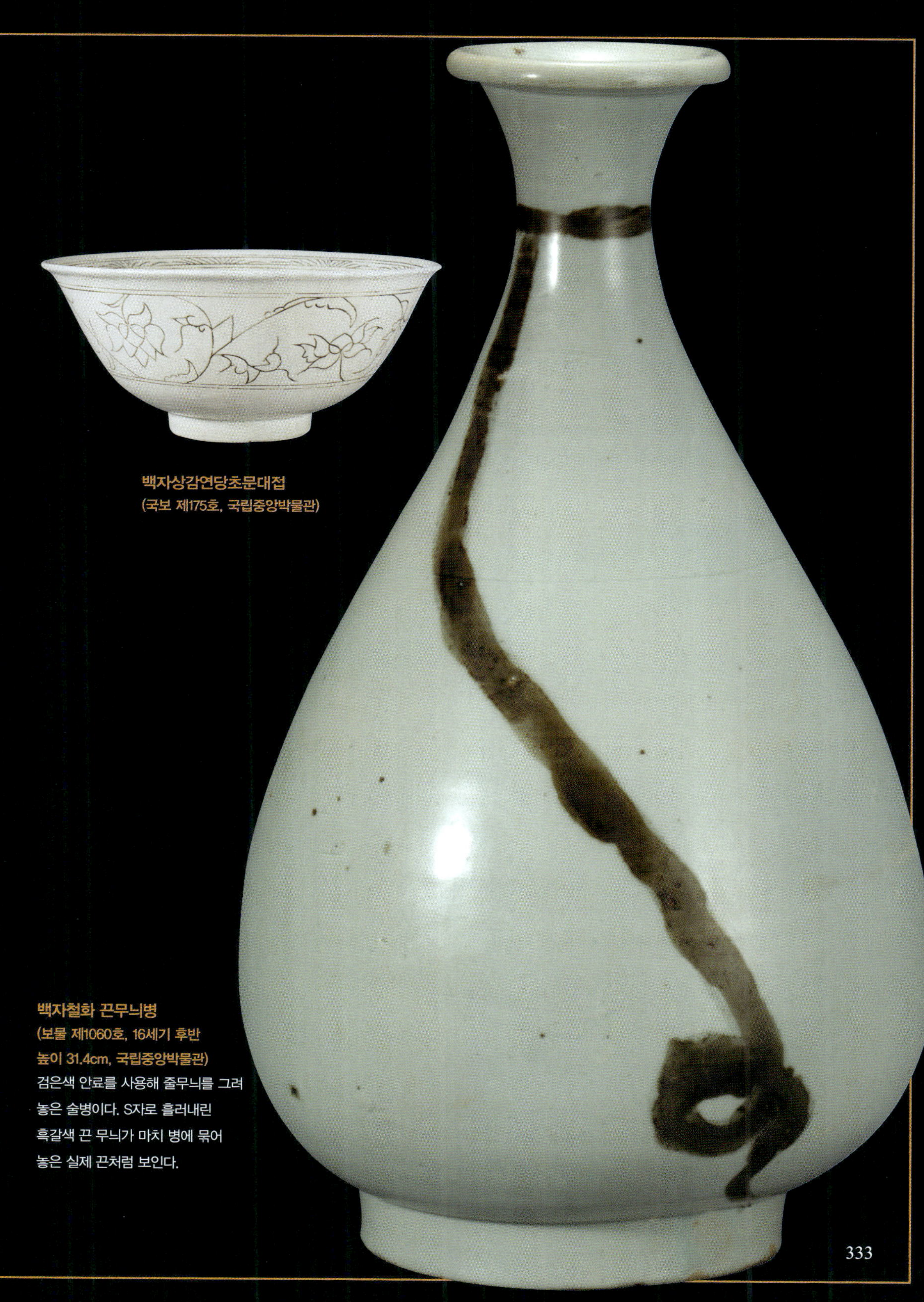

백자상감연당초문대접
(국보 제175호, 국립중앙박물관)

백자철화 끈무늬병
(보물 제1060호, 16세기 후반
높이 31.4cm, 국립중앙박물관)
검은색 안료를 사용해 줄무늬를 그려
놓은 술병이다. S자로 흘러내린
흑갈색 끈 무늬가 마치 병에 묶어
놓은 실제 끈처럼 보인다.

대담한 분칠, 분청사기

14세기 후반부터 16세기 후반까지 약 200년 동안 만들어진 자기다. 그릇 표면에 백토를 바르고 무늬를 그리거나 새겨 넣은 뒤 다시 구워 냈다. 백토를 바르면 마치 분을 바른 것 같아 분을 칠한 청자라는 의미로 분청자라고도 부른다. 표면 장식을 보면 마치 현대 도예 작품을 보는 듯 소박하고, 자유분방하고, 경쾌하다.

분청사기박지모란
문철채자라병
(국보 제260호,
국립중앙박물관)

청자상감유어문매병
(보물 제347호, 높이 30cm,
국립중앙박물관)

분청사기상감연당초문병
(보물 제1067호, 높이 31.7cm,
국립중앙박물관)

분청사기상감용문호
(국보 제259호, 국립중앙박물관)

탐스런 달덩이, 백자 달항아리

17세기 후반에서 18세기 전반에 유행했던 순백자다. 유백색을 띠는 둥근 형태가 달덩이 같다고 해서 달항아리라는 이름이 붙었다. 높이가 대개 40cm를 넘어 넉넉함과 여유로운 분위기를 풍긴다. 달처럼 둥근 모습에 절로 손이 가지 않을 수 없다.

달항아리(백자대호, 국보 제310호, 17세기 후반~18세기 전반, 높이 43.8cm, 국립고궁박물관)
백자대호는 보통 높이가 40cm 이상 되는 대형 달항아리다. 순백의 미와 균형감은 우리나라 백자 고유의 독특한 형식이다. 완전한 좌우 대칭이 아닌 약간 비틀어진 형태가 생동감을 준다.

달항아리
(백자대호, 보물 제1437호, 국립중앙박물관)

5-6 조선의 건축과 미술

1 조선의 궁궐

- **5대 궁궐** 경복궁, 창덕궁, 창경궁, 덕수궁(경운궁), 경희궁(경덕궁)
- **법궁과 이궁** 법궁(法宮, 왕이 늘 거처하는 중심 궁궐로서 정궁이라고도 함, 조선 전기의 법궁은 경복궁임), 이궁(離宮, 왕이 정상적인 업무 수행을 하는 데 필요한 제2의 궁궐), 별궁(別宮, 왕실의 필요에 따라 별도로 지은 궁궐)
- **궁궐의 배치 순서** 좌묘우사(左廟右社)에 따라 궁궐 앞 좌측에 종묘, 우측에 사직단을 둠. 전조후침(前朝後寢)에 따라 앞부분에 정전과 편전들이, 뒷부분에는 침전과 후원이 자리 잡고 있음

	경복궁	창덕궁	창경궁	덕수궁(경운궁)	경희궁
정문	광화문	돈화문	홍화문	대한문	홍화문
정전	근정전	인정전	명정전	중화전	숭정전
편전	사정전	선정전	문정전	덕홍전	자정전

2 조선의 미술

- **15세기** 분청사기 유행(순박하고 실용적), 강희안(「고사관수도」), 안견(「몽유도원도」)
- **16세기** 순백자 유행(사림의 정신 의식 표현), 이상좌(「송하보월도」)
- **18세기** 정선(산수화의 새로운 경지 이룩, 대표작은 「인왕제색도」·「금강전도」), 김홍도(밭갈이·추수·씨름·서당 등에서 사람들의 특징을 포착해 익살스럽게 그려 냄), 신윤복(양반과 부녀자의 생활과 유흥, 남녀 사이의 애정 등을 해학적으로 묘사, 대표작은 「미인도」·「탄금」), 강세황(서양화 기법을 반영, 대표작은 「송도기행첩」)
- **19세기** 장승업(강렬한 필법과 채색법으로 뛰어난 기량을 발휘, 대표작은 「군마도」·「청록산수도」·「홍백매십정병」), 김정희(굳센 기운과 다양한 조형성을 가진 추사체를 창안, 『금석과안록』에서 북한산비가 진흥왕 순수비임을 밝혀냄)

조선 시대 왕의 일상은 어떤 모습이었을까요?

흔히 왕들은 호의호식하고 부귀영화를 누렸을 것으로 생각하기 쉽습니다. 그래서인지 왕들은 매우 게으르고 나태한 생활을 했다고 여기는 경향이 많지요. 하지만 조선 시대 왕의 일상은 그렇게 한가하지 않았어요.

보통 왕은 새벽부터 일어나 일과를 시작했으며, 밤늦게 웃어른에게 문안 인사를 드릴 때까지 바쁘게 움직였습니다. 일과에는 아침 조회나 국정 보고, 상소문 처리, 관료 접견 등이 포함되어 있었지요.

왕의 하루 일정이 빡빡한 것은 경연 때문이라고 할 수 있어요. 경연은 학식과 덕망이 높은 신하가 군주에게 유교 경서와 왕도 등을 강론하는 제도입니다. 보통 경연이 끝나면 당면한 정치적 현안을 논의하는 것이 관례여서 정책 협의 기구로서의 역할도 하게 되었지요. 유교적 이념에 의한 통치를 지향했던 조선 왕조는 경연을 중요하게 여겼어요. 이런 경연이 하루에 세 차례나 있었으니 왕의 일상이 어떠했을지 미루어 짐작할 수 있습니다.

물론 조선 시대의 모든 왕이 이렇게 생활하지는 않았어요. 세조는 왕권을 강화한다는 명목으로 경연을 폐지했고, 연산군은 간섭하는 신하들을 내쫓아 버리기도 했지요. 하지만 대부분의 왕은 바쁜 일정을 소화할 수밖에 없었어요.

조선 시대의 왕들이 바쁘게 지낸 이유는 통치라는 특성 자체에서 비롯된 측면이 많습니다. 통치자에게는 백성의 생활을 먼저 살피고 대책을 마련하는 것이 중요하지요. 그러므로 개인의 자유로운 생활을 희생할 수밖에 없었던 것입니다. 게다가 왕으로서의 체통까지 지켜야 하는 등 많은 제약이 따랐어요.

이렇게 보면 통치자의 자유로운 삶은 두 가지로 요약할 수 있습니다. 하나는 백성을 위한 삶을 기쁘게 여겨 자신의 삶으로 받아들이는 경우이고, 또 하나는 어느 누구도 간섭하지 못하도록 절대 권력을 행사하는 경우예요.

하지만 절대 권력을 행사하더라도 언제 어떤 세력이 대항할지 알 수 없으므로 마음이

편하지는 않았을 것입니다. 그러니 진정으로 자유로운 삶이라고 할 수 없어요. 그렇다면 왕으로서의 생활을 즐거운 마음으로 받아들이는 수밖에 없는데, 당시의 시대적 상황을 고려했을 때 이는 거의 불가능에 가까웠다고 볼 수 있습니다. 조선 시대는 신분 차별에 기초한 사회였으므로 왕이 자신의 지위를 유지하려면 이런 차별적 질서를 강요해야만 했어요. 그리고 이런 강제 속에서만 왕으로서의 신분이 유지될 수 있었지요. 이런 상황에서 과연 자유로운 삶이 가능했을까요? 진정으로 자유로운 삶은 모든 인간이 동등할 때 가능하겠지요.

조선 시대의 왕은 일반 백성들보다 풍요로운 삶을 누렸을지 몰라도, 신분제 질서를 유지하기 위한 최고의 통치권자로서 바쁜 일정을 소화해야 했습니다. 그래서 자유로운 삶을 누리기보다는 많은 제약과 구속을 받으며 생활했을 거예요.

찾아보기